나는
매일
매일
부자로
산다

5 DAY WEEKEND
: Freedom to Make Your Life and Work Rich with Purpose
by Nik Halik, Garrett Gunderson

파이어족을 위한 경제적 자유 프로젝트

5 DAY WEEKEND

나는

닉 할릭 · 개릿 군더슨 지음
박성웅 옮김

매일매일

부산 자로 다

시크릿하우스

"자유는 생각에서부터 시작된다."

에드워드 애비(미국의 환경 운동가이자 작가)

어떤 삶을 살 것인지
스스로 선택하라

환영합니다!

당신은 살아가는 방식과 일하는 방식을 전부 변화시킬 수 있습니다. 금전적인 풍족함, 개인적인 자유, 목적 있는 삶을 동시에 누릴 수 있습니다. '매일매일 주말인 삶'의 마음가짐과 전략이 당신만의 라이프 스타일을 창조하도록 도와줄 것입니다.

잠깐 저를 소개하자면, 호주 멜버른에서 어린 시절을 보냈고 고등학교에 다닐 때 첫 사업인 기타 레슨 사업을 시작했습니다. 기타 레슨 사업은 금세 규모가 커졌고 저는 얼마 뒤 저를 위해 일할 준비가 돼 있는 기타 강사들을 고용해 사업을 점점 키워나갔습니다. 고등학교를 졸업했을 때 누구의 도움도 받지 않고 미국 할리우드행 편도 티켓을 살 수 있을 만큼의 충분한 돈을 모았습니다.

고등학교 졸업 후에는 꿈꿔왔던 록 스타가 되기 위해 미국행 비행기에 몸을 실었습니다. 미국에서 저는 록 밴드를 꾸렸고 밴드 멤버들과 함께 전국으로 록 밴드 공연을 다녔습니다.

록 밴드 활동을 할 때 저는 록 밴드 이외의 다른 소득원을 확보하고 싶었습니다. 이에 부동산과 다른 투자로 현금 흐름을 창출하기 위해 열심히 일하고 부지런히 모았습니다. 제가 록 밴드의 수입에 더 이상 의존하지 않아도 될 만큼의 소득을 확보하고 저 자신의 '매일매일 주말인 삶'을 달성하기까지 8년이라는 시간이 걸렸습니다.

당신의 인생 여정은 저와는 분명히 다를 것입니다. 당신은 저보다 빨리 당신의 목표와 당신 자신만의 '매일매일 주말인 삶'을 달성할 수 있습니다. 아니면 반대로 훨씬 더 많은 시간이 걸리거나 아예 달성하지 못할지도 모릅니다. '매일매일 주말인 삶'을 달성하기 위해서는 부지런히 공부하고, 열심히 일하고, 열정적으로 살아야 합니다. 당신이 도전을 선택한다면 자유로운 삶이 당신을 기다리고 있습니다.

제 꿈은 극한 모험 여행을 다니고, 새로운 글로벌 회사를 여러 개 창업하는 것입니다. 저는 '매일매일 주말인 삶'을 통해 이러한 꿈들을 하나씩 이뤄가고 있습니다. 당신이 누리고 싶은 자유로운 삶은 누구도 아닌 바로 당신 손에 달려 있습니다. 어떠한 삶을 살 것인지 당신이 스스로 선택해야 합니다. '매일매일 주말인 삶'이 당신이 택할 수 있는 여러 가지 선택지 중에서 엄청나게 좋은 선택임은 너무나도 명백합니다.

이 책은 '매일매일 주말인 삶'을 위한 큰 그림, 개념, 비전, 마음가짐과 전략 등을 제시합니다. 당신의 강점, 약점, 관심, 기회 등을 고려해 당신 자신만의 '매일매일 주말인 삶' 계획을 세우고 실천하는 데 도움이 될 것입니다. 저의 목표는 '매일매일 주말인 삶'을 달성하기 위한 계획을 세우고 그 계획들을 하나씩 실천해나가는 데 필요한 중요 원칙들과 목표 달성을 위해 시행할 수 있는 다양한 전략과 옵션을 제공하는 것입니다.

첫 번째 장에서는 아이디어와 전략을 점검하고, 추가로 어떤 조사와 탐구가 필요한지 결정하는 방법을 다룹니다. '매일매일 주말인 삶' 홈페이지 5dayweekend.com에 있는 다양한 자료들은 당신이 다음 단계로 나아가는 데 많은 도움이 될 것입니다. 투자나 창업이 처음이라면, 각 장을 좀 더 심도 있게 읽어보기 바랍니다. 당신의 관심을 유발하고 당신과 잘 맞는다고 판단되면 실제로 해보고 싶은 아이디어를 찾아보기 바랍니다. 이미 창업 경험이 있다면 기존의 전통적인 생각과는 완전히 다른 '매일매일 주말인 삶'을 위한 중요 원칙과 철학에 초점을 맞추면서 제가 제안하는 기회와 투자를 개략적으로 살펴보기 바랍니다.

저는 개릿 군더슨Garrett Gunderson을 공동 저자로 초빙해 그의 전문적인 재무 지식을 이 책에 녹였습니다. 그는 〈뉴욕타임스〉 베스트셀러 작가이자 재무회계 회사의 창업자입니다. 이 책의 전반적인 부분은 제 목소리와 생각으로 채워져 있습니다만, 개릿 역시 여러 장에 걸쳐 전문적인 지식과 경험을 제공하고 있습니다.

　저는 저 자신의 경험을 바탕으로 당신에게 조언을 드릴 것입니다. 또한 다양한 정보를 제공해 비전을 정하고 목표 실현을 위한 계획을 세우는 단순하고 간단해 보이는 작업을 통해 얼마나 더 큰 자유를 누릴 수 있는지 당신 스스로 깨우칠 수 있도록 도울 것입니다.

　당신 삶의 첫 번째 목적이 안정적인 직장을 얻어 편안하고 안정적으로 살아가는 것이라면 이 책은 당신에게 맞지 않습니다. 안정적인 삶이 목적이라면 차라리 '직장 생활의 처세술'이나 '좋은 직장 얻는 법' 같은 책을 권합니다. 그러나 당신이 진정으로 자유롭고 목적 있는 삶을 열망한다면, 이 책이 당신에게 꼭 필요할 것입니다. '매일매일 주말인 삶'을 달성하기 위한 도전을 시작해보겠습니까?

Nik Halik

'매일매일 주말인 삶'
창업자 겸 최고 경영자

1장

크게 생각하기
더 자유로운 삶을 누려라

01 매일매일 주말인 삶이란? · 26

자유로운 라이프 스타일 구축하기 | 당신이 원하는 '매일매일 주말인 삶'의 모습은?

02 마음가짐을 바꾸면 자유가 시작된다 · 34

자유 vs. 안정 | 진정한 위험 | 자유로워질 시스템을 설계하라

03 '매일매일 주말인 삶' 실행 계획 5단계 · 44

기초 다지기: 돈 지키기 | 소득 증대하기: 돈 벌기 | 부 창출하기: 돈 불리기 | 자유를 위한 여정: 끊임없이 도전하기 | 자유로운 라이프 스타일: 목적 있는 삶 살기

04 근로소득을 불로소득으로 전환하라 · 52

소득 창출 수단을 분석하라 | 불로소득 비율을 높여라 | 근로소득의 덫 | 바로 지금이 가장 좋은 기회

3장

소득 증대하기
돈을 더 벌어라

6장

자유로운 라이프 스타일
목적 있는 삶을 살라

7장

틀 밖에서 생각하기

한계를 극복하라

나는
매일
매일
부자로
산다

'매일매일 주말인 삶' 선언문

나는 내 삶의 주인이다. 나는 내 삶의 조건을 스스로 결정한다. 나는 내가 한 일의 결과에 책임진다. 나는 내 숙명의 주인이자 내 운명의 결정자다. 나는 계획적인 삶을 살며 생각 없이 살지 않는다.

나는 9시 출근, 6시 퇴근하는 삶을 거부한다. 나는 마감 시한, 상사, 출퇴근, 좁은 사무실의 구속에서 벗어난다.

나는 안정적인 삶보다 자유로운 삶을 갈망한다. 나는 직장과 월급에 종속되지 않고 창업을 통해 독립을 추구한다.

나는 다른 사람들처럼 월급과 직장의 노예로 살지 않고 현금 흐름을 창출하는 사업을 운영한다.

나는 다른 사람들처럼 부채를 구매하지 않고 자산에 투자해 부자가 된다.

나는 다른 사람들이 하지 않는 것을 하고 다른 사람들이 즐기지 않는 것을 즐긴다.

나는 인생을 오랫동안 충분히 즐기기 위해 단기간 집중적으로 일한다.

나는 생산적이고 창의적이고 혁신적이며 결단력 있는 삶을 산다. 위험을 현명하게 관리하면서 도전적이고 용감하게 하루하루를 보낸다. 나는 실패가 곧 패배가 아니라 실패는 성공의 촉매제임을 항상 마음속에 새기면서 살아간다. 나는 실패를 통해 배우며 실패를 극복하고 계속 앞으로 나아간다.

나는 은퇴를 위한 삶을 살지 않고 목적 있는 삶을 추구한다. 나의 재능과 능력을 계발하고, 나의 능력과 재능을 바탕으로 다른 사람들을 위한 가치를 창출하고 나 스스로 성취감을 고취한다.

나는 단 한 번뿐인 인생을 하루하루 충실하게 살아가려고 노력한다. 나는 모험을 즐기고 정해진 틀 밖에서 생각하고, 큰 꿈을 꾸면서 열정적으로 인생을 보낸다.

나는 다른 사람들과 경쟁하면서 삶을 허비하는 것을 거부한다. 나는 다른 사람들이 자신들의 꿈을 이룰 수 있도록 독려하고 도와주지만, 나를 희생하면서까지 남을 위해 살지는 않는다.

나는 나 자신만의 '매일매일 주말인 삶'을 달성한다. 나는 다른 사람이 좋아하는 삶이 아니라 내가 좋아하고 사랑하는 삶을 산다.

시작할 준비
됐습니까?

이 책은 다음과 같은 역할을 할 것입니다.

- 주의를 환기하는 알람 시계의 역할을 합니다.
- 새로운 아이디어를 제공합니다.
- 예전부터 해왔던 생각을 명확하게 만듭니다.
- 삶을 최대한 충실하게 살아가게 만듭니다.
- 행동하고 실천하는 삶을 위한 동기를 부여합니다.

이 책을 읽는 방법은 여러 가지입니다. 당신에게 맞는 방법을 찾아 원하는 대로 읽으면 됩니다.

이 책을 처음부터 끝까지 읽어 개요를 먼저 파악할 수 있습니다. 책을 다 읽은 다음, 도전을 결심해도 좋습니다. 그러고 나서 다시 책으로 돌아가서 '이제 시작해볼까요?', 워크시트, 그리고 책에 소개돼 있는 여러 가지 다른 애플리케이션을 이용합니다.

처음 몇 개 장을 읽고 난 다음, 당신이 이미 자유로운 삶을 달성하기 위해 무엇인가를 할 준비가 됐다고 생각하면 '이제 시작해볼까요?'와 다른 애플리케이션을 당장 적용해볼 수 있습니다.

또한 '매일매일 주말인 삶' 홈페이지 5dayweekend.com을 방문해 워크시트를 다운로드하거나 인쇄할 수 있고, 다양한 정보와 자료를 얻을 수 있습니다. 컴퓨터에 '매일매일 주말인 삶' 폴더를 따로 만들거나, 아니면 자료를 출력해 서류철에 정리할 수도 있습니다.

끊임없이 기록하고 진행 상황을 지속적으로 확인하는 것은 당신이 더 나은 계획을 세우는 데 도움이 되고, '매일매일 주말인 삶'을 달성하기 위한 에너지를 계속 공급해줄 것입니다.

이 책을 읽다 보면 오른쪽과 같은 여권 아이콘을 볼 수 있습니다. 이 아이콘은 본문에 언급된 자료가 '매일매일 주말인 삶' 홈페이지에 게시돼 있으며 무료로 사 용 가능하다는 의미입니다. 책의 끝부분에 홈페이지에서 무료 다운로드가 가능한 모든 자료의 목록이 있으니 참조하기 바랍니다. '매일매일 주말인 삶' 홈페이지에서 해당 자료를 다운로드하고 싶다면, 다운로드 비밀번호를 입력하면 됩니다.

"당신이 진정 원하는 것을 하기 시작한
그 순간부터 당신의 인생은
이제까지와는 완전히 다른 종류의 인생이 됩니다."

버크민스터 풀러(미국의 건축가, 작가, 디자이너)

더 자유로운
삶을 누려라

5Day
Weekend

우리 모두 잘못 알고 있는 사실이 하나 있습니다. 지난 40년 동안 우리 뼛속 깊이 아로새겨진 이 잘못된 사실은 하루에 최소 8시간을 일해야 하고, 열심히 일한 다음 소득의 일부분을 모아 은퇴를 위해 투자해야 한다는 것입니다. 은퇴 시기가 되면 매년 조금씩 하락하는 이자율(투자 전문가들은 4퍼센트라고 얘기합니다)로 보수적으로 투자해 차곡차곡 모아온 원금과 이자를 손에 쥐게 됩니다.

'매일매일 주말인 삶'을 달성한 사람들은 이러한 생각에 동의하지 않고 완전히 새로운 관점에서 인생과 투자를 바라봅니다. '매일매일 주말인 삶'을 추구하는 사람들은 40년 동안 다른 사람을 위해 열심히 일하고서 막상 은퇴하고 나면 자기 자신의 인생을 즐길 시간이 별로 없는 지루한 삶 대신, 5년에서 10년 정도 자기 자신

을 위해 정말 열심히 일한 다음, 남은 인생은 도전적이고 의미 있고 재미있는 일을 하는 삶을 선택합니다. 언젠가 해야 할 은퇴를 기다리지 않고 인생의 목표를 스스로 설정하고, 자기 자신을 위한 위대한 목적을 달성하기 위해 오늘을 살아갑니다.

'매일매일 주말인 삶'의 패러다임은 마음가짐, 재무 및 투자에 대한 기존의 관념에서 완전히 벗어나 전혀 새로운 진정한 의미의 자유를 추구하는 것입니다. '매일매일 주말인 삶'은 은퇴를 위해 투자하지 않고 은퇴라는 개념 자체를 아예 머릿속에서 지워버립니다. 절대로 완전히 은퇴하지 않고, 대신 당신이 하기 싫은 일에서만 은퇴합니다. 당신이 좋아하고 달성하고자 하는 인생의 목표는 열정을 가지고 지속적으로 달성해나갑니다.

01

매일매일
주말인
삶이란?

누구나 주말을 좋아합니다. 매주 사람들은 주말이 언제 오나 날짜만 세면서 목이 빠지게 기다립니다. 마침내 금요일 오후, 날짜 세는 것을 멈추고서 2일간의 주말을 만끽할 준비를 합니다. 주말 내내 늦잠 자기, 가족 여행 가기, 친구와 놀러 가기, 콘서트 보기, 스포츠 경기 관람하기, 취미 생활 즐기기, 책 읽으며 푹 쉬기 등등, 하고 싶은 걸 하기 위해 1주일에 5일 동안 해야 할 일을 합니다.

그러나 하고 싶은 걸 즐기는 동안 일요일 저녁이 다가옵니다. 이제 몇 시간 뒤면 다시 월요일이 찾아올 것이며 현실로 돌아가야 합니다. 주말은 끝났고 일상으로 돌아가 쳇바퀴 돌듯 다시 일을 시작해야 할 시간입니다. 이따금 있는 공휴일이 낀 3일간의 주말 연휴에는 조금 더 오랫동안 일상에서 벗어나 하고 싶은 것을 더 많이 할 수 있습니다. 그러나 이 잠깐의 여유로 인해 오히려 자유롭지 못하고 갇혀 있는 느낌을 더 강하게 받습니다. 시간은 쏜살같이 지나가고 연휴는 끝이 납니다. 연휴는 우리에게 휴식도 주지만 우리가 은퇴하기 전까지 삶의 대부분을 열심히 일하는 데 바쳐야 한다는 고통스러운 현실도 마주하게 만듭니다.

> "서구 문명이 허락하는 두 가지 합법적인 마약이 있습니다. 하나는 월요일부터 금요일까지 당신의 생산성을 높여주고 일에 집중하게 만들어주는 카페인이고, 다른 하나는 금요일부터 일요일까지 당신이 지금 감옥에서 살아가고 있다는 사실을 망각하게 만들어주는 술입니다."
>
> 빌 힉스(미국의 유명한 코미디언이자 사회 비평가)

자유로운 라이프 스타일 구축하기

그런데 말입니다. 만약 다른 삶을 살 수 있다면 어떻게 하겠습니까? 주 2일만 일하고 나머지 5일은 주말인 삶을 살 수 있다면요? 아니면 아예 '매일매일 주말인 삶'을 누릴 수 있다면 어떻게 하겠습니까? '매일매일 주말인 삶'을 통해 하고 싶은 것을 원 없이 하면서도 주 5일간 일하면서 버는 소득보다 더 많은 소득을 창출할 수 있다면 어떻게 하겠습니까? 게다가 몇 주 정도만 이런 삶을 사는 것이 아니라 당신의 남은 인생 동안 '매일매일 주말인 삶'을 계속 영위할 수 있다면 어떻게 하겠습니까? 매일매일이 주말이라면 당신은 무엇을 하겠습니까?

'매일매일 주말인 삶'은 남은 생애에 당신의 삶을 주말로 가득 채우기 위한 마음가짐과 증명된 수학 공식으로 구성돼 있습니다. '매일매일 주말인 삶'은 하루하루가 주말인 것처럼 살아가는 라이프 스타일을 창조하는 완전히 새롭고도 신선한 방법입니다. '매일매일 주말인 삶'은 일반적인 주 5일 근무의 삶과는 비교조차 불가능할 정도로 훨씬 당신에게 이롭고 유리한 선택입니다. '매일매일 주말인 삶'을 통해 취직, 개인적인 목표, 자유로운 휴식, 인생의 목적을 달성하면서도 훨씬 더 많은 자유를 누릴 수 있습니다.

'매일매일 주말인 삶'은 삶을 바라보는 매우 독특한 방식입니다. '매일매일 주말인 삶'을 통해 이제까지 배워왔던 재무와 투자에 관한 것들이 대부분 잘못됐으며, 현실을 좀 더 현명하게 직시하면서 완전히 새로운 패러다임을 창조하는 것이 중요함을 깨닫게 됩니다. 지금 주류인 패러다임은 대부분 상품 조립 및 대량생산의 시대인 산업 시대에 만들어진 것이기에 현재와는 잘 맞지 않습니다. 디지털 정보 시대는 개개인이 자신의 삶을 자신에게 맞게 창조해 나가는 자유와 기회가 중요합니다. 디지털 정보 시대에는 지식의 힘이 육체적인 힘보다 훨씬 더 중요하고 가치가 있습니다.

'매일매일 주말인 삶'의 목표는 1주일에 40~60시간씩 일하지 않고 지속적인 노력을 기울이지 않아도 충분한 현금 흐름이 발생하는 불로소득passive income을 창출하는 것입니다. 불로소득을 창출한다는 것은 정시에 출근하고, 상사에게 보고하고, 정장을 입고, 주 5일 일하고, 몇 시간씩 회의에 참석하고, 창의적인 생각을 방해 및 저해하는 업무와 일에서 자유로워진다는 의미입니다. 몇몇 극소수의 사람들만이 자유를 누리는 이유는 우리가 근로소득active income에 발목을 잡혀 있기 때문입니다. 근로소득은 근로자로 일을 하면서 월급 또는 연봉의 형태로 벌어들이는 소득입니다. 프리랜서나 1인 기업가인 경우 시간당 금액으로 책정됩니다. 1인 기업가 또는 자영업자들은 각종 비용을 감당하기 위해 자기 회사 또는 사업장에서 오랜 시간 일합니다. 근로소득자는 일터나 지정된 장소에서 일을 하지 않거나, 정해진 성과를 내지 못하면 상응하는 임금이나 돈을 받을 수 없습니다. 당장 일을 그만둔다면 얼마나 오랫동안 지금의 라이프 스타일을 유지할 수 있습니까?

'매일매일 주말인 삶'의 전략은 최소한의 시간과 노력으로 통제 및 관리가 가능하면서 당신의 조건과 일정에 부합하는 불로소득을 창출하는 것입니다. 불로소득은 근로소득과는 다르게 당신이 현장에서 계속 일하지 않아도 지속적으로 창출됩니다. 불로소득은 관리를 계속 해줘야 할 수도 있지만, 당신이 일하지 않아도 통장으로 돈이 끊이지 않고 들어옵니다. 돈은 쉬지 않고 일하며 출퇴근 시간도 휴일도 없습니다. 돈은 절대 잠들지 않습니다.

불로소득을 창출하는 방법에는 여러 가지가 있습니다. 그리고 우리가 현재 살고 있는 정보화 시대에는 높은 수익을 지속적으로

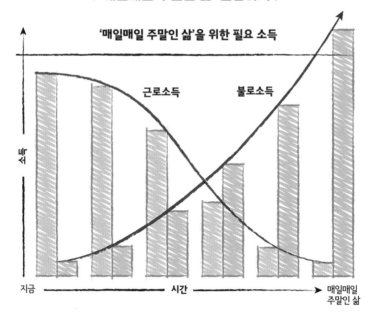

| '매일매일 주말인 삶' 달성하기 |

'매일매일 주말인 삶'을 위한 필요 소득

근로소득　　불로소득

소득

지금 ──── 시간 ──── ▶ 매일매일
　　　　　　　　　　　　　주말인 삶

창출해주는 다양한 불로소득의 기회가 셀 수 없이 많습니다. '매일매일 주말인 삶'의 목표는 당신이 많은 시간 일을 하지 않거나 아예 일하지 않아도 통장에 돈이 차곡차곡 쌓이고, 당신이 원하는 라이프 스타일을 즐길 수 있도록 불로소득을 포함한 다양한 소득원과 현금 흐름을 확보하는 것입니다. 그렇게 되면 당신의 운명을 스스로 통제할 수 있습니다. 스케줄을 마음대로 조정할 수 있으며, 당신이 필요할 때 전화하고 원할 때 회신을 할 수 있습니다.

　'매일매일 주말인 삶'에서는 당신의 사무실 또는 다른 사람의 사무실에서 오랜 시간 일하지 않아도 됩니다. 한군데 얽매여 있지 않으면서 어디서든 일하고 싶은 곳에서 일할 수 있습니다. 무한한 소득 창출의 가능성이 당신 앞에 있습니다. 자신의 수입을 스스로 관리하고 통제할 수 있다는 사실은 당신 자신에게 지속적인 동기 부여가 됩니다. 당신이 없어도 당신에게 고용된 전문가들이 당신의 투자를 운영합니다.

돈을 절약하는 것으로는 절대 부자가 될 수 없습니다. 현금 흐름을 창출하고 경제적 자유를 확보할 수 있는 자산에 투자해야만 부자가 될 수 있습니다.

당신이 원하는 삶의 기준을 만족시키는 데 필요한 비용을 불로소득으로 충당할 수 있을 때 '매일매일 주말인 삶'을 누릴 수 있습니다. 주당 40~60시간 일하는 대신 아예 일을 하지 않거나 하루에 일정 시간만 투자해도 됩니다. 일에서 자유로워지면 개인적인 자유를 만끽할 수 있습니다.

당신이 원하는 '매일매일 주말인 삶'의 모습은?

만약 지금 일하는 시간의 절반만 일하거나 아예 일을 하지 않아도 생활에 아무런 문제가 없다면 어떤 식으로 시간을 보내겠습니까? 당신 자신만의 '매일매일 주말인 삶'을 어떤 식으로 누리겠습니까?

당신의 삶에서 무엇을 더 적게 하고 무엇을 더 많이 하고 싶습

좋은 것/원하는 것	싫은 것/원하지 않는 것
여행과 휴가	하기 싫은 일
친구와의 여가 시간	이른 아침 알람 소리에 깨기
운동으로 건강 유지하기	적은 월급
가장 좋아하는 취미	싫은 상사
가족과의 시간	출퇴근 교통 체증
새로운 외국어 배우기	길고 지루한 회의
오직 당신만을 위한 시간	마감 시한
영적인 삶	성과 측정
가장 좋아하는 기부하기	빚 걱정
정원 가꾸기	정체기 또는 권태기
독서	양복, 넥타이, 하이힐
다른 사람 가르치기	회사 정치
편안하게 쉬기	구속감
책 쓰기	스트레스

니까? 당신의 대답이 무엇이든 간에, '매일매일 주말인 삶'을 통해 그것을 달성할 수 있습니다. 가능성을 상상하고 당신 자신만의 '매일매일 주말인 삶'의 비전을 창조하십시오. 그런 다음 창조된 비전을 당신이 원하는 삶을 달성하기 위한 강력한 동기로 이용하십시오. 더 많은 선택을 할 수 있고 더 많은 자유 시간을 누릴 수 있으면, 당신에게 큰 기쁨을 주는 일을 하고, 당신의 인생 목표를 달성하고, 당신이 가진 부와 풍요

> 궁극적인 성공은 '당신이 좋아하는 일을 하고 싶은 만큼 할 수 있느냐'가 아니라 '당신이 하기 싫어하는 일을 얼마나 안 할 수 있느냐'에 달려 있습니다.

로움을 지역사회에 환원하는 방식으로 인생을 살아갈 수 있습니다. 당신이 진정으로 원하는 인생의 목적을 달성하기 위해 자유롭게 살 수 있습니다. '매일매일 주말인 삶'을 통해 인생에서 '언젠가'라는 말을 지워버리고 항상 꿈꿔왔던 일을 지금 당장 할 수 있으며, 간절히 기도만 하던 인생에서 벗어나 진정한 삶을 시작할 수 있습니다.

많은 사람이 돈을 위해 일합니다. 이제 돈이 어떻게 당신을 위해 일할 수 있는지 보여주겠습니다.

> **❝** 자신이 할 수 있는 아주 작은 일부터 시작하는 것이 가지고 있는 열정 자체가 작다는 것을 의미하지는 않습니다. **❞**
>
> 넬슨 만델라(남아프리카공화국 최초의 흑인 대통령 및 흑인 인권 운동가)

02

마음가짐을 바꾸면
자유가 시작된다

은퇴. 엄청나게 매력적인 꿈입니다. 그러나 은퇴를 위해 당신은 심지어 좋아하지도 않는 일을 40년 동안 하고 허리띠 졸라매며 아끼고 절약해 은퇴 연금을 적립합니다. 현재는 팍팍하게 살면서 은퇴 연금이 약속하는 미래에 좋은 삶을 살기를 희망합니다.

이 장밋빛 인생의 단 하나의 문제점은 제대로 작동하지 않는다는 것입니다. 당신 주변에서 은퇴 연금을 받아 진짜 부자로 생활하는 사람을 본 적 있습니까? 위의 방법은 실제로 잘 작동하지도 않고, 깔려 있는 기본 전제 자체가 이미 잘못됐습니다. 은퇴 연금으로 어떤 혜택을 누리든 간에 그것을 위해 너무 많은 기회비용을 지불해야 합니다. 은퇴자들의 가장 큰 고민은 은퇴 이후에 가용할 현금이 부족할지 모른다는 것입니다. 다시 말해, 은퇴 연금으로 생활하려는 사람은 은퇴 후 돈이 떨어지는 것을 가장 걱정합니다. 대부분의 경우, 그들은 국민연금과 같은 정부의 사회 안전 보장 제도에서 안정감을 찾습니다. 그러나 그들이 철석같이 믿고 있는 정부의 사회 안전 보장 제도가 사실은 잘못된 투자 결정 및 재무 시스템 때문에 당뇨병에 걸린 환자처럼 이미 제대로 작동하지 않는다는 사실을 그들은 까맣게 모릅니다. 정부의 정책들은 당뇨병에 걸린 은퇴 시스템을 일시적으로 정상으로 돌리기 위한 인슐린 주사에 불과합니다. 이런 정책들은 언 발에 오줌 누기에 지나지 않을 뿐 근본적인 치료책은 절대 되지 못합니다. 2016년 1월 13일, 미국 복권 '파워볼'에 15억 8,640만 달러라는 역사상 최대 당첨금이 이월 적립됐습니다. 이 어마어마한 행운을 거머쥐기 위해 무려 6억 3,510만 3,137장의 복권이 팔렸고, 사람들은 복권에 당첨돼 평생 놀고먹는 부자가 되는 희망에 부풀었습니다. 그런데 문제는 당첨 확률이 2억 9,220만 대 1에 불과하다는 것이었습니다. 이 수치는 누군가 생굴을 먹다가 그 속에서 진주를 발견할 확률인 1만 2,000 대 1보다도 훨씬 더 낮은 확률입니다.

많은 사람들이 5일 동안 일하고 2일 동안 주말을 즐기는 주 5일의 삶을 살고 있습니다. 그러나 그들 중 누구도 미래의 고용을 보장받지 못합니다. 슬프게도 많은 사람이 '꿈의 직장'을 찾느라 너무 많은 시간과 에너지를 소모합니다. 당신의 '꿈의 직장'은 현실 어디에도 존재하지 않습니다. 당신은 스스로 당신만의 '꿈의 직장'을 만들어야 합니다. 당신의 운명은 당신 손으로 스스로 개척해야 합니다. 상사나 경제적인 상황이 '꿈의 직장'을 창조하려는 당신을 방해하도록 내버려두겠습니까? 아니면 현재 상황에서 벗어나 '매일매일 주말인 삶'을 만들어보겠습니까?

'매일매일 주말인 삶'을 누리려면, 스스로를 새롭게 변화시키고 당신을 짓누르고 있는 재무유리천장Financial Glass Ceiling을 깨뜨려야 합니다. 당신이 좋아하는 일을 하면서도 소득을 창출할 수 있습니다. 위험은 높지만 당신이 전혀 통제할 수 없거나 아주 일부분만 관리할 수 있는 잘 알지 못하는 것에 투자하기 위해 당신의 피 같은 돈을 누군가에게 넘겨주지 않아도 됩니다. 그 대신 당신의 돈을 스스로 관리함으로써 위험은 더 줄이고 현금 흐름과 수익성을 극적으로 증대시킬 수 있습니다. 오랜 기간 동안 돈을 적립하는 대신, 레버리지 효과를 이용해 더 큰 수익을 창출합니다. 당신은 돈이 아니라 '매일매일 주말인 삶'을 자유롭게 누리기 위해 일합니다.

> 좋아하는 것을 하고 있습니까? '매일매일 주말인 삶'을 누리고 있습니까?

당신의 행동을 변화시키고 새로운 마음가짐으로 좋은 습관을 창조하십시오. '매일매일 주말인 삶'을 통해 당신은 재무 독립과 자유로운 삶을 손에 쥘 수 있습니다. '매일매일 주말인 삶'은 인생을 바라보는 완전히 새로운 관점입니다. '매일매일 주말인 삶'은 오래된 주 5일 방식에서 벗어나 당신을 합법적으로 자유롭게 해주고 평범함에서 탈출하도록 도와주는 새로운 방법입니다.

자유 vs. 안정

전통적인 생각과 마음가짐은 자유보다는 안정을 추구합니다. 아이러니한 것은 자유를 희생하는 대가로 얻은 안정이 실제로는 안정적이지 않다는 것입니다. 경제 불황일 때 실직을 하면 그동안 안정적이라고 생각해왔던 것들이 전부 다 물거품이 됩니다.

근로자들 대부분이 자기가 자유롭지 않다고 생각합니다. 그들은 일을 해야 합니다. 일을 하면 진심으로 원하는 것을 할 시간이나 돈을 확보하기 어렵습니다. 근로자들 대부분은 자신의 일에 불만을 가지고 있습니다. 리서치 그룹 컨퍼런스보드Conference Board가 조사한 보고서에 따르면, 52.3퍼센트의 미국인은 직장에서 행복하지 않았습니다.[1] 또한 46.6퍼센트의 근로자만이 직업 안정성에 만족한다고 응답했습니다. 일이나 직장 생활을 하더라도 은퇴 후 삶을 즐길 수 있는 충분한 기반을 만들기 힘들다는 사실 때문에 많은 불만이 터져 나왔습니다. 당신이 하루 8시간 일할 수 있는 것은 당신의 능력보다는 고용주의 자비 덕분입니다. 고용주들이 당신의 소중한 하루 8시간 또는 그 이상의 시간을 어떻게 사용할 것인지 결정합니다. 고용주들은 당신을 언제든지 해고할 수 있습니다.

대다수 사람의 재무 모델은 은행이나 주식시장에 의해 결정됩

> "나는 40년 동안 주 5일 일하면서 은행 대출을 잘 갚는 것이 성공이라고 생각했던 사람 중 한 명입니다."
>
> 작가 미상

니다. 미국의 평균 저축률은 4퍼센트입니다. 전체 달러 발행량 기준으로 1달러당 4센트를 저축하고, 실제 소득 기준으로는 1달러당 5센트 미만으로 저축을 합니다. 일반적인 미국인들은 평생 동안 약 200만 달러의 소득을 창출합니다. 전부는 아니지만 대다수의 일반 사람들은 소비의 함정에 빠져 벌어들인 소득의 대부분을 물건을 소비하는 데 탕진합니다. 가난한 사람은 대출을 받아 부자들이 만든 물건을 소비하고 이 때문에 부자들은 더 부자가 됩니다. 부자들은 쓸데없이 소비하는 대신 대출의 레버리지 효과를 이용해 현금 흐름을 창출하는 곳에 투자합니다. 현재 전 세계에서 상위 62명의 부자가 보유한 부가 가장 가난한 36억 명의 부를 전부 합친 것보다 더 많습니다. 심지어 그들의 부는 전 세계 인구의 절반이 보유한 부보다도 많습니다.

"안정과 안전은 대부분 미신입니다. 위험을 무조건 회피하는 것은 장기적으로 봤을 때 위험에 노출되는 것보다 훨씬 안전하지 않습니다. 겁쟁이는 용감한 사람을 이길 수 없습니다. 인생은 모험을 감수하지 않으면 아무것도 얻을 수 없습니다."

헬렌 켈러
(미국의 사회운동가이자 농맹아, 저술가)

우리는 재무 지식과 투자 능력에 대해서는 전혀 가르쳐주지 않는 학교 시스템에 세뇌돼 무지의 수족관 속에서 살아가고 있습니다. 우리는 이러한 환경에 자진해서 순응할 뿐, 현재의 상황을 타개하기 위한 어떠한 도전도 하지 않습니다. 어렸을 때 모든 것이 가능하다고 배웠던 것을 떠올려보십시오. 그러나 학교 시스템에 편입되고 나면 가능성의 한계를 스스로 설정하게 됩니다. 학교의 성적 시스템은 '할 수 있다' 또는 '할 수 없다'는 이분법적 사고로 당신을 평가합니다. 학교는 세금 납부자를 양산하고 구직을 하는 최선의 길을 제공하기 위한 목적을 달성하려고 만들어진 제조 공장에 불과합니다. 학교는 근로자를 양성할 뿐 창업가나 기업가를 양성하지 않습니다.

우리가 자기 통제력을 상실하게 된 것은 언제부터입니까? 우리는 패스트푸드 제조 시스템과 비슷한 학교 교육에 우리 자신을 스스로 팔아넘겼고 자유로운 라이프 스타일을 위한 교육 대신 획일화된 교육을 받은 다음 학교를 졸업했습니다. 학교에서 배운 지식과 근로소득만으로는 절대로 재무 자유를 확보할 수 없습니다. 재무 자유를 확보하는 단 하나의 방법은 소득 증대 능력을 향상시키고 경제적 자유와 시간적 자유를 얻기 위해 투자하는 것뿐입니다.

직장 안정성은 신화일 뿐입니다. 당신의 운명을 당신의 두 손으로 창조하십시오. 계획과 실행을 통해 독립할 수 있는 방법을 배우고, 꾸준함만이 당신이 유일하게 보유한 안전 자산임을 항상 상기하십시오. 오늘날 근로자들은 매우 심각한 곤경에 처해 있습니다. 직장 불안정성은 일반적인 현상입니다. 요즈음의 법체계에서는 당신이 월급을 받으면 한 달 전에 통지하는 것으로, 주급을 받으면 1주일 전에 통지하는 것으로 아주 쉽게 당신을 직장에서 해고할 수 있습니다. 기술 발전, 인공지능, 로봇 때문에 인력시장은 점점 변화하고 있습니다. 세계경제포럼World Economic Forum은 인공지능이나 로봇이 인간을 대체하기 때문에 2020년까지 순 일자리

500만 개가 사라질 것이라고 전망하기도 했습니다. 나심 탈레브는 "가장 위험한 세 가지 중독은 마약, 탄수화물, 그리고 월급입니다."라고 말했습니다.

진정한 위험

사람들은 종종 "나는 창업은 절대 안 할 거야. 너무 위험하잖아."라고 말합니다. 진실을 말하자면 고용된 근로자가 돼 시장 상황, 회사, 상사에 따라 좌지우지되는 것이 훨씬 더 위험합니다. 근로자들의 고용 계약은 절대 보장받지 못합니다. 근로자들은 고용주가 돈이 충분히 많아서 자신들의 월급을 무사히 지불하도록 기도할 뿐입니다. 사람들은 안정과 보장을 좋아합니다. 주 40시간 근무는 당신이 재무 독립을 이루지 못할 것을 확실하게 보장합니다. 지금 주 40시간을 근무하고 있다면 당신은 이미 자유의 대부분을 박탈당했기 때문에 남은 인생 동안 재무 자유를 확보하는 것이 더 늦어질 것입니다.

> "가장 위험한 생각은 지금 당신의 꿈을 실행하는 것을 미루면서 나중에 그것을 할 수 있는 시간과 자유가 다시 있으리라 믿는 것입니다."
>
> 랜디 코미사르(변호사, 작가)

전통적인 연금의 실패, 지속적인 인플레이션 상승, 급속한 변화에 따른 위험성 증가 등으로 모든 것이 점점 더 빨리 변하고 그에 따라 위험성은 점점 더 높아지고 있기 때문에 고용 위험은 점점 더 커지고 있습니다. 변동성Volatility, 불확실성Uncertainty, 복잡성Complexity, 모호성Ambiguity의 앞 네 글자를 따서 만든 'VUCA'라는 단어가 현대사회의 특성을 잘 표현해줍니다. 앞으로 상황은 더욱 안 좋아질 것이며, 통상적인 근로자 정신으로는 급변하는 현대사회에서 살아남기 힘듭니다.

'매일매일 주말인 삶'의 목표는 안정이 아니라 자유입니다. 안정을 추구하는 마음가짐으로는 안정도 자유도 모두 놓치게 됩니다. 자유를 추구하면, 자유를 획득하는 것은 물론 안정까지도 이루어 두 마리 토끼를 다 잡을 수 있습니다. 당신은 정신적인 능력과 지능을 향상시키고 당신 자신의 재무 시스템을 구축해야 합니다. 지식을 습득하기만 할 뿐 실천하지는 않는 수동적인 '도서관 사서'가 되지 말고 배우고 실천하는 '전사'가 돼야 합니다.

레이 브래드버리는《화씨 451》에 다음과 같이 썼습니다.

나는 현상 유지Status Quo라는 라틴어를 싫어한다. 당신의 눈을 경이로움으로 가득 채우고, 곧 죽을 사람처럼 살아야 한다. 고개를 들어 세계를 보라. 세계는 공장에서 만들어진 그 어떤 물건이나 꿈보다 더 환상적이다. 보장된 인생과 안정적인 삶을 요구하지 마라. 그것들은 이제까지 존재하지 않은 것들이다. 설령 존재한다 하더라도 보장된 인생과 안정적인 삶은 나무에 하루 종일 매달려 잠만 자고 있는 나무늘보와 같다. 안정적인 삶을 박차고 나오기 위해 나무를 흔들어 나무늘보를 바닥에 떨어뜨려야 한다.

이 책은 나무를 흔들어 인생에 대한 당신의 생각을 바꾸게 해줄 초대장입니다. 누군가 말한 것처럼 가장 강한 것이나 가장 똑똑한 것이 살아남는 것이 아니라 변화에 가장 잘 적응하는 것이 살아남습니다. 인식의 수준을 높이고, 항상 열정적으로 도전하고, 재무적인 역경을 극복할 수 있는 투자 기회를 잡는 사람이 위기를 극복하고 살아남을 수 있습니다. 우리는 진화하고 발전하려고 태어났습니다. 당신의 현재 통장 잔고가 당신이 받은 투자 교육의 결과물입니다.

> 1년에 수백만 달러를 버는 사람은 절대 은퇴하려고 하지 않습니다. 돈을 조금밖에 못 버는 사람만이 은퇴 계획을 세웁니다.

자유로워질 시스템을 설계하라

시작하기 전에 '매일매일 주말인 삶'에 대한 몇 가지 주의 사항을 확인하십시오. 첫째 '매일매일 주말인 삶'을 달성하는 것은 쉬운 일이 아닙니다. '매일매일 주말인 삶'은 단기간에 부자가 되는 지름길을 알려주는 것이 아닙니다. 검증되고 유효한 전략들을 이용해 몇 년 동안 열정적으로 일을 하면서 고난과 역경을 슬기롭게 헤쳐 나가면 남은 인생을 오래오래 자유롭게 살 수 있다는 것을 설파하는 것입니다.

또한 '매일매일 주말인 삶'은 해변에서 한가로이 시간을 보내도 마술처럼 수표가 꼬박꼬박 우편함으로 발송되는 그런 몽상을 의미하는 것도 아닙니다. '매일매일 주말인 삶'을 살아도 어느 정도의 일은 당신의 결정을 바탕으로 직접 처리해야 합니다. 이제까지 설명한 주요 전략들은 주로 어떻게 하면 불로소득을 더 창출할 수 있을까에 초점이 맞춰져 있습니다. 그러나 현실에서는 완벽한 불로소득은 거의 없기 때문에 지속적인 관리는 여전히 필요합니다.

당신이 직접 하지 않고 당신을 위해 일하는 팀을 통해 수익을 창출하십시오. 당신이 현장에 있지 않거나 직접 일하지 않더라도 당신의 프로젝트와 투자가 문제없이 돌아가도록 만드십시오. 아이디어의 실행은 다른 사람들에게 아웃소싱하십시오. 열심히 하기보다 현명하게 일하십시오. 효율적이고 수익성이 높은 시스템을 설계해 지속적인 부와 더 나은 삶을 창조하십시오.

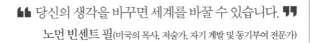

&& 당신의 생각을 바꾸면 세계를 바꿀 수 있습니다. ᎭᎭ
노먼 빈센트 필(미국의 목사, 저술가, 자기 계발 및 동기부여 전문가)

03

'매일매일
주말인 삶'
실행 계획 5단계

"그래요. '매일매일 주말인 삶'이 굉장히 멋진 것은 잘 알겠습니다. 그런데 그런 삶을 살기 위해 제가 해야 하는 일은 무엇입니까?"라고 반문하는 당신을 위해 이제부터 그 방법을 알아보겠습니다.

"로마는 하루아침에 이루어지지 않았다"라는 속담이 있습니다. '매일매일 주말인 삶'도 마찬가지로 하룻밤 사이에 뚝딱 만들어내지는 못합니다. 무엇인가를 이룩하려면 지키고 따라야 하는 과정이 반드시 존재합니다. 큰 그림을 보고 세부적인 항목들이 어떻게 전체와 상호 유기적으로 연관돼 있는지 이해하는 것이 중요합니다. 과정을 이루는 순차적인 단계들을 이해합니다. 조급하게 무엇인가를 이루려고 하면 될 일도 안 됩니다. 급하면 실수하기 마련이고 그것을 다시 회복하려면 많은 시간과 노력이 필요합니다.

| 매일매일 주말인 삶을 위한 실행 계획 |

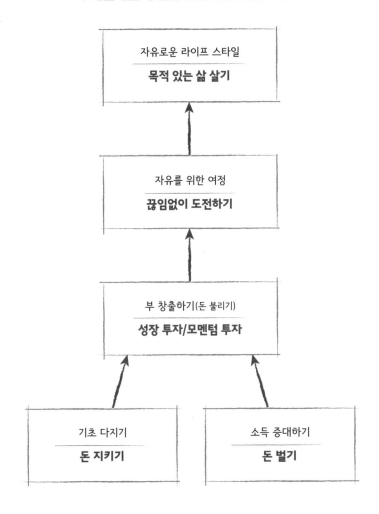

'매일매일 주말인 삶'을 위한 계획의 핵심은 당신의 소득을 근로 소득에서 불로소득으로 바꾸는 것입니다. '매일매일 주말인 삶'을 위한 계획은 다음 5단계로 구성돼 있습니다.

기초 다지기 :
돈 지키기

기초를 구축하는 단계는 먼저 당신이 사용할 수 있는 모든 자원을 당신이 직접 관리하고 통제할 수 있는 상태로 만드는 것부터 시작합니다. 다시 말해 새로운 자원을 발굴하고 사용하는 데 중점을 두기 전에 이미 보유하고 있는 것들을 먼저 살펴본 뒤, 기존 보유자원의 효율성을 극대화하는 것이 선행돼야 합니다. 이 책에서 앞으로 소개할 여러 방법을 이용해 지금 현재 당신의 지갑에서 빠져나가고 있는 돈을 관리하고 투자를 위한 현금 흐름을 더 확보해야 합니다.

최우선적으로 불필요한 지출을 막아 소득의 대부분을 종잣돈으로 만듭니다. 연구 결과에 따르면, 사람들은 대부분 정부, 은행, 주식시장에 자기 소득의 10퍼센트가 넘는 돈을 명확한 기준도 없이 지불하고 있습니다. 불필요한 지출을 억제하고 올바른 재무 습관을 습득하는 데 시간을 좀 더 할애한다면 매달 발생하는 현금 흐름이 즉시 증가합니다.

2장에서 독창적이고 실용적인 여러 방법을 이용해 먼저 소득에서 돈이 불필요하게 새어 나가는 것을 막고, 그로 인해 새로이 발생한 현금 흐름을 다른 곳에 투자하는 방법에 대해 구체적으로 살펴보겠습니다.

소득 증대하기 :
돈 벌기

이 단계에서는 투자를 위한 현금 흐름을 가능한 한 많이 창출하기 위해 당신의 소득을 증대시키는 방법에 초점을 맞춥니다. 사업소득 또는 창업소득은 당신이 매일 일하는 직업 이외의 분야에서 창출되는 소득을 말합니다. 이상적인 사업소득은 당신이 없어도 지속적으로 현금 흐름을 창출합니다. 그러나 사업소득은 사업 초기에는 불로소득보다는 근로소득에 더 가깝습니다.

"돈이 있어야 돈을 벌 수 있다"라는 말을 들어본 적 있습니까? 이 말은 새빨간 거짓말입니다. 지금 당장 땡전 한 푼 없이 시작하더라도 돈을 벌 수 있는 여러 가지 방법이 있습니다.

그러나 "돈이 있어야 투자를 할 수 있다"라는 말은 사실입니다. 그리고 투자를 많이 하면 할수록 불로소득을 더 빠르게 확보할 수 있다는 것도 사실입니다. 그러므로 다음 단계는 창업이나 사업 운영을 통해 현금 흐름을 증대시키는 것입니다. 창업이나 사업 운영은 거창한 것이 아닙니다. 시간제 파트타임으로도 창업을 할 수 있고, 당신이 기존에 보유하고 있는 자산을 적절히 이용해 많은 시간 투자 없이 창업이나 사업에 관련된 많은 일을 할 수 있습니다. 3장에서 사업소득을 증대시키는 방법을 살펴보겠습니다.

부 창출하기 :
돈 불리기

여기까지 오면 기초적인 것들은 어느 정도 구축해놓은 상태이기 때문에 이 단계에서는 근로소득을 빠르고 안전하고 효과적으로 불로소득으로 바꾸는 것에 집중합니다. 보유한 현금과 발생하는 현금 흐름을 바탕으로 지속적인 현금 흐름을 창출하는 다양한 곳에 투자할 수 있습니다.

투자는 성장 투자와 모멘텀 투자라는 두 가지 종류가 있습니다. 성장 투자는 안전하고 보수적이며 현금 흐름을 꾸준히 창출합니다. 반면에 모멘텀 투자는 투기에 가까우며, 하이 리스크 하이 리턴을 추구합니다. 모멘텀 투자와 같은 공격적인 투자를 할 경우 근로소득이 아니라 성장 투자를 통해 마련한 자금으로 투자를 하기 때문에 모든 감정을 배제하고 이성적으로 생각해야 합니다. 모멘텀 투자는 성공할 경우 한 번에 큰 수익을 안겨주며 성장 투자를 위한 자금을 더 많이 확보할 수 있습니다. 4장에서 성장 투자와 모멘텀 투자에 대해 좀 더 자세히 다뤄보겠습니다.

'매일매일 주말인 삶'을 위한 실행 계획은 연금 계좌에 매달 일정 금액을 적립하는 전통적인 방식의 은퇴 계획을 따르지 않습니다. 그 대신, 지속적으로 현금 흐름을 창출하면서 안전하고 수익성이 높으며 당신이 통제할 수 있는 것에 투자하고 그것을 바탕으로 재무 자유를 확보합니다. 투자에 대한 자신의 생각과 계획을 바탕으로 당신만을 위한 재무 환경을 구축할 수 있습니다. 스스로를 중산층이라고 믿는 보통 사람들의 투자 방식에서 벗어나 억만장자들이 주로 사용하는 전략을 사용해보십시오.

성장 투자

이 단계에서는 기존에 보유한 자원에서 확보하는 현금과 보수적이고 안정적인 투자를 통해 불로소득의 형태로 획득하는 현금을 사용하기 시작합니다. 저축을 위한 저축을 하지 말고 투자를 위한 저축을 합니다. 저축을 하는 단 하나의 이유는

> 소비는 돈을 벌어주지 않는 부채를 구매하지만 투자는 미래를 위한 돈을 창출할 수 있습니다.

투자입니다. 성장 투자 항목은 '매일매일 주말인 삶'을 위한 실행 계획을 굴러가게 하는 엔진입니다. 성장 투자는 자산 축적과 현금 흐름 창출을 위한 강력한 도구입니다.

모멘텀 투자

투자가 현금 흐름을 창출하기 시작하면 가용할 현금은 더 늘어납니다. 현금이 많아지면 투기에 가까운 하이 리스크 하이 리턴의 모멘텀 투자가 가능합니다. 모멘텀 투자에서 발생한 수익을 성장 투자나 자산에 재투자하십시오.

자유를 위한 여정 :
끊임없이 도전하기

'매일매일 주말인 삶'의 보상은 자유로운 삶입니다. 그러나 달콤한 보상을 누리려면 먼저 그 대가를 지불해야 합니다. '매일매일 주말인 삶'을 달성하기 위해서는 역경과 고난을 극복하고, 약점을 보완하고, 재능을 잘 활용하고, 항상 최선을 다해야 합니다. '매일매일 주말인 삶' 달성을 위해 마음가짐 굳건히 유지하기, 자신만의 이너서클 만들기, 좋은 습관 계발하기, 하루를 활기차게 보내기의 네 가지 원칙을 준수해야 합니다.

사람들 대부분은 근로소득을 바탕으로 살아가고 있습니다. 근로소득을 불로소득으로 바꾸려면 투자를 해야 합니다. 현재 보유하고 있는 자원을 바탕으로 자유롭게 투자에 활용할 수 있는 소득을 가능한 한 많이 만들고, 소득 증대를 위한 부수적인 프로젝트를 시도해야 합니다.

어느 정도 돈이 모이면 투자를 시작합니다. 시간이 지남에 따라 투자 규모가 커지면, 근로소득이 불로소득으로 전환됩니다. 모은 돈이나 가진 돈이 얼마 되지 않으면 멘토를 찾고, 강좌를 듣고, 책을 읽는 등의 방법으로 먼저 당신 자신에게 투자하십시오. 지식이 늘어나면 당신을 위한 더 많은 투자 기회를 발견할 수 있습니다.

일단 투자를 시작하면 그 투자는 매 순간 쉬지 않고 당신을 위해 일하면서 근로소득을 불로소득으로 바꿔줍니다. 초기 자본의 크기, 투자 성향, 그리고 진행 과정의 효율성에 따라 조금씩 차이는 있지만 일반적으로 5년에서 10년 안에 소득 대부분이 불로소득으로 바뀌고, 당신은 부담 없이 '매일매일 주말인 삶'을 자유롭게 즐길 수 있습니다.

자유로운 라이프 스타일 : 목적 있는 삶 살기

불로소득을 창출하는 시스템이 충분히 자리를 잡으면 돈 걱정 없이 자유로운 삶을 살 수 있습니다. 비싼 스포츠카를 타고, 해외에 호화 별장을 구입하고, 이국적인 휴양지에서 인생을 즐길 수 있습니다. 또한 좋아하는 기부 활동에 대부분의 시간을 사용하고, 중요한 사회문제 해결을 위한 비영리법인에 참여할 수도 있습니다.

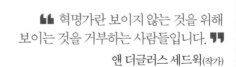

혁명가란 보이지 않는 것을 위해 보이는 것을 거부하는 사람들입니다.
앤 더글러스 세드윅(작가)

04

근로소득을
불로소득으로
전환하라

자유로운 삶을 위해서는 근로소득을 불로소득으로 전환해야 합니다. '매일매일 주말인 삶'을 위한 실행 계획 단계를 진행하면서 창업이나 사업 운영을 통해 먼저 근로소득을 증가시킵니다. 그런 다음 당신이 시간을 덜 투자해도 운영될 수 있도록 사업 구조를 재편한 뒤 불로소득을 창출할 수 있는 자산에 더 투자합니다. 당신이 직접적으로 일하지 않아도 투자를 통해 현금 흐름을 창출할 수 있습니다.

소득 창출 수단을 분석하라

근로소득/불로소득 척도는 소득 창출 수단들이 근로소득의 형태인지, 불로소득의 형태인지를 시각적으로 보여줍니다. 이 척도에는 근로소득 또는 불로소득의 정도에 따라 구분된 여러 가지 소득

| 근로소득/불로소득 척도 |

완전한 불로소득

1. 로열티, 지식재산권, 수수료

2. 사업 소유(운영은 안 함)

3. 멤버십 또는 서비스 협약

4. 판매

5. 사업 소유(직접 일하고 직접 관리함)

6. 근로자

완전한 근로소득

창출 수단이 개략적으로 표시돼 있습니다. 근로소득과 불로소득이라는 양극단의 소득 사이에는 일의 특성(어떤 종류의 일인지?), 일의 빈도(얼마나 자주 하는지?), 현장 참석 여부(해당 일을 할 때 당신이 반드시 그 자리에 있어야 하는지?) 등의 요인을 고려한 다양한 소득 창출 방법이 나열돼 있습니다.

당신을 포함한 사람들 대부분의 수입원은 근로소득이며, 근로소득은 소득의 가장 일반적인 형태입니다. 근로소득의 반대편에는 불로소득을 획득할 수 있는 방법들이 있습니다.

완전한 불로소득에서 완전한 근로소득까지 전부 톺아보기

1. 로열티, 지식재산권, 수수료

- 특허, 저작권(책, 음원 등), 상표권, 인터넷 도메인 등의 지식재산권. 당신이 법적 권리를 보유하고 있고, 라이선싱, 리스, 사용 승인 등을 통해 로열티나 비용을 청구할 수 있습니다.
- 석유, 가스, 물에 대한 채굴 권리. 당신이 법적 권리를 보유하고 있고 라이선싱, 리스, 사용 승인 등을 통해 로열티나 비용을 청구할 수 있습니다.
- 다이렉트 마케팅 수수료 또는 보험 수수료 등 판매하는 물건이나 서비스에 부과되는 수수료. 당신이 직접 만든 물건이나 제공하는 서비스 또는 당신 회사에 고용된 근로자들이 만든 물건이나 서비스에서 수익이 발생합니다. 물건이나 서비스가 일단 한번 판매된 뒤에는 매우 적은 수수료가 발생하거나 또는 수수료가 전혀 발생하지 않습니다.
- 리스 또는 임대료. 대지나 부동산에서 지속적으로 발생하는 수입입니다. 농장이나 목장은 임대 수입이 매우 낮습니다. 임대 자산은 통상적으로 소유자가

어느 정도 관리를 해야 합니다. 특히 주거용 부동산은 다른 자산보다 관리에 좀 더 주의를 기울여야 합니다.

- 비트코인 또는 기타 암호 화폐 채굴

업무 빈도: 유지 및 관리 정도만 신경 쓰면 됩니다. 계약이 한번 체결되면 지속적으로 소득이 발생하고 소유자가 해야 할 일은 거의 없습니다.

출근: 출근하지 않아도 상관없습니다.

2. 사업을 소유, 운영은 위임

사업의 일부분 또는 전체를 소유했으나 운영은 다른 사람이 하고 있는 사업에서 발생하는 순수익. 소득은 월별, 분기별, 연도별로 발생하거나 이익이 생길 때마다 발생합니다.

업무 빈도: 분기별 또는 정기적 운영진 회의에 참가, 재무제표 및 세금 관련 업무 확인 등을 주로 합니다. 때때로 사업 현장을 방문해야 합니다.

출근: 출근하지 않아도 상관없습니다.

3. 멤버십

멤버십이나 서비스 제공 협약 등을 통해 지속적으로 획득하는 소득을 말합니다.

업무 빈도: 업데이트 필요 및 새로운 서비스 제공 등과 관련해 주기적으로 업무를 수행해야 합니다.

출근: 출근을 정기적으로 하지 않아도 됩니다. 시스템이 자동화돼 있는 경우가 많습니다.

4. 판매

제품이나 서비스의 판매 수수료 형태로 소득이 발생합니다. 부동산, 보험, 다이렉트 마케팅, 기술, 의료, 사업 관련 서비스 등과 같은 다양한 종류의 판매 등이 여기에 속합니다. 판매량의 일정 퍼센트를 받는 인센티브 방식 또는 정액제 방식으로 수입이 지급됩니다. 여기에 속하는 사람은 독립적으로 계약을 맺은 프리랜서이거나 회사에 고용된 직원입니다.

업무 빈도: 프리랜서인지, 고용된 직원인지에 따라 크게 차이가 납니다.
출근: 주 5일 내내 출근하지 않아도 됩니다. 성과가 중요하지, 출근 자체는 그리 중요하지 않습니다.

5. 사업을 소유, 직접 일하고 관리

일부분 또는 전체를 소유한 사업의 수익을 월급이나 기타 소득의 형태로 취득합니다. 사업 관여도가 매우 높으며, 때때로 오랜 시간 동안 일해야 합니다.
업무 빈도: 일반적으로 주 5일 일하며, 종종 그 이상 일합니다.
출근: 업무 시간에는 거의 매일 사무실로 출근합니다.

6. 근로자

시급, 일급, 주급, 월급, 프로젝트 또는 업무별 수당 등의 형태로 소득이 지급됩니다. 보너스, 특별수당, 성과급 등과 같은 추가 보상도 존재합니다. 생산량, 제공한 서비스, 또는 일한 시간만큼 임금이 지급됩니다.
업무 빈도: 정규직은 주 5일이 기본이고, 주말에도 일을 해야 할 때가 많습니다. 파트타임 근로자는 주말 없이 거의 매일 일합니다.
출근: 사무실로 출근해야 합니다. 외근이나 출장 또는 다른 이유로 사무실에 출근하지 못하는 경우 외부에서 업무를 잘 마무리했다는 서류를 제출해야 합니다.

불로소득 비율을 높여라

근로소득 비율Active Income Ratio, AIR은 소득 대비 지출의 비율을 말합니다. 대다수 사람들은 매월 초 근로소득 비율이 0 대 1입니다. 다시 말하면 노동의 대가인 월급이 들어오기 전에는 어떤 비용이나 지출도 할 수 없는 상태입니다. 대다수 사람들의 목적은 자신이 버는 소득으로 지출하는 비용을 다 감당할 수 있는 상태인 1 대 1 비율을 월말에 달성하는 것입니다. 일부 사람들은 월말에 1 대 1 비율을 달성하지 못해 수입보다 지출이 여전히 더 큰 상태에 직면하기도 합니다. 그들은 돈이 부족한 문제를 해결하기 위해 오늘날 또 다른 수입원으로 인식되고 있는 신용카드를 사용합니다. 심지어 어떤 사람들은 신용카드 대출이나 현금서비스를 받아 다른 신용카드 대금 또는 신용카드 대출이자 비용을 납부하기도 합니다. 근로소득 비율이 1 대 1인 상황에서는 버는 소득이 쇼핑, 개인적인 라이프 스타일, 부채 등에 전부 소진된다는 의미입니다.

'매일매일 주말인 삶'을 꿈꾼다면 근로소득 비율AIR보다는 불로소득 대비 지출의 비율인 불로소득 비율Passive Income Ratio, PIR에 더 중점을 둬야 합니다. 창출되는 모든 불로소득을 발생한 모든 지출로 나누면 불로소득 비율을 구할 수 있습니다. 불로소득 비율이 1 대 1이 되면 매달 발생하는 지출을 불로소득으로 전부 충당할 수 있습니다. 불로소득 비율을 1 대 1로 만들면 근로소득을 생활비나 라이프 스타일을 위한 소비에 사용하지 않아도 되고, 현금흐름을 창출하는 자산에 투자할 수 있습니다. 그렇기 때문에 불로소득 비율을 1 대 1로 만드는 것이 '매일매일 주말인 삶'에 한시라도 빨리 도달하기 위한 첫걸음입니다.

첫걸음을 뗀 뒤 다음 목표는 매달 지출하는 비용보다 2배 많은 불로소득이 창출되는 2 대 1의 불로소득 비율을 달성하는 것입니

| 불로소득 비율 |

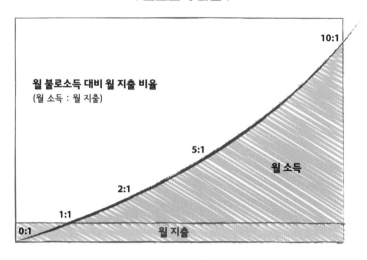

다. 불로소득 비율이 2 대 1이 되면 '안전벨트 자산'이라고 불리는 돌발 상황에 대비 가능한 여유 자금을 확보할 수 있습니다. 예를 들어 한 달에 지출하는 비용이 5,000달러인데 1만 달러의 불로소득이 발생하면 직장이나 부업으로 벌어들이는 근로소득은 제외하고도 5,000달러의 여유 자금이 생깁니다. 불로소득 비율이 2 대 1이 됐을 때 생기는 여유 자금이 미래에 대한 당신의 불안이나 걱정을 얼마나 해소해줄 것인지 한번 생각해보십시오.

저 자신의 예를 한번 들어보겠습니다. 저는 록 밴드 활동을 할 때 불로소득 비율 2 대 1을 달성했습니다. 작곡, 음반 판매, 콘서트 등을 통해 근로소득을 벌어들이면서 동시에 15개 임대 부동산을 통해 매달 1만 1,000달러의 불로소득을 창출했습니다. 저는 불로소득 비율 2 대 1을 달성한 다음 음반업계에서 은퇴했습니다.

불로소득 비율 2 대 1을 달성하면 지금 하고 있는 일을 언제든지 그만둘 수 있습니다. 불로소득 비율 2 대 1을 달성했다고 일을 즉시 그만둘 필요는 없지만 언제든지 자신이 원할 때 그만둘 수 있는 선택권을 확보했다는 것이 중요합니다. 계속 일을 하면서 근로소득 전부를 불로소득 비율을 더 높일 수 있는 자산에 투자할 수도 있습니다.

> "부자들은 일의 성과에 기반해 돈을 받는 것을 선택하고, 가난한 사람들은 시간에 기반해 돈을 받는 것을 선택합니다."
>
> 하브 에커(《백만장자 시크릿》 저자)

일단 불로소득 비율 2 대 1을 달성하면, 더 높은 불로소득 비율을 달성하기 위해 계속 노력해야 합니다. 저는 불로소득 비율이 5 대 1이 됐을 때 재무 자유를 얻었고, 10 대 1이 됐을 때 돈 걱정 없이 하고 싶은 것을 마음껏 할 수 있는 부자로서의 삶이 평생 지속될 것임을 확신했습니다. 한 달 지출이 5,000달러일 때 불로소득 비율 5 대 1을 달성하려면 2만 5,000달러, 10 대 1은 5만 달러의 불로소득을 매달 창출하면 됩니다.

소득 기회 점수표

사업이나 투자가 어떤 종류의 소득을 창출하는지(근로소득 또는 불로소득)를 평가하는 데 소득 기회 점수표가 매우 유용합니다.

아래의 평가 요소를 사용해 관심 있는 사업 기회나 투자 기회가 불로소득을 창출할 수 있는지 1에서 5까지 점수를 매겨 분석해보십시오. 1은 불로소득 창출 능력이 거의 없고 5는 불로소득 창출 능력이 엄청난 것을 의미합니다.

투자명 _____

☐ **1. 즉각적인 현금 흐름**

   현금 흐름이 바로 창출되는가? 아니면 현금 흐름 창출에 시간이 걸리는가?

☐ **2. 정기적인 현금 흐름**

   현금 흐름이 정기적으로 발생하는가? 아니면 단발성인가?

☐ **3. 지속 가능한 현금 흐름**

   현금 흐름이 지속적으로 발생하는가? 아니면 일정 기간 동안만 발생하는가?

☐ **4. 현금 흐름 증가**

   시간이 지날수록 현금 흐름이 증가하는가?

☐ **5. 투자를 관리하는 데 드는 시간**

   개인 시간을 얼마나 투자해야 하는가?

☐ **6. 출근 또는 현장 방문을 해야 하는가?**

   출근해서 일을 해야 하는가? 세계 어디서든 일을 할 수 있는가?

☐ **총점**

10점 미만의 투자는 전면 수정하거나 아예 투자하지 않는 것이 좋습니다. 10점에서 20점 사이의 투자는 불로소득을 극대화하는 방안을 모색해야 합니다. 25점 이상의 투자는 엄청난 대박 투자 기회입니다.

 '매일매일 주말인 삶' 홈페이지 5dayweekend.com에 접속해 위 점수표를 다운로드한 다음 당신의 투자를 평가하는 데 사용하기 바랍니다.
다운로드 비밀번호: P1

근로소득의 덫

자신만의 라이프 스타일을 즐기는 것은 소득을 증가시키려는 목적이자 소득이 증가됐을 때의 달콤한 보상입니다. '매일매일 주말인 삶'을 달성하기 위한 일련의 과정들은 당신이 꿈꾸는 라이프 스타일을 즐길 수 있도록 구성돼 있습니다. 그러나 라이프 스타일을 즐기는 것은 과정의 가장 마지막 단계임을 명심하십시오. 원하는 라이프 스타일을 한시라도 빨리 즐기기 위한 지름길을 선택하기 위해 월 지출을 확대할 때 사람들 대부분이 근로소득의 덫에 빠지고 문제에 봉착합니다. 많은 사람이 실수를 저지르는 지름길은 다음 두 가지입니다.

> "지름길은 목적지를 더 돌아서 가게 한다."
>
> J. R. R. 톨킨(《반지의 제왕》 저자)

라이프 스타일에 근로소득을 사용

근로소득의 덫에 빠지는 첫 번째 이유는 소득을 라이프 스타일을 위해 사용하는 것입니다. 사람들 대부분은 소득원이 근로소득한 가지밖에 없습니다. 소득원이 하나밖에 없다는 것은 문제가 발생할 위험성이 매우 크다는 것과 일맥상통합니다. 그러나 사람들 대부분은 미래를 위해 근로소득을 투자하는 대신에 현재의 라이프 스타일을 즐기는 데 소득을 사용합니다. 그들은 황금알을 낳는 거위도 없고 일을 해야지만 소득이 발생하는데도 발생한 소득을 차, 가구, 비싼 휴가 등과 같은 자산이 아닌 부채에 사용합니다.

> 황금알을 낳는 거위를 먼저 만들어야 황금을 지속적으로 획득할 수 있습니다.

'매일매일 주말인 삶'을 누리기 위해서는 먼저 투자를 통해 불로소득을 확보하고 불로소득을 바탕으로 라이프 스타일을 즐겨야 합니다. 브라이언 트레이시(캐나다의 유명한 성공 컨설턴트이자 동기부여 전문가. 한국에도 브라이언트레이시센터가 있음—옮긴이)가 말한 것처럼 장기적으로 더 큰 보상을 얻기 위해 단기적인 즐거움에 대한 욕구를 조절하는 것은 성공을 위한 필수 전제 조건입니다.

즉각적인 즐거움을 달성하고 자산이 아닌 부채를 구매하고자 하는 욕구를 멀리하십시오. 자산 기초를 튼튼하게 구축하고 자산을 통해 발생한 현금 흐름으로 원하는 라이프 스타일을 누리는 것이 '매일매일 주말인 삶'이 추구하는 목적입니다. 기본적인 생활비를 충당하고 남은 근로소득의 대부분을 불로소득을 창출하는 자산에 투자하는 것이 조금이라도 빨리 '매일매일 주말인 삶'을 달성할 수 있는 지름길입니다. 당신 자신만의 황금알을 낳는 거위를 만드십시오.

모멘텀 투자에 근로소득을 사용

많은 사람이 모멘텀 투자를 해야 하는 이유도 알지 못한 채 불로소득을 창출하는 단계를 건너뛰고 근로소득을 바로 모멘텀 투자에 사용하는 실수를 저지릅니다. 다시 말하면 그들은 투자의 기본에 대한 이해 없이 투기나 도박과 비슷한 하이 리스크 하이 리턴 프로젝트에 투자합니다. 그들은 자신이 투자한 프로젝트에 어떠한 관리나 통제도 하지 못하고 큰 수익이 나기만을 바라고 기도합니다. 그들은 단기간에 한 방을 노려 부자가 되려고 합니다.

> 돈이 부족한 것이 아니라 크고 넓게 생각하는 사람이 별로 없을 뿐입니다.

그러나 이 시나리오의 결말은 대부분 투자한 돈을 모두 날리는 비극으로 끝납니다. 어쩌다 한 번 성공을 하더라도 발생한 수익을 유지하고 더 불려나갈 기술과 원칙이 없기 때문에 얼마 못 가 돈을 전부 탕진해버리고 맙니다.

앞으로 다양한 방식의 성장 투자와 모멘텀 투자에 대해 좀 더 자세히 살펴볼 것입니다. 지금은 '매일매일 주말인 삶'을 누리기 위한 프로세스를 순서대로 차근차근 진행해나가는 것이 꼭 필요한 절차임을 이해하는 것이 중요합니다. 프로세스의 각 단계는 다음 단계를 위해 꼭 필요합니다. 인생의 다른 부분에서도 마찬가지 겠지만 투자에서의 지름길은 심장병 이외에는 아무것도 만들어내지 못합니다.

바로 지금이 가장 좋은 기회

'매일매일 주말인 삶'은 똑똑하고 영리하고 재능 있고 고등교육을 받았으며 인맥과 부를 타고난 사람들만을 위한 것이 아니라, 주위에서 볼 수 있는 모든 평범한 사람들이 누릴 수 있는 것입니다. 자신에게 핑계를 대지 말고 자기 합리화에 빠지지 마십시오. '다른 사람들은 할 수 있을지 몰라도 나는 안 될 것 같은데'라고 생각하지 마십시오. 제가 해낸 것처럼 당신도 할 수 있습니다. 우리 선조들은 꿈조차 꾸지 못했던 기회를 당신은 잡을 수 있습니다.

> "발사하지 않은 총알의 명중 확률은 0퍼센트이다."
>
> 웨인 그레츠키(전 NHL 아이스하키 선수)

삶이 잘 풀리지 않는다면 문제는 삶 자체가 아니라 당신입니다. 핑계만 대고 아무 생각 없이 무리의 뒤만 쫓는 것으로 소중한 인생을 낭비하지 마십시오. 아무것도 하지 않으면서 감나무 밑에서 감이 저절로 떨어지기를 기다리는 사람이 되지 마십시오. 소파에 누워 기회가 오기만을 기다리지 말고 소파를 박차고 일어나 스스로 기회를 만들어보십시오. 자유는 당신 것이고, 자유를 얻기 위해 무언가를 실행해야 할 시기는 바로 지금입니다.

> **❝** 당신이 잠자고 있는 동안에도 돈을 벌 수 있는 방법을 찾아내지 못한다면 당신은 죽을 때까지 일을 해야 합니다. **❞**
>
> 워런 버핏 (가치 투자자, 세계적인 투자회사 버크셔해서웨이의 CEO)

이제 시작해볼까요?

'매일매일 주말인 삶' 실행 계획

당신만의 '매일매일 주말인 삶'을 위한 비전을 만들어보십시오.

당신의 비전
당신이 진정으로 원하는 '매일매일 주말인 삶'은 어떤 것입니까?

당신의 소득과 지출
세후 월 근로소득은 얼마입니까?

최소 월 지출액은 얼마입니까?

한 달 동안 벌어들이는 불로소득은 얼마입니까?

당신의 목표
언제 불로소득 비율 1 대 1을 달성하기 원합니까?

목표일:

불로소득 비율 2 대 1을 언제까지 달성하기 원합니까?

목표일:

재무 독립을 위한 불로소득 비율 5 대 1을 언제까지 달성하기 원합니까?

목표일:

보유한 부를 계속 유지할 수 있는 불로소득 비율 10 대 1을 언제까지 달성하기 원합니까?

목표일:

 '매일매일 주말인 삶' 홈페이지 5dayweekend.com에 접속해 위 양식을 다운로드하기 바랍니다.
다운로드 비밀번호: P2

돈을 지켜라

5Day
Weekend

부자가 되기 위해 단순히 돈만 벌면 되는 걸까요? 당신보다 돈을 훨씬 많이 벌지만 여전히 돈 때문에 어려움을 겪고 있는 사람을 만나본 적이 있습니까?

지금보다 더 많이 벌기 위해 시간과 노력을 투자하고 위험을 감수하기 전에 당신이 보유하고 있는 자원들의 효율성을 극대화하고 비효율성으로 새어 나가는 돈을 최소화하는 것부터 시작하는 것이 가장 좋습니다. 2장을 읽고 나면 다른 많은 사람이 그랬던 것처럼 당신이 생각보다 더 오랜 시간 일하고 있다는 사실을 발견하게 될 것입니다.

'매일매일 주말인 삶'은 논리적이고 순차적인 일련의 과정입니다. '매일매일 주말인 삶'을 제대로 누리려면 각 단계를 제시간에

올바른 방법으로 완수해야 합니다. 자칫 잘못된 방법을 사용하거나 잘못된 길로 접어든다면, 여러 가지 비효율적인 상황들이 발생하고, 최악의 경우 지금까지 쌓아온 공든 탑이 한순간에 무너질지도 모릅니다. 무엇보다 먼저 왕국까지는 아니지만 당신 자신만의 튼튼한 재무 보금자리를 제대로 만들어야 합니다.

05

빛의
고리에서
벗어나야 한다

빛. 재무적인 관점에서 반드시 해결해야 하는 거대한 적이자 편안한 삶을 위해 우리 모두가 극복해야 할 대상입니다. 대부분은 빚을 싫어하지만 거의 모든 사람이 빚을 보유하고 있습니다. 사람들은 빚을 지고, 그 빚에서 벗어나려 노력합니다.

사람들은 다음 두 가지 이유 때문에 빚에 허덕이며 아등바등 살아갑니다. 첫 번째로 대다수의 사람은 빚을 줄이기 위한 현명하면서도 일관성 있는 전략을 세우지 않습니다. 실제로 빚을 줄일 수 있는 다양한 전략들이 존재하지만 많은 사람은 어떤 전략이 자기한테 가장 효과적인지 확신하지 못합니다. 두 번째 이유는 그 어떤 전략도 사람들이 왜 빚을 지게 되는지 심리적 이유를 잘 설명하지 못하기 때문입니다. 빚의 악순환에 대한 심리적 고찰이 없으면 빚의 고리를 단칼에 끊어버릴 수 없으며, 빚 없는 삶을 누리기는 점점 요원해집니다.

때때로 구덩이에서 나오는 가장 좋은 방법은 더 이상 구덩이를 파지 않는 것입니다. 재무 관련 문제와 고통은 대부분 무지 때문에 발생합니다. 학습을 통해 재무 IQ를 높인다면 재무 문제에서 벗어날 수 있습니다. 이득이 되지 않는 불필요한 빚은 멀리하고 수익을 창출하지 못하는 빚은 보유하지 않는다는 원칙을 정하십시오.

빚을 줄이거나 완전히 해결하기 위한 다음 4단계 전략을 숙지하십시오. 왜 빚을 지게 되는지 자기 자신을 스스로 돌아보고 불필요한 빚을 방지하기 위한 자신만의 방법을 마련하십시오.

보유하고 있는 빚을 일거에 모두 정리할 수 있다면, 아무 걱정 없이 생산성 향상과 현금 흐름 증대에 중점을 둘 수 있습니다.

빚을 정리하는 가장 좋은 방법

빚을 정리하는 목적은 불로소득을 위한 투자 활동에 자유롭게 사용할 수 있는 현금 흐름을 확보하는 데 있습니다. 이 사실을 반드시 염두에 두면서 빚을 신속하고 효과적으로 정리할 수 있는 다음 방법들을 활용하십시오.

1. 비상금을 먼저 확보해야 합니다.

최소한의 안전망을 확보하기 위해 최소 3개월, 이상적으로는 6개월 소득을 비상금 계좌에 확보한 다음 빚을 정리하는 것이 좋습니다.

비상금이 없으면 빚을 정리하는 과정에서 현금 흐름에 예측할 수 없는 문제가 발생했을 때 그것을 해결할 방법이 없습니다. 그렇게 되면 또 다른 빚으로 문제를 해결하게 되고, 그 과정에서 필연적으로 빚은 다시 증가합니다. 또한 부족한 현금 흐름으로 인해 기존의 빚을 상환하지 못해 신용 점수가 하락할 수도 있습니다. 그러면 남은 빚에 대해 더 많은 이자를 납부할 수도 있습니다.

2. 대출을 전환해야 합니다.

고이율의 단기 대출을 세금 혜택을 받을 수 있는 저이율의 장기 대출로 전환합니다. 이 방법의 목적은 매달 대출 상환금을 최소화하고 가용할 수 있는 현금 흐름을 최대화하는 것입니다.

예를 들어 장기 저리이면서 세금 공제 혜택도 받을 수 있는 주택 담보대출을 추가로 받을 수 있으면 그것을 이용해 신용카드 대금, 자동차 할부금 등과 같은 세금 공제 혜택이 전혀 없는 고이율의 단기 대출을 최대한 많이 상환합니다. 이렇게 되면 다달이 상환해야 하는 금액은 줄어들고 세금 공제 혜택까지 추가돼 현금 흐름은 증가합니다. 그다음은 증가된 현금 흐름을 통해 나머지 대출에 대해 한 번에 하나씩 남은 빚을 전략적으로 상환합니다.

3. 한 번에 하나씩 상환해야 합니다.

대출 상환금을 최소화하고 현금 흐름을 최대화한 뒤에는 모든 빚을 완전히 정리할 때까지 보유하고 있는 대출을 한 번에 하나씩 정리해나갑니다.

많은 재무 전문가가 가장 높은 이율의 대출을 가장 먼저 상환해야 한다고 말합니다만, 전문가들의 말은 가볍게 무시하십시오. 그 대신 어떤 대출을 가장 먼저 상환해야 하는지를 결정하는 데 아주 효과적인, 이 책의 공동 저자 개릿이 개발한 '현금 흐름 지수'를 사용해보십시오.

현금 흐름 지수를 적용하기 위해 먼저 대출 잔액을 매월 상환해야 하는 금액으로 나누십시오. 낮은 현금 흐름 지수는 해당 대출이 매우 비효율적임을 나타내고 그 반대로 높은 현금 흐름 지수는 해당 대출이 매우 효율적인 대출임을 의미합니다. 다음 표에서 보듯이, 현금 흐름 지수가 0에서 50 사이의 대출은 위험 구역에 자리하며, 이러한 대출은 가능한 한 빨리 다른 대출로 전환하거나 상환해야 합니다. 현금 흐름 지수가 100 이상인 대출은 자유 구

| 현금 흐름 지수 |

현금 흐름 지수 = 대출 잔액/월 상환금

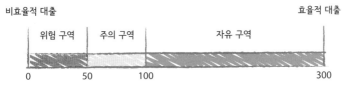

비효율적 대출   효율적 대출

위험 구역   주의 구역   자유 구역

0   50   100   300

역에 존재하며, 해당 대출은 천천히 상환해도 아무 문제가 없습니다.

다시 한번 강조하지만, 가장 먼저 상환해야 하는 대출은 현금 흐름 지수가 가장 낮은 대출입니다. 다음의 예를 보십시오.

대출	잔액	이자율	상환금 (매월)	현금 흐름 지수
주택 담보대출	22만 8,000달러	7%	1,665달러	137 (228,000/1,665달러)
자동차 할부금	1만 6,500달러	8%	450달러	37 (16,500/450달러)
신용카드 대금	1만 3,000달러	12%	260달러	50 (13,000/260달러)

당신이라면 어떤 대출을 가장 먼저 상환하겠습니까? 전문가들의 말을 따른다면, 이자율이 가장 높은 신용카드 대금을 가장 먼저 갚아야 합니다. 그러나 현금 흐름 지수에 따르면 자동차 할부금을 가장 먼저 상환해야 합니다. 그렇게 되면 더 많은 현금 흐름을 확보할 수 있고, 이를 바탕으로 다음번에 신용카드 대금을 갚아나가면 됩니다.

이 방법을 사용하면 신용카드 대금을 먼저 상환하는 것보다 훨씬 빠르게 자동차 할부금과 신용카드 대금을 정리할 수 있습니다.

4. 자금이 자산에 묶이게 되는 경우 주의해야 합니다.

개인의 재무 건전성이 우수할 경우 주택 담보대출을 추가로 받는 것은 상당히 합리적입니다. 그러나 다른 관점에서 본다면 이는 고정자산에 자금이 묶이는 것일 수도 있습니다. 현금 흐름 지수가 높은 대출을 추가로 받는 전략은 다른 비효율적인 대출을 더 빨리 상환하고 매달 지불해야 하는 이자를 줄이는 것뿐만 아니라 개인이 대출로 인해 부담해야 하는 위험을 줄이는 데도 효과적입니다. 그렇지만 이 경우 고정자산에 자금이 묶일 수 있는 점도 주의 깊게 고려해야 합니다.

'신용카드 대금과 같이 현금 흐름 지수가 낮은 비효율적 대출을 정리하는 경우에만 주택 담보대출을 추가로 실행한다'와 같은 규칙을 정해두는 것을 추천합니다. 그렇지 않으면 무분별한 추가 대출로 자산에 돈이 더 많이 묶이게 되고, 해당 대출의 현금 흐름 지수는 시간이 지날수록 더 악화될 수 있습니다. 현금 흐름 지수가 악화되면 현금 유동성 감소로 인한 위험부담이 급격히 증가합니다.

자산에 자금이 묶이지 않도록 대출 상환을 위해 독립된 계좌를 만들고 거기에 대출 상환 자금을 저축하는 방법을 사용할 수 있습니다. 대출금을 전부 상환할 때까지 해당 계좌에 지속적으로 돈을 적립하고, 적립한 금액에 대한 이자를 획득합니다. 이 방법에 대한 더 자세한 사항은 챕터 8과 9를 참조하기 바랍니다.

당신이 빚에 허덕이는 진짜 이유

빚에 대한 기본적인 생각을 바꾸지 않으면 장기적인 관점에서 봤을 때 이제까지 설명한 모든 전략들이 다 무용지물입니다. 지속적으로 빚을 갚아나가면서 빚에서 완전히 자유로워지려면 빚을 지게 되는 근본 원인을 밝혀내서 그것을 해결해야 합니다. 앞서 살펴본 전략들을 시행하기 전에 스스로에게 다음 질문들을 던져보십시오.

- 내가 보유하고 있는 대출은 무엇 때문에 발생했는가? 대출의 목적은 무엇인가?
- 무언가를 소비하기 위해 받은 대출인가, 어떤 것을 생산하기 위해 받은 대출인가?
- 6개월 뒤나 1년 뒤에 대출을 받아도 아무 문제가 없는가?
- 대출을 받을 때 자기 합리화를 하는가?
- 쇼핑이나 물건 소유를 통해 마음의 위안을 얻는가?
- 대출의 원인이 도박과 비슷한 투자 때문에 발생했는가? 당신이 모르는 것에 돈을 투자하고 있고, 그 투자를 전혀 통제하지 못하고 있는가? 만약 그렇다면 그러한 것들에서 무엇을 배웠는가? 어떻게 하면 앞으로 더 현명하게 투자할지 생각해보았는가?

- 준비 미비로 대출이 발생했는가? 아니면 급작스러운 재무 문제 때문에 대출이 발생했는가? 급작스러운 재무 문제를 미래에는 잘 처리할 수 있는가?

처음에도 말했다시피, 대출에서 완전히 자유로워지려면 기본적인 것부터 완전히 바꿔야 합니다. 가장 간단한 원칙 하나를 알려드리면 무언가를 사기 위해 돈을 빌리면 절대 안 됩니다. 가구, 옷, 휴가 등과 같은 소비성 물건은 보유하고 있는 현금 범위 내에서 구매하고 대출은 생산적인 자산이나 자원에 투자하기 위해서만 해야 합니다.

당신의 금융 보금자리를 튼튼히 구축하는 것은 재테크와는 차원이 다른 얘기입니다. 이는 마음가짐, 심리적인 관점, 장기적인 자유를 위해 즉각적인 기쁨을 유보하는 의지와 관련이 있습니다. 또한 남은 일생 동안 하루 8시간씩 주 5일을 쉬지 않고 일하는 것을 거부하고 그것을 극복하는 비전을 만들어 발전시켜나가는 것을 의미합니다. 당신 자신만을 위한 인생 경로의 넓이와 깊이를 더욱 확장하십시오. 가난하게 태어난 것은 당신의 잘못이 아닙니다만, 가난하게 죽는 것은 당신의 잘못이라는 점을 꼭 명심하십시오.

빚을 정리하면 불로소득을 창출할 수 있는 투자에 필요한 현금 흐름을 더 확보할 수 있다는 간단한 명제를 기억하기 바랍니다.

> 가난하게 태어난 것은 당신 잘못이 아닙니다. 그러나 가난하게 죽는다면 그것은 당신 잘못입니다.

❝ 오늘 다른 사람들이 하지 않는 것을 한다면,
내일 다른 사람들이 하지 못하는 것을 성취할 것입니다. **❞**

제리 라이스(전 NFL 미식축구 선수)

06

해로운
지출을
관리하라

지출을 관리하려면 먼저 빚과 부채의 미묘한 차이를 이해하는 것
이 중요합니다.

빚과 부채는 다르다

빚은 일반적으로 빌린 돈을 의미합니다. 좀 더 엄밀히 정의하면
빚은 부채 중 자산을 초과하는 부분입니다. 부채는 주택 담보대출
상환금, 자동차 할부금, 또는 신용카드 대금과 같이 지불해야 하
는 비용입니다. 대지, 건물, 사업체, 귀금속, 지식재산권과 같은
자산은 현금 흐름을 창출하고 있거나 앞으로 창출할 수 있습니다.

| 대출 vs. 부채 |

(단위: 달러)

	시장가치	부채 상환 원금	자산 순가치(Equity)	빚
주택 1	250,000	200,000	50,000	0
주택 2	250,000	260,000	0	10,000

당신이 보유한 주택의 시장가치는 자산이고 주택 담보대출은 부채입니다.

주택 1의 경우 25만 달러의 가치가 있고 해당 주택을 담보로 20만 달러를 대출했다면, 전통적인 관점에서 당신은 20만 달러의 빚이 있습니다. 그러나 회계 관점에서 조금 더 엄밀하게 말한다면 당신은 20만 달러의 빚이 아니라 20만 달러의 부채와 5만 달러의 가치를 가진 자산을 보유하고 있습니다. 반면에 25만 달러의 가치를 보유한 주택 2를 담보로 26만 달러를 빌렸다면 당신은 1만 달러의 빚을 보유하고 있는 것입니다.

이게 무슨 대수냐고 할지도 모르겠습니다만, 빚과 부채의 차이를 이해하는 것은 매우 중요합니다. 빚을 지지 않기 위해 어떠한 형태의 대출도 하지 않는 것이 당신의 목표라면, 투자나 사업 성장 같은 생산적인 활동을 위한 대출도 불가능하게 됩니다.

빚의 구렁텅이에서 탈출하려고 모든 빚을 전부 상환할 필요는 없습니다. 오히려 자산이 항상 부채보다 많도록 유지하는 것이 빚의 악순환을 방지하는 데 더 효과적입니다. 당신의 자산과 부채를 일목요연하게 정리해놓은 재무제표는 자산과 부채의 전체적인 상황에 대한 많은 정보를 제공합니다.

'매일매일 주말인 삶'을 영위하고 있는 사람들은 대출, 자산, 부채에 대해 대다수의 금융 전문가들이 알려주는 전형적인 방법이 아닌 자신만의 독창적이고 현명한 기준을 가지고 있습니다. 다시 한번 강조하지만 우리의 목적은 빚을 전부 상환하는 것이 아니라 가장 효율적인 현금 흐름을 창출하는 것입니다. 다음에 살펴볼 내용은 일반적인 전문가들이 추천하는 방법과는 많이 다를지도 모릅니다. 당신은 현금 흐름을 창출하거나 생산성을 높이기 위해 부채를 의도적으로 늘리는 방법을 선택해야 할 수도 있습니다. 그러나 이러한 방법들을 지속적이고 전략적으로 사용한다면 현금 흐름 창출 및 빚의 전액 상환이라는 두 마리 토끼를 모두 잡을 수 있습니다.

가구, 옷, 장난감 등 시간이 지날수록 그 가치가 감소하는 소비재를 구매하는 데 사용한 신용카드 대금과 같은 가계 대출을 예로 들어보겠습니다. 비생산적이고 해로운 형태의 빚은 당신을 파산으로 몰고 가는 지름길입니다. 물건을 구매하는 것이 즉각적인 즐거움을 줄 수는 있지만 장기적으로 미래의 자유에 대한 기회비용이자 재무 독립을 저해하는 방해꾼이 됩니다.

지출을 효과적으로 관리하고 앞에서 언급한 내용을 더욱 명확히 하기 위해 종류가 다른 비용에 대해 좀 더 알아보겠습니다.

절감해야 할 단 하나의 지출

지금까지 당신은 지출은 나쁜 것이며, 가능한 한 지출을 줄여야 한다고 배워왔을 것입니다. 그러나 이런 관점은 편협하고 잘못된 생각입니다. 실제로는 네 가지 종류의 지출이 있는데 그중에 단 하나만 절감해야 하는 지출입니다.

1. 라이프 스타일(소비성) 지출

이 항목의 지출에는 외식, 휴가, 문화생활, 풀 HD 평면 TV 등과 같은 것들이 포함됩니다. 이러한 지출은 인생을 즐기고 추억을 만들 수 있지만 자산을 획득하거나 소득을 창출하지는 못합니다. 빚을 지지 않고 당신의 수입으로 충분히 감당할 수 있으면 당신이 소중히 생각하는 가치에 지출하는 것은 아무 문제가 되지 않습니다. 우리는 이제껏 자신이 힘들게 번 돈을 은퇴할 때까지 차곡차곡 모아야 하고, 인생을 즐기는 것은 은퇴 이후로 미뤄야 한다고 배웠습니다. 그 결과 엄청나게 불행한 백만장자들이 도처에 생겨났습니다. 돈을 한 푼도 쓰지 않는다면 의미 있고 재미있는 경험을 할 수 없습니다. 당신이 현명하게 소비한다면 좋은 경험을 마음껏 쌓을 수 있습니다. 라이프 스타일 지출과 관련해 지금 하는 구매나 소비가 과연 가치 있는 것인지 판단하려면 가격, 기회비용, 주관적 가치에 근거해 분석해야 합니다.

- **가격**: 이 가격에 구매 가능한 다른 것은 무엇인가?
- **기회비용**: 이 구매로 다른 것을 포기해야 하는가? 또는 이것을 구매하지 않고 다른 것을 구매한다면 어떤 가치를 얻을 수 있는가?
- **가치**: 구매에서 얻을 수 있는 실제 가치와 주관적 가치를 합한 총가치

무엇인가를 구매하기 전에 '매일매일 주말인 삶'의 원칙들에 근거해 소비를 지금 당장 즐길 것인지, 아니면 나중을 위해 잠시 미뤄둘 것인지 항상 심사숙고하십시오. 절대로 빚을 내지 말고 가용능력 안에서 얻고자 하는 경험이나 가치를 위해 소비하십시오. 당신이 보유하고 있는 투자 포트폴리오에서 발생하는 불로소득이나 현금 흐름으로 구매하는 것이 가장 이상적입니다.

다시 말하자면, 라이프 스타일과 관련된 소비는 현명하게 관리하면서 적절히 지출해야 합니다.

2. 보장성 지출

이 항목의 지출은 당신의 자산이나 삶의 가치를 보장하기 위한 지출입니다. 이 항목은 특히 중산층에서 자주 간과하는 부분입니

다. 부자들은 보장 지출에 대해 늘 신경을 쓰고 있으며, 이 부분에 대해서는 타협을 하지 않습니다. 부자들은 예측할 수 없는 위기나 그들의 자산을 위험에 빠뜨리는 다양한 상황들이 수시로 찾아온다는 것을 잘 이해하고 있습니다. 보장 지출에는 최소 6개월 정도의 생활비를 감당할 수 있는 비상금도 포함됩니다. 비상금 계좌는 수시로 입출금이 가능해야 하기 때문에 이자를 많이 받을 수는 없지만, 돈에 대한 걱정으로부터 당신을 보호해줍니다. 또 다른 보장 지출의 종류에는 상속 설계, 생명보험, 의료보험, 자동차 보험, 재해 대비 보험 등이 있습니다.

3. 생산적인 지출

생산적인 지출은 자산 획득, 현금 흐름 증대, 사업 확장을 가능하게 해줍니다. 생산적인 지출에는 임대 부동산 매입도 포함됩니다. 당신이 사업을 경영하고 있다면 최고의 직원을 고용하는 데드는 지출도 생산적인 지출입니다. 새로운 기회를 얻기 위해 교육에 투자하는 비용 또한 생산적인 지출입니다. 생산적인 지출은 돈을 지출하면 현금 흐름을 창출하고 가치가 증가하는 자산처럼 지출한 돈보다 더 많은 돈을 다시 돌려줍니다. 무언가를 탕진해버리는 소비적인 지출과는 달리 생산적인 지출은 당신의 현재와 미래의 삶을 더욱 풍요롭게 만들어줍니다. 임대 부동산 구입 시 담보 대출을 이용하는 것처럼 생산적인 지출에는 부채가 발생할 수 있습니다만, 생산적인 지출을 통해 더 나은 성과나 결과를 만들어낼

수 있습니다. 생산적인 지출은 기회가 될 때마다 점점 늘려나가야
합니다.

4. 해로운 지출

해로운 지출에는 소비성 재화를 위한 가계 대출, 신용카드 대금
및 리볼빙 수수료, 등록 후 한 번도 가지 않은 헬스클럽 연간 회원
권과 같이 불필요한 지출 등이 포함됩니다. 일반적으로 해로운 지
출은 당신의 삶에 가치를 더하는 것이 아니라 오히려 삶의 가치를
조금씩 감소시킵니다. 마약이나 도박같이 범죄에 연루되거나 스
스로를 파괴하는 지출도 해로운 지출입니다. 현재 해로운 지출이
발생하고 있다면 반드시 정리해야 하며, 궁극적으로는 해로운 지
출 자체를 완전히 제거해야 합니다.

빚과 부채의 차이를 이해하면 부채를 줄이는 것이 아니라 오히
려 늘려서 더 부자가 되는 수많은 예시를 주변에서 찾을 수 있게
됩니다. 예를 들어 나중에 다룰 조세 선취 증권Tax Lien(세금을 납부하
지 못해 압류된 자산의 세금을 선취할 수 있는 권리를 포함한 증권. 미국식 제
도이며 한국에서는 가압류나 공매가 가장 비슷하나 완전히 똑같은 제도는 없
음–옮긴이)을 구매하는 비용은 처음에는 부채지만 그 비용보다 더
많은 수익을 창출할 수 있으므로 나중에는 자산으로 탈바꿈합니
다. 부채를 적이라고 생각하면 생산적인 활동을 위해 돈을 어떻게
안전하고 똑똑하게 빌릴 수 있는지 전혀 이해하지 못합니다.

당신의 목표가 단순히 빚을 완전히 해결하는 것이 아님을 기억하십시오. 빚을 전부 해결하는 것은 큰 퍼즐을 완성하기 위한 하나의 작은 퍼즐 조각에 불과합니다. 당신의 궁극적인 목표는 재무적으로 완전한 독립을 이룩하고 '매일매일 주말인 삶'을 누리는 것입니다.

> **부는 나무와 같아서 작은 씨앗에서부터 시작합니다.**
> 조지 클래이슨(《바빌론 부자들의 돈 버는 지혜》 저자)

07

새는 돈을
막으려면

구멍 난 양동이에 물을 채운다고 생각해보십시오. 호스를 양동이
에 넣고 물을 채웁니다. 물이 점점 차오름과 동시에 뚫린 구멍으
로 물이 새어 나가기 시작합니다. 새어 나가는 물을 보면서 잠깐
생각해봅시다. 구멍은 아랑곳하지 않고 양동이가 넘칠 때까지 계
속 물을 붓는 것과 일단 물을 잠그고 먼저 뚫린 구멍부터 막는 것
중 어느 쪽이 더 현명한 방법입니까?

답은 명백합니다. 그러나 불행하게도 돈과 관련된 문제일 경우
위의 예처럼 답이 명백하지 않습니다. 재무 자유를 이루지 못한
사람들은 자신들이 지금 당장 돈이 충분하지 않아서 부자가 아니
라고 생각합니다. 그들은 지금보다 돈을 더 많이 벌고 난 다음에
야 비로소 투자를 할 수 있다고 생각합니다. 다시 말하면 그들은

지금 물이 새어 나가고 있는지 어떤지 모른 채 양동이의 뚫린 구멍은 무시하고 양동이가 흘러넘칠 때까지 물을 계속 채우고 있는 것입니다.

대부분의 개인 재무 전문가들은 지출을 절감하고 구두쇠처럼 절약하는 것이 핵심이라고 주장합니다. 그러나 그것보다 더 현명한 방법이 있습니다. 허리띠를 졸라매지 않아도 다달이 상당한 양의 현금 흐름을 증가시킬 수 있습니다. 주의 깊게 살펴봐야 할 것은 날마다 마시는 카페라테 가격이나 케이블 TV 수신료가 아니라 조금만 신경 쓰면 돈을 절약할 수 있는 보험료, 세금입니다.

어떤 사람들은 진심으로 지출을 조절해야 할 필요가 있습니다. 그들은 '내일은 없다. 오늘을 즐기자'라는 생각으로 쇼핑에 탐닉하고 돈을 흥청망청 써버립니다. 소비적인 지출 자체를 아예 하지 말라는 것이 아닙니다. 그러나 소비적인 지출로 인해 부자가 되는 길을 스스로 포기하거나 가까운 길을 두고 먼 길로 돌아가는 것은 안 됩니다. 일을 현명하게 해야지 열심히만 해서는 안 됩니다.

수천 명의 사람과 상담을 해본 결과, 보통 수입의 10퍼센트 정도가 당사자는 전혀 알지 못한 채 과대 계상된 세금이나 숨겨진 투자 수수료 등과 같은 항목으로 빠져나가고 있습니다. 이러한 지출을 찾아내 새어 나가지 못하게 구멍을 잘 틀어막는다면 소비 습관의 변화 없이도 즉시 소득 증대 효과를 볼 수 있습니다. 양동이의 뚫린 구멍을 막으려면 도구나 기술이 필요하듯이 돈이 새어 나가는 구멍을 막으려면 처음에는 어느 정도 비용 지출이 발생합니다. 그러나 증가된 현금 흐름을 통해 시간이 조금 흐른 뒤에는 발생 비용의 대부분을 충당할 수 있습니다.

신용 점수를 높여라

높은 신용 등급은 레버리지 효과가 필요할 때 크게 도움이 되기 때문에 780점 이상을 유지하는 것이 중요합니다(위의 점수는 미국 신용 평가 기준의 점수이며, 우리나라는 보통 1~10등급으로 구분하고 숫자가 작을수록 높은 신용도를 의미함-옮긴이). 신용 등급이 좋으면 더 낮은 이자율을 적용받고, 대출 전환도 더 쉽게 할 수 있으며, 금리 인하도 요구할 수 있고, 여러 가지 비용 감면 혜택도 받을 수 있습니다. 공인된 신용 평가 기관의 홈페이지에 접속해 정확한 신용 등급과 점수를 확인하십시오. 공과금을 제때 납부하는 것 말고도, 신용 등급을 올릴 수 있는 가장 중요한 세 가지 방법은 다음과 같습니다(여기서 언급되는 방법은 미국 기준이므로 한국 실정에는 맞지 않는 부분도 있음-옮긴이).

1. **신용 평가 보고서의 잘못된 정보를 수정하십시오.** 미국 상무부가 미국 국회의 의뢰를 받아 조사한 결과에 따르면, 5명 중 1명이 신용 평가 보고서에 잘못된 정보를 수정하지 않은 채 사용하고 있다고 합니다.[2] 신용 평가 보고서의 잘못된 정보는 대출 적

격 심사나 대출이자율을 결정할 때 큰 영향을 줄 수 있습니다. 분기별로 한 번씩 신용 평가 보고서를 받아 보고 잘못된 정보가 있는지 꼼꼼히 확인하십시오. 대부분의 신용 평가 회사들은 평가 보고서를 무료로 제공합니다. 신용 평가 보고서를 통해 신용 등급을 지속적으로 관리하고, 잘못된 정보가 있는지 확인하십시오. 지금까지 단 한 번도 자신의 신용 평가 보고서를 확인해보지 않았다면 약간의 비용을 지불하고서라도 지금 당장 신용 평가 보고서를 발급받아 잘못된 부분이 있는지 살펴보십시오. 그리고 지금부터라도 무료로 신용 평가 보고서를 요청해 여신 한도, 신용 한도, 계좌 정보, 연체 정보 등의 정보를 정기적으로 확인하십시오. 잘못된 정보를 발견하면 즉각 수정 요청을 하거나 해당 정보에 대해 신용 평가 회사와 상의하십시오.

2. 신용카드를 현명하게 사용하십시오. 신용카드는 무조건 많이 가지고 있는 것보다 사용 목적에 따라 최대 3~5개의 신용카드를 보유하는 것이 바람직합니다. 1년에 신용카드를 너무 자주 신청하면 상황에 따라서는 신용 등급이 하락할 수 있습니다. 가장 이상적인 것은 2년에 2개 정도 신청하는 것입니다. 신용카드 사용 금액과 리볼빙 금액은 최대한도의 30퍼센트 미만으로 유지하는 것이 좋으며(낮으면 낮을수록 좋습니다), 카드 대금 연체, 신용카드론 대출 등은 반드시 피해야 합니다. 사용하지 않는 신용카드는 해지 신청을 하십시오. 신용카드 사용 기간과 사

용 이력은 신용 등급 산정에 반영됩니다.

3.   **최근 2년 이내에 신용카드 할부 사용 이력을 확보하십시오.** 차량 할부금, 차량 리스금, 보석 구매 할부금, 신용 대출 등과 같이 고정 금액을 고정된 기간에 정기적으로 납부해야 하는 할부 금융은 신용 등급 산정에 반영됩니다.

대출 구조를 조정하라

어디서 돈이 새고 있는지 확인하기 위해 첫 번째로 살펴봐야 할 것이 바로 대출입니다. 지난 2년 동안 단 한 번도 금리 인하나 대출 전환을 요구하지 않았다면 아마 내지 않아도 되는 이자를 납부하고 있거나, 미래의 현금 흐름에 악영향을 줄 요소들을 방치하고 있을지도 모릅니다.

다양한 상황에서 실시할 수 있는 아래 몇 가지 전략들을 살펴보기 바랍니다.

- 세금 공제가 전혀 없는 높은 이자율의 대출을 세금 공제가 포함된 낮은 이자율의 대출로 전환하십시오. 예를 들어 주택 담보대출을 추가로 받아 신용카드 대출을 상환합니다.

- 주택 담보대출 갈아타기를 시도합니다.
- 차량 할부금을 전부 다 갚았다면 해당 차량을 담보로 대출을 받아 더 높은 이자율의 대출을 상환합니다.
- 보험금 중도 인출 제도를 이용해 더 높은 이자율의 대출을 상환합니다.
- 상환 기간을 더 늘려서 매달 지출되는 상환금액을 줄여 현금 흐름 지수를 개선합니다.
- 연금 담보대출을 통해 더 높은 이자율의 대출을 상환합니다.
- 차용증을 써주고 가족이나 친구들에게 돈을 빌립니다. 돈을 빌릴 때의 이자율은 은행예금 이자율보다는 높고 대출이자율보다는 낮게 설정합니다.

당신 주변의 실제 이야기

조던 쿠퍼는 사업을 확장하고 현금 흐름을 개선하고 재무 자유를 달성하기 위해 노력하고 있는 치과 의사입니다. 그가 이 책의 공동 저자인 개릿에게 자신의 재무 상태를 파악해달라고 요청했을 때 개릿은 그가 보유한 16개의 대출을 가장 먼저 살펴봤습니다. 짧은 상환 기간 또는 높은 이자율의 대출들을 최악으로 규정하고, 최악으로 규정된 대출의 절반 이상을 다른 대출로 적극 전환했으며, 매달 2만 달러의 현금 흐름을 추가로 확보했습니다.

벤과 조이스 프랭크 부부는 어린 선수들을 위한 아이스하키 클럽을 세 개 지역에서 운영하고 있습니다. 그들은 지역 아이스하키 경기에서 캐릿을 만나 대출 전환의 이점에 대해 서로 얘기를 나눴습니다. 경기 중 쉬는 시간에 벤은 그가 돈을 빌린 두 곳의 금융기관에 전화를 걸어 대출 조건 변경에 대해 논의했습니다. 지금까지 연체 없이 대출금을 잘 상환했기에 두 곳 모두 대출 상환 기간을 연장하고 이자율을 낮추는 등 그에게 유리하게 대출 조건을 변경하는 데 동의했습니다. 벤은 단 한 통의 전화로 한 곳에서는 월 1,500달러, 다른 쪽에서는 월 1,000달러를 절약하는 데 성공했습니다.

그는 "우리는 지난 5년 동안 정말 열심히 사업에 매진했기 때문에 현금 흐름이 증가하는 것은 굉장히 중요한 일입니다. 증가된 현금 흐름으로 사람을 더 고용하고, 시스템과 기술을 개선할 예정입니다. 한 달에 몇천 달러의 현금이 증가하면 다양한 파급효과가 발생합니다. 더 중요한 일에 집중할 수 있는 자유 시간을 좀 더 많이 확보할 수 있고, 모든 것에 가속이 붙습니다"라고 말하면서 흥분을 감추지 못했습니다.

보험 구조를 조정하라

중구난방으로 가입한 보험은 돈이 새어 나가는 또 하나의 일반적인 이유입니다. 보험 항목에서 돈이 새는 것을 방지하기 위해 아래 사항들을 고려하십시오.

1.　**자기 부담금을 높이십시오.** 자기 부담금이 적으면 적을수록 매달 내야 하는 보험료는 증가합니다. 보험을 가입하는 가장 중요한 이유가 큰 손실을 방지하기 위해서입니다. 그렇기에 자기 부담금을 적게 설정하는 것은 전혀 합리적이지 않습니다. 자기 부담금이 적게 설정돼 있는 상태에서 보험금을 청구하면 보험료는 반드시 상승합니다.

2.　**이중 담보 또는 불필요한 담보를 제거하십시오.** 같은 것을 담보하는 보험을 너무 많이 가입했을지 모릅니다. 포괄 배상책임보험Umbrella Policy을 예를 들어보면, 포괄 배상책임보험은 자동차 보험이나 주택보험 등에서 요구하는 최소한의 담보보다 훨씬 더 많은 담보를 포함하고 있습니다. 이 경우 필연적으로 이중 담보 또는 불필요한 담보가 발생합니다. 포괄 배상책임보험을 면밀히 검토해 불필요하거나 이중으로 담보된 사항에 대해서는 재해를 보상하지 않거나 단기 장애 보험, 상해 사망 및 후유 장애를 제한적으로 보장하는 개별 보험 등으로 전환하는 것을 고려해보십시오.

3.　**포괄 배상책임보험을 다른 보험을 조율하는 수단으로 사용하십시오.** 포괄 배상책임보험은 자동차 보험이나 주택보험보다 훨씬

광범위한 배상 책임 담보를 제공합니다. 배상 책임 담보가 충분하지 않을 때, 자동차 보험이나 주택보험이 담보하지 못하거나 부분적으로 담보하는 부분을 포괄 배상책임보험으로 보완할 수 있습니다. 적절히 잘 구성된 포괄 배상책임보험을 통해 보험료는 낮추면서 보장성을 더욱 높일 수 있습니다.

4.   건강저축계좌를 사용하십시오. 건강저축계좌HSA는 고高자기 부담금 건강보험HDHP에 가입한 미국 시민이면 누구나 사용할 수 있는, 세금 혜택이 적용된 의료저축계좌입니다. 계좌에 납입 되는 금액은 적립 시 연방 세금의 적용을 받지 않습니다. 건강 보험법이 개정될 가능성이 있기 때문에 건강저축계좌 관련한 최신 규정을 반드시 확인하시기 바랍니다.

5.   장애보험의 보험금 지급 기한을 늘리십시오. 보험금 지급 기한이란 장애를 입은 시점과 보험금을 청구할 수 있는 시점과의 시간 차이입니다. 본질적으로 장애보험의 '자기부담기간'입니다. 보험료는 보험금 지급 기한이 30~60일 경우 엄청나게 비쌉니다. 보험료 지급 기한을 180일 또는 그 이상의 기간으로 설정할 경우 보험료는 상당히 저렴해집니다.

6.   생명보험과 장기 간병보험을 합치십시오. 장기 간병보험은 사망 보험금(불치병 사전 보험금 수령제도 포함) 조항이 잘 설계된 생

명보험을 보유하고 있으면 딱히 필요하지 않을 수 있습니다.

세금 공제 혜택을 활용하라

법인 사업체를 보유하고 있지 않은 개인은 법인을 보유하고 있는 사업주들보다 세금을 더 많이 내고 있습니다. 사업주나 고용주들은 근로자나 고용인보다 엄청나게 많은 세금 혜택을 누릴 수 있습니다. 당신이 현재 누군가에게 고용돼 사무실에서 일하고 있다는 것은 중요하지 않습니다. '매일매일 주말인 삶'을 누리게 되면 어떤 형태로든 사업체를 보유하게 됩니다. 사업체를 가능한 한 빨리 설립하십시오. 그리고 세무사나 회계사를 고용해 아래 언급된 세금 공제를 포함해 수도 없이 많은 세금 관련 혜택을 사업체에 적용하십시오.

- **재택근무 공제**: 전화나 컴퓨터를 사용하십니까? 당신의 집에 있는 방을 재택근무를 위한 사무실로 꾸민 다음 재택근무 공제를 받으십시오.
- **전화, 인터넷, 각종 공과금(전기, 가스, 수도 등)**: 사업을 위해 이용하는 전화, 팩스, 인터넷 요금 및 각종 공과금도 공제를 받을 수 있습니다.
- **식비 및 접대비**: 사업을 위한 출장인 경우, 식비와 일정 부

분의 접대비도 공제 받을 수 있습니다.

- **자동차**: 사업 목적으로 운전하는 자동차는 언제든지 공제 받을 수 있습니다.
- **여행**: 출장 경비는 공제 받을 수 있습니다.
- **교육**: 사업에 필요한 기술이나 지식 관련 교육비는 공제 받을 수 있습니다.
- **가족 고용**: 어떤 국가에서는 특정 업무에 가족(특히 아이들)을 고용해 임금을 지불하는 것이 인정되고, 해당 금액은 공제 받을 수 있습니다.
- **단기 임대**: 당신의 집을 사무실로 14일 이내로 단기 임대해 사업하는 데 사용하면 해당 임대료는 공제 받을 수 있습니다.

세금 관련 규정은 나라마다 다르기 때문에 세법 규정을 준수하면서 합법적으로 절세하기 위해 공인된 회계사나 세무사를 고용하는 것이 좋습니다. 세금, 배상 책임의 범위, 진입 및 출구 전략, 대출 및 투자 전략에 따라 어떤 종류의 사업체를 설립해야 하는지가 달라집니다. 사업 구조가 간단하고 동업자 간에 어느 정도의 유연성이 필요한 경우는 유한 책임 회사가 적격입니다. 좀 더 복잡한 구조의 사업인 경우, 세금 문제를 고려하는 것이 무엇보다 중요합니다. 당신의 목적과 필요에 적합한 사업체가 무엇인지 변호사와 상의하십시오.

전문가를 활용해
세금 혜택을 극대화하라

이미 사업체를 설립해 운영하고 있다면 세금 혜택을 통해 돈을 절약하고 있을 것입니다. 이 책의 저자 개릿의 연구 결과에 따르면, 93퍼센트 이상의 신규 창업자들이 적절한 세금 혜택을 받지 못하고 더 많은 세금을 내고 있습니다.

예를 들어 미국의 많은 기업은 단순한 것 하나만 수정하면 지금 내는 세금의 절반을 내지 않아도 됩니다. 사업을 보유한 창업자 또는 기업가들은 클라이언트와 함께 일하거나 환자를 돌보거나 고객을 상대하는 등 사업을 운영하기 위해 오랜 시간 일을 합니다. 미국 정부는 이러한 활동을 통해 벌어들이는 수입을 '근로소득'으로 간주해 통상적인 근로소득 세율을 적용합니다. 근로소득의 실수령액이 11만 7,000달러 이상이면 현재 미국 세법에 따라 39.5퍼센트의 세율이 적용됩니다. 그러나 법인을 설립해 근로소득이 아닌 법인소득으로 신고할 경우 15.3퍼센트의 법인소득세만 부담하면 됩니다. 이 규정을 알고 있는 전문가는 당신이 부담해야 하는 세금을 상당 부분 경감해줄 수 있습니다.

당신 주변의 실제 이야기

전문 회계사를 고용해 엄청난 금액을 절감한 두 가지 사례를 살펴보겠습니다. 크레이그 고라이틀리는 발생하는 근로소득과 임대 사업소득에 대해 매년 자신이 직접 세금 신고를 했습니다. 그는 세무조사를 우려해 상당히 보수적으로 세금 신고를 했고, 그 결과 내야 하는 세금보다 항상 더 많은 세금을 납부해왔습니다. 그러나 회계사를 고용해 세금 신고를 맡긴 결과, 매년 수천 달러의 세금을 절약할 수 있었습니다.

회계사를 고용하고 몇 년이 지난 뒤에, 그는 미국 국세청IRS으로부터 신고한 소득에 문제가 있어 2,750달러의 세금을 추가로 납부해야 한다는 통지를 받았습니다. 그는 "몇 년 전이었다면 당황해서 잘 알아보지도 않고 그 금액을 바로 납부했을 것입니다. 그러나 회계사한테 전화를 걸어 신고한 세금에 어떤 문제가 있는지 알아봐달라고 요청했고, 제 회계사는 제가 잘못 기입한 몇몇 사항을 찾아내서 알려주었습니다. 저는 더 이상 제가 신고한 소득을 수정하거나 그로 인해 세무조사를 받는 것이 두렵지 않습니다. 세금에 대해서는 제가 머리 아프게 혼자서 준비할 필요가 없어진 것입니다"라고 웃으며 말했습니다.

그의 회계사가 수정 신고를 한 다음 미국 국세청은 세금을 추가로 낼 필요가 없으며 오히려 2,702달러를 환급 받으라고 통지했습니다. 그는 과납부한 원금에 그동안 발생한 이자 117.59달러까지 합쳐서 돌려받았습니다. "세금에 대해 잘 아는 전문가를 고용하면 합법적으로 세금을 돌려받을 수 있습니다"라고 그는 말했습니다.

짐 호리는 돈을 더 벌 수 있는 방법을 찾고 있는 치과 의사입니다. 그는 절세를 위해 아주 경험이 많은 회계사를 새로 고용했습니다. 회계사는 그가 잘못된 투자로 투자 손실이 발생했으며, 그에게 투자를 권유한 사람은 현재 수감 생활 중인 사실을 알아냈습니다. 짐의 이전 회계사는 해당 투자 건의 손실에 대해 1년에 3,000달러밖에 세금 공제 혜택을 받을 수 없다고 말했으나 새로운 회계사는 투자를 권유한 사람이 감옥에 갔으니 미국 세법에 따라 전체 손실액 20만 달러에 대해 전액 세금 공제 혜택을 받을 수 있다고 알려주었습니다. 이 한 건으로 짐은 10만 달러의 세금을 절약할 수 있었습니다. 이 두 가지 사례에서 보듯이 당신을 도와줄 전문가를 고용하는 데 돈을 아끼지 마십시오.

투자 속에는 숨은 수수료가 있다

퇴직연금 저축과 같은 전통적인 투자에는 사람들이 전혀 알아차리지 못하는 많은 비용이 숨겨져 있습니다. 처음에는 미미해 보이는 1퍼센트 수수료라고 하더라도 30년 뒤에는 엄청난 금액이 됩니다.

투자 속에 숨어 있는 수수료는 다음과 같습니다(통상적으로 아래 목록에서 언급되는 모든 수수료가 하나의 상품에 동시에 적용되지 않습니다. 또한 숨어 있는 모든 수수료가 아래 목록에 전부 다 나열돼 있지 않습니다).

- **판매 수수료**: 일반적으로 1~1.5퍼센트 범위입니다.

- **운용 수수료**: 펀드에 따라 1~2퍼센트의 운용 수수료를 부과합니다.

- **수탁 및 사무 수수료**: 퇴직연금의 경우, 상품 관리를 위한 수수료를 부과합니다. 일반적으로는 회사에서 부담하지만, 가입자인 근로자에게 전가하는 회사도 있습니다.

- **취급 수수료**: 뮤추얼 펀드는 해당 상품을 판매할 때 선취 수수료를 부과하거나, 나중에 펀드를 환매할 때 후취 수수료를 부과합니다. 선취 및 후취 수수료를 둘 다 청구하는 상품도 있습니다.

- **기타 수수료**: 위에서 언급한 것을 제외하고 부과될 수 있는 수수료를 말합니다. 주로 위의 수수료와 같이 부과되는 경우가 많습니다.

또 하나 고려해야 하는 것은 대출이자가 투자수익보다 일반적으로 높다는 것입니다. 따라서 위험을 감수하면서 투자를 했을 경우 발생하는 수익과 대출을 상환했을 때 증가하는 현금 흐름 및 절약되는 비용을 면밀하게 검토해야 합니다.

돈의 주인이 돼라

지금까지 지출을 줄이지 않고 현금 흐름을 증가시키는 몇 가지 방법을 살펴보았습니다. 다시 한번 강조하지만, 투자 원칙을 배우는 것이 정말 중요합니다. '매일매일 주말인 삶'을 누리기 위해서는 많은 노력을 기울여야 합니다.

돈을 충실하고 열심히 일하는 당신의 하인으로 만들어야지, 당신이 돈의 노예나 하인이 돼서는 안 됩니다. 다시 말해 돈이 당신을 위해 일하게 해야지, 당신이 돈을 위해 일해서는 절대 안 됩니다. 만약 당신이 돈을 위해 일하고 있고, 돈이 당신의 주인이라는 생각이 든다면 당신과 돈의 관계를 재정립해야 합니다.

당신이 돈의 주인이 되고 돈이 당신을 위해 일하게 하는 세 가지 중요한 원칙은 다음과 같습니다.

1. 자신을 위해 먼저 지출하십시오.

이 원칙을 이해하고 실행하면 돈의 주인이 될 수 있습니다. 이 원칙을 실행하는 다양한 방법이 있습니다. 제가 주로 사용하는 방법은 매주 저 자신에게 인보이스를 발송해 항상 저에게 우선 지출해야 하는 것을 지속적으로 환기합니다.

그 무엇보다도 자신을 위해 먼저 지출함으로써 투자 기회가 왔을 때 과감히 잡을 수 있는 '종잣돈'을 확보할 수 있습니다. 또한 항상 자신을 위해 먼저 지출하는 것은 다른 좋은 재무 습관을 형성하는 데 도움이 되고, 강력한 동기부여가 됩니다.

2. '5초 룰'을 적용하십시오.

'5초 룰'은 충동구매를 방지할 수 있는 원칙입니다. 어떤 것을 구매하기 전에, 잠깐이라도 이 제품이 정말로 지금 당장 필요한지, 6개월이나 1년 뒤에 사도 아무런 지장이 없는지, 지금 돈을 꼭 써야 하는지, 이 구매가 합리적인지, 제품의 가치가 가격보다 월등한지에 대해 질문당 1초씩 5초간 자문해봅니다. 사람들은 충동적으로 소비하지만, 그 결과에 대해서는 심사숙고하지 않습니다.

3. 신용카드를 집에 두고 다니십시오.

신용카드를 보유하고 있더라도 좋은 소비 습관이 정착될 때까지는 신용카드 대신 체크카드를 사용하십시오. 이 방법으로 과소비를 막고 체크카드에 있는 금액만큼만 소비하는 습관을 형성할 수 있으며, 돈을 현명하게 관리할 수 있습니다. 체크카드를 사용하면 지갑에서 실제로 돈이 빠져나가는 것과 비슷한 감정을 느낄 수 있습니다. 나쁜 빚을 정리하고 5초 룰이 몸에 완전히 체득된 뒤에는 혜택이 우수한 신용카드를 골라 사용해도 무방합니다.

'매일매일 주말인 삶'을 위해 현금 흐름을 증가시키려면 더 내고 있는 세금, 더 비싼 이자, 중복되는 보험료, 숨어 있는 투자 수수료, 무절제한 습관 등을 타파해야 합니다.

❝ 비용과 지출을 관리하면 수익은 알아서 발생합니다. ❞

앤드루 카네기(미국의 철강왕이자 유명한 사업가)

08

종잣돈을
마련하는
자동화 시스템

재무 양동이의 뚫린 구멍을 막아 불필요하게 새는 돈을 관리할 수 있게 되면 이제 종잣돈을 마련해야 합니다.

종잣돈 마련의 핵심은 자동화입니다. 소득이 발생하면 지출이 발생하기 전에 일정 부분의 금액이 종잣돈 통장으로 자동이체 되도록 자동화 시스템을 구축하는 것이 가장 이상적입니다. 참고로 종잣돈 통장은 1개가 아니라 2개를 만드는 것이 좋습니다. 이 시스템이 구축되면 매달 소비 통장의 잔고가 0원이 되더라도 당신은 점점 부유해집니다.

살림살이가 빠듯할수록 저축 자동화는 가용 자원을 더욱 효과적으로 사용하도록 도와줍니다. 또한 실제 삶은 퍽퍽하더라도 저축 자동화를 통해 축적하는 종잣돈은 계속 불어나고 있기 때문에 어려울 때일수록 저축 자동화가 더욱 중요합니다. 자동화를 구축할 경우 한 달에 저축할 금액을 일정하게 정하는 것보다 한 달 소득의 30퍼센트와 같이 일정 비율을 정하는 것이 좋습니다. 일정 비율을 정해놓으면 소득이 상승할 경우 자동화를 통해 종잣돈 계좌로 옮겨지는 자금 또한 자동으로 증가합니다. 일단 자동화 시스템을 구축하고 나면 시간은 당신 편이고 종잣돈은 시간이 지날수록 점점 더 빠르게 불어납니다. 빚을 지고 있다면 빚을 상환하는 것을 가장 우선으로 고려하십시오. 앞에서 살펴보았듯이 빚을 갚게 되면 자동으로 현금 흐름이 증가합니다.

빚을 상환할 때는 앞에서 배운 것처럼 현금 흐름 지수가 높은 빚부터 빨리 갚아야 합니다. 빚을 갚고 그 결과로 가용 현금 흐름이 증가하면 자동화 시스템을 통해 종잣돈 계좌로 옮겨지는 돈 또한 증가합니다.

| 종잣돈 통장의 구조 |

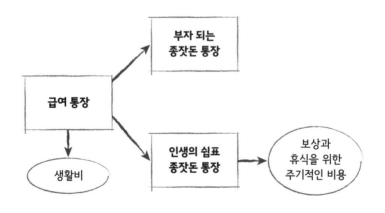

첫 번째 통장 :
부자 되는 종잣돈 통장

부자 되는 종잣돈 통장은 매달 자동으로 더 부자가 되는 방법입니다. 부자 되는 종잣돈 통장은 다음 방법으로 만들 수 있습니다. 당신의 급여 통장(어떤 이름이든 상관없습니다. 매달 소득이 입금되는 주거래 통장입니다)에서 돈을 이체할 수 있는 통장을 하나 만드십시오. 그런 다음 소득이 급여 통장에 입금되자마자 매달 소득의 일정 비율(일정 금액이 아닙니다)이 자동이체 되도록 설정하십시오. 그 통장이 바로 부자 되는 종잣돈 통장입니다.

최소한 세후 소득의 15퍼센트를 부자 되는 종잣돈 통장에 저축하는 것이 이상적입니다. 15퍼센트라고 하면 상당히 많은 금액처럼 들립니다만, 걱정하지 마십시오. 처음에는 15퍼센트보다 적게 시작해 점차 비율을 15퍼센트까지 높이는 방법도 있습니다. 중요한 것은 매달 부자 되는 종잣돈 통장에 돈을 적립하는 것입니다. 예를 들어 매달 25일에 6,000달러가 급여 통장으로 입금된다면 15퍼센트에 해당하는 900달러를 급여가 입금되자마자 바로 부자 되는 종잣돈 통장으로 자동이체 되도록 설정합니다. 1개월 뒤에는 900달러, 3개월 뒤에는 2,700달러, 1년 뒤에는 1만 800달러가 자동으로 부자 되는 종잣돈 통장에 적립됩니다. 부자 되는 종잣돈 통장은 급할 때 쓰는 비상금, 마음의 안정을 주는 든든한 배경, 투자를 위한 총알 등 다양한 역할을 합니다.

왜 15퍼센트일까요?

15퍼센트라는 숫자는 대충 계산해서 나온 것이 아니라 지속 가능한 부를 구축하기 위해 반드시 고려해야 하는 몇 가지 요소를 바탕으로 나온 숫자입니다.

- **세금을 위한 3퍼센트**: 감당하기 힘들 만큼 세금이 많이 부과돼 놀란 적이 있습니까? 투자 종잣돈 통장은 이 문제를 해결해줍니다.
- **인플레이션 방어를 위한 3퍼센트**: 당신의 돈의 가치를 절하시키는 인플레이션은 보수적으로 연평균 3퍼센트입니다.
- **기술 변화를 위한 3퍼센트**: 기술이 발전하면 비용은 감소합니다. 그러나 그 기술이 적용된 무언가를 구매해야 합니다.
- **소비 행태 변화를 위한 3퍼센트**: 사치품에서 생활필수품이 되는 경우가 많습니다. 예를 들어 30년 전에 휴대전화는 엄청난 사치품이었지만 지금은 노숙자조차 가지고 있는 생필품이 됐습니다. 한번 특정 라이프 스타일에 익숙해지면 그것을 포기하기 힘든 것이 인간의 본성입니다.
- **소모품 교체를 위한 3퍼센트**: 가전제품이나 가정용품은 언젠가는 부서지거나 수명이 다해 교체해야 합니다.

위에서 언급한 예측 가능하고 피할 수 없는 것들을 미리 대비하는 계획을 세운다면 해당 상황이 닥쳐도 슬기롭게 극복할 수 있습

니다. 결국 그러한 것들에 아랑곳하지 않고 계획대로 부자가 될
수 있습니다.

두 번째 통장 :
인생의 쉼표 종잣돈 통장

이 통장의 목적은 놀고 먹고 마시고 쇼핑하고 휴가를 떠나고 스포
츠 경기를 보러 다니고 비싼 명품을 사는 것처럼 당신을 편안하게
만들고 재충전시켜주는 것들을 아무 죄의식 없이 지출하기 위한
자금을 저축하는 것입니다. 소득의 3퍼센트 정도를 인생의 쉼표
종잣돈 통장에 적립하는 것을 권장합니다.

이 통장의 가치를 절대 과소평가하지 마십시오. 부자가 되기 위
해 허리띠를 졸라만 매는 것이 아니라 부자가 되는 과정 중에 돈
을 어느 정도 사용하도록 허용함으로써 스트레스로 인해 쉽게 포
기하는 것을 방지합니다. 예산을 너무 빡빡하게 세워 자신의 즐거
움을 위해서는 절대 돈을 쓰지 않는다면 '매일매일 주말인 삶'을
위한 과정을 지속하기가 힘들 수 있습니다. 인생의 쉼표 종잣돈
통장을 통해 '매일매일 주말인 삶'을 추구하는 과정에서 건강하고
생산적이며 여유로운 마음가짐을 가질 수 있습니다.

부자 되는 종잣돈 통장과 인생의 쉼표 종잣돈 통장을 합해 소득
의 최소 18퍼센트를 저축하는 것이 이상적입니다. 자, 그럼 다음

단계로 넘어가겠습니다. 이렇게 모은 돈으로 무엇을 하겠습니까?

중요한 한 걸음

앞에서 설명한 두 개의 통장을 만들었다면 '매일매일 주말인 삶'을 위한 한 걸음을 크게 내디딘 것입니다. 이제 투자 효율을 극대화 해야 합니다. 다음 장에서는 부자 되기 통장에 적립한 자금을 어떻게 사용할 것인지 알아보겠습니다.

❝ 계획 없는 목표는 단순한 소망에 불과합니다. ❞

래리 엘더(변호사이자 작가, 라디오방송 〈래리 엘더 쇼〉 진행자)

09

자동으로
부를 축적하는
록펠러 공식

부자 되기 통장의 효율을 극대화하는 데 록펠러 공식을 강력히 추천합니다. 록펠러 공식은 이 책의 공동 저자 개릿과 그의 팀이 만든 지속적이고 자동적으로 부를 축적하는 방법입니다. 또한 사업이나 투자를 위해 돈을 안전하고 견실하고 유연하게 모으는 방법입니다.

록펠러 공식은 돈이 부족할지도 모른다는 불안감 없이 편안한 삶을 누릴 수 있도록 해줍니다. 록펠러 공식을 통해 돈을 지키고 불리는 방법의 하나로 당신만을 위한 영구적인 개인 은행을 만들 수 있습니다.

록펠러 가문은 이와 비슷한 시스템을 구축해 몇 대에 걸쳐 자신들이 보유한 부를 증가시키고 지켜왔습니다. 많은 부자들 또한 록

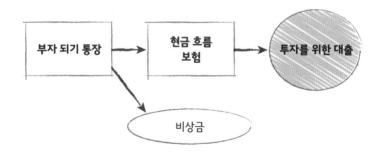

| 록펠러 공식 |

부자 되기 통장 → 현금 흐름 보험 → 투자를 위한 대출

비상금

펠러 공식과 비슷한 원칙과 도구를 사용하고 있습니다.

록펠러 공식을 적용하기 가장 좋은 것은 이른바 '현금 흐름 보험'이라고 불리는 잘 구성되고 보험료 추가 납입이 가능한 종신보험입니다. 부자 되기 통장에서 현금 흐름 보험으로 돈이 움직이는 순간 록펠러 공식은 작동합니다.

록펠러 공식 작동법

- 최소 보험료보다 추가로 보험료를 더 납입할 수 있는 종신보험을 하나 계약합니다.
- 부자 되기 통장에서 최소 보험료보다 훨씬 많은 보험료를 추가 납입합니다. 그렇게 되면 종신보험의 해약 환급금은 점점 늘어나고 생명보험의 생존 급부 혜택Living Benefits

도 동시에 받을 수 있습니다.

- 1년 또는 2년 뒤에 충분한 보험료가 적립되면 해약 환급금의 90퍼센트 이상 언제든지 보험계약 대출을 통해 중도 인출할 수 있습니다. 여기서 중요한 것은 보험계약을 담보로 대출을 받는다는 점입니다. 다시 말해 보험의 해약 환급금은 보험계약 대출을 위한 담보일 뿐이며, 보험계약 대출을 위해 보험을 해지하지 않기 때문에 보험의 가치는 그대로 유지됩니다. 또한 보험료를 계속 납부하는 한 보험의 해약 환급금의 크기는 계속 증가합니다.

록펠러 공식으로
얻을 수 있는 이득

일단 언제든지 필요할 때 현금을 사용할 수 있습니다. 부자 되기 통장이나 다른 통장에서 현금을 직접 인출한 것이 아니기 때문에 당신의 부는 계속 증가합니다. 대출을 통해 확보한 돈을 아이들 교육비로 사용하거나, 집을 살 때 지불하거나, 불로소득을 발생시키는 곳에 투자하거나, 심지어 다른 대출을 상환할 수 있습니다. 이러한 대출은 당신의 '은행'에서 빌린 개인적인 대출이기 때문에 구체적인 상환 기간도 없고 대출을 위한 신용 확인도 필요 없습니다. 심지어 보험계약 대출로써 신용 점수가 더 상승할 수도 있습니다.

보험계약 대출을 이용해 투자를 할 수도 있습니다. 다만 보험계약 대출을 받아 투자를 했다면 투자에서 수익이 발생했을 때 보험계약 대출을 가능하면 빨리 갚는 것이 좋습니다. 대출을 상환할 때는 원금만 갚지 말고 원금에 이자를 덧붙여 갚으십시오. 이때 갚는 이자는 보험계약 대출에서 부과하는 이자율이 아니라 해당 이자율에 은행에서 전통적인 대출을 받을 때 부담하는 이자율을 더해 상환하는 것을 적극 추천합니다. 이렇게 이자를 붙여 상환하면 은행에 이자를 납부하는 것이 아니라 당신 자신에게 이자를 납부하는 것이 되기 때문에 해당 보험의 해약 환급금은 더욱 빠르게 상승합니다.

보험계약 대출은 사실 천천히 갚아도 크게 불이익은 없습니다. 대다수의 보험회사는 당신이 대출을 제때 상환하지 않더라도 나중에 사망 보험금을 지급할 때 해당 금액만큼 공제하면 되기 때문에 대출 원금이나 이자가 제대로 납입되고 있는지에 크게 관심이 없습니다. 그럼에도 보험계약 대출을 가능한 한 빨리 상환해서 미래의 투자 기회에 사용할 현금을 확보해두기를 강력 추천합니다.

현금 흐름 보험에서 돈을 빌리면 연체를 하더라도 개인 신용 및 신용 점수에 아무런 영향이 없습니다. 게다가 대출금을 운영하는 사업에 사용한다면 대출이자는 세금 공제를 받을 수 있습니다.

투자 자금의 원천

현금 흐름 보험은 창업자나 투자자들이 부자가 되기 위해 사용할 수 있는 완벽하게 창의적인 수단입니다. 은퇴 연금 저축처럼 연금을 수령할 수 있는 나이가 될 때까지(일반적으로 약 60세) 주식시장에 돈을 묵혀둘 필요가 없습니다. 그 대신 수시로 필요할 때 돈을 빌려 사업 성장을 가속화하는 데 사용하거나 새로운 투자처에 투자를 할 수 있습니다.

단기간에 큰 수익을 창출할 수 있는 부동산 거래를 발견했는데 2만 달러의 계약금이 필요하다고 가정해봅시다. 계약금을 지불할 수 있는 현금이 수중에 없다면 현금 흐름 보험에서 신용 정보 확인이나 구체적인 상환 일정 결정을 하지 않고도 매우 낮은 이자율로 대출을 받을 수 있습니다. 그런 다음 해당 부동산에서 현금 흐름이 발생하면 보험계약 대출을 다시 상환하면 됩니다.[3]

현금 흐름 보험에 납입한 금액은 그 가치가 절대 절하되지 않고 원금 손실 위험 없이 원금을 보장합니다. 시장이 대폭락하더라도 해당 가치는 시장의 변동성에 전혀 영향을 받지 않습니다. 현금 흐름 보험은 법률적 문제로부터 보호를 받기 때문에 소송이나 파산으로 모든 돈이 압류되거나 돈을 전부 날릴지도 모른다는 걱정을 하지 않아도 됩니다. 현금 흐름 보험은 계약이기 때문에 확정된 보상이나 수익에 대해서도 명확하게 파악할 수 있습니다. 또한 보험계약은 사적인 계약이기 때문에 정부가 후원하는 다른 은퇴 상품과는 달리 정부의 규제도 받지 않습니다.

현금 흐름 보험이 복리 이자의 혜택을 완전히 누리고 세금 공제를 받아가며 성장하는 것처럼 당신의 부도 점점 증가합니다. 일반적으로 종신보험의 평균 수익률은 역사적으로 연 4퍼센트입니다. 여기에다가 확정된 것은 아니지만 배당금을 받는다면 약 1퍼센트 이상 추가 수익 확보가 가능합니다.

사업주로서 개릿은 1998년부터 지속적으로 투자 기회를 찾은 다음 현금 흐름 보험을 이용해 투자를 하고 있습니다. 그는 현금 흐름 보험을 이용해 다른 사업체를 인수하고, 부동산 계약금과 신용카드 대금을 치르고, 사업을 위해 비디오 녹음실에 투자했습니다. 현금 흐름 보험을 이용해 대출받았던 원금과 이자를 포함한 제반 비용은 투자를 통해 벌어들인 소득으로 상환했습니다.

당신 주변의 실제 이야기

트로이 레멜스키는 현금 흐름 보험을 이용해 부를 거머쥔 사업주입니다. 그는 어느 날 최소 10만 달러 이상의 비용이 발생하는 대규모 수리가 필요하지만 수리 후에는 그에게 큰 수익을 안겨줄 집을 발견했습니다. 그는 "현금 흐름 보험을 알기 전에는 수리 비용을 어떻게 지불해야 할지 결정하기가 매우 힘들었습니다. 저에게는 연금 저축에 돈을 계속 적립하면서 집을 수리할 수 있는 돈이 모일 때까지 기다리거나, 아니면 연금 저축을 해지하고 그 돈으로 즉시 수리를 하는 두 가지 방법밖에 없었습니다. 그러나 현금 흐름 보험을 알고 나서는 더 이상 골치 아픈 일이 없었습니다. 보험료를 납입하고 돈이 필요할 때마다 인출해서 사용하기만 하면 됐습니다. 지금 제가 보유한 보험과 수리를 마친 새집은 가치가 점점 상승하고 있고, 그 두 곳에서 돈이 저를 위해 일하고 있습니다. 또한 만약 앞으로 급하게 돈이 필요할 경우 가치가 상승하고 있는 자산 덕택에 더 많은 돈을 빌릴 수 있고, 현금 흐름 보험을 통해 필요할 때 대출을 받을 수 있다는 것도 알고 있기 때문에 돈에 대해 스트레스를 전혀 받지 않고 있습니다"라고 말했습니다.

제프 체임벌린은 사업 대출, 의료용 엑스레이 장비, 신용카드 대금 등 매달 3,000달러씩 상환해야 하는 총 8만 6,000달러의 빚에 시달리고 있던 물리치료사였습니다. "저는 빚에 허덕이는 제 자신이 정말 한심했습니다. 저는 누군가가 또는 무언가가 저 자신보다 저를 더 통제하고 있다는 느낌이 너무나 싫었습니다. 저는 무거운 짐이 제 어깨를 짓누르고 있다는 느낌을 항상 받으면서 하루하루를 보냈습니다"라고 그는 고백했습니다.

그는 현금 흐름 보험에 가입하고 돈을 집중적으로 납부하기 시작했습니다. 그리고 안정적인 수익을 보장하지 못하는 연금 저축을 해지해 손에 쥔 돈과 현금 흐름 보험에서 대출받은 돈으로 모든 빚을 상환했습니다. 빚을 상환하고 나니 과거에는 채권자들의 몫이었던 사업 운영에서 발생하는 수익 3,000달러가 고스란히 그의 수중에 들어오게 됐습니다. 현재 그는 현금 흐름 보험을 통해 받은 보험계약 대출에 대한 원금과 이자를 다시 현금 흐름 보험으로 상환하고 있습니다. 체임벌린은 "현금 흐름 보험은 해마다 최소 4퍼센트의 수익이 보장되는 현금을 조달할 수 있는 원천이자 개인 금고입니다. 저는 제가 필요할 때 언제든지 제가 설정하는 조건에 따라 돈을 빌릴 수 있습니다"라고 웃으며 말했습니다.

반드시 고려해야 할 것

현금 흐름 보험에 가입해 납입을 할 경우 신중하고 합리적으로 계획을 세워야 합니다. 보험은 너무 일찍 중도 해지하면 납입한 보험료를 전부 돌려받지 못하는 경우가 발생합니다. 또한 보험 설계를 알맞게 하지 못하면 추가로 많은 비용을 지불해야 하고 보험계약 대출을 받기까지 오랜 시간이 걸립니다. 보험을 설계할 때 조건들을 꼼꼼히 검토하고 우리가 앞에서 살펴본 혜택들이 모두 포함돼 있는지 질문을 통해 반드시 확인해야 합니다.

다른 현금 자원들

돈을 절약하고 돈을 빌리는 담보로 활용할 수 있는 상품은 종신보험 말고도 많이 있습니다. 그러나 종신보험, 우리가 표현하는 말로는 현금 흐름 보험과 같은 혜택을 주는 것은 많이 없습니다. 은퇴 연금도 돈을 빌릴 수는 있으나 시장의 변동성에 크게 영향을 받고, 원금이 보장되지 않으며, 수익 이자율이 매우 낮습니다. 사망 시 혜택이 없고 대출 금액과 상환 기간에 대해 엄격한 규정을 적용받습니다. 그리고 대출 상환 시 대출 원금과 정해진 이자 이외의 금액을 상환하지도 못합니다. 은행 저축예금도 대안이 될 수 있지만, 통상적으로 은행 저축예금의 이자율은 1~2퍼센트 언저리입니다. 양도성 예금증서CD나 몇몇 채권은 저축예금 금리보다 더 높은 확정 수익을 보장하지만, 유동화할 때 여러 가지 페널티가 수반됩니다. 양도성 예금증서를 담보로 마이너스 통장을 개설하거나 대출을 받을 수 있지만 양도성 예금증서의 금리 자체가 그리 높은 편이 아닙니다.

양도성 예금증서나 금융시장에 돈을 투자하는 것은 세금, 채권자, 낮은 이자율 때문에 그리 권장하지 않습니다. 현금 흐름 보험은 강력한 세금 혜택, 높은 유동성, 지속적인 확정 수익을 보장합니다. 현금 흐름 보험은 보험 자체의 가치와 배당 수익 때문에 확정된 최소 이자율이 보장되기 때문에 시장이자율의 등락에 신경쓸 필요가 없습니다. 다시 말해 현금 흐름 보험은 자본의 감가상각이 발생하지 않고 원금이 보장되기 때문에 매우 안정적이고 예측 가능합니다.

더구나 보험회사가 망하더라도 다른 금융 상품에 비해 보험은 더 안전합니다. 1980년대에 US 컴퍼니 이그제큐티브 라이프US Company Executive Life가 파산했을 때, 다른 회사가 모든 보험계약을 인수했기 때문에 US 컴퍼니 이그제큐티브 라이프 보험 가입자는 아무런 피해도 입지 않았습니다. 설령 다른 보험회사가 파산한 보험회사의 계약을 인수하지 않더라도 사망 보험금과 해약 환급금은 미국의 모든 주 정부에서 보장해줍니다. A등급을 보유한 상호보험회사는 그 어떤 금융기관보다 신용도가 높고 안정적입니다.

직접 해보자

현금 흐름 보험은 당신의 부자 되기 통장에 최소 3개월 치 지출을 감당할 수 있는 돈이 적립돼 있을 때 가입해야 합니다. 3개월 치 돈이 준비되면 부자 되기 통장의 돈을 혜택을 극대화하기 위해 전략적이고 주의 깊게 설계된 현금 흐름 보험으로 이동시키면 됩니다.

부자 되기 통장에 있는 돈을 전부 다 현금 흐름 보험으로 투자하는 것은 금물입니다. 부자 되기 통장에는 심리적 안정을 얻을 수 있는 금액만큼을 항상 남겨둬야 합니다. 앞에서도 언급했지만 총 대출 상환금의 10퍼센트에 해당하는 금액과 최소한 6개월 치 월급을 부자 되기 통장에 비상금으로 보유하는 것이 실직할 경우 대출 상환금과 생활비를 감당할 수 있는 측면에서 현명한 방법입

---

* 홈페이지 5dayweekend.com에서 '록펠러 공식 워크북'을 pdf로 제공하고 있다. 워크북 다운로드 비밀번호는 P3이다. ─ 편집자

니다.

부자처럼 생각하라

부자가 되고 싶으면 부자처럼 생각하는 방법을 배워야 합니다. 록펠러 가문뿐만 아니라 디즈니의 창업자 월트 디즈니나 맥도날드 창업자 레이 크록처럼 지난 수십 년 동안 엄청난 부를 일궈낸 사람들은 현금 흐름 보험을 이용한 록펠러 공식을 효과적으로 사용했습니다. 심지어 2008년 미국 대선 때 존 매케인 상원 의원은 자신의 생명보험을 담보로 선거운동에 필요한 자금을 확보했습니다.[4]

부자들은 평범한 일반인들하고는 완전히 다른 생각과 규칙을 가지고 있습니다. 부자가 되고 싶다면 해결책은 정말 간단합니다. 부자들처럼 투자하고 부자들처럼 현금 흐름 보험과 같은 당신 자신만의 개인 은행을 소유하십시오.

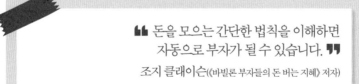

❝ 돈을 모으는 간단한 법칙을 이해하면 자동으로 부자가 될 수 있습니다. ❞
조지 클래이슨(《바빌론 부자들의 돈 버는 지혜》 저자)

10

재무 기초를 튼튼하게 구축하라

'매일매일 주말인 삶'을 위한 실행 계획 첫 번째 단계의 목적은 더 많은 소득과 투자 기회를 안전하게 창출하기 위한 재무 기초를 탄탄하게 구축해 당신의 재무 보금자리를 튼튼하게 만드는 것입니다.

다음 단계로 넘어가기 전에 지금부터 당신이 달성하면 좋을 몇 가지 추천 사항을 설명하겠습니다. 여기서 추천하는 것을 달성한다면 건전한 재무 기초를 확립해 더 안전하고 건실한 보장을 확보할 수 있습니다.

1. 적절한 보호망 구축하기

자동차 보험

당신이 교통사고에 휘말렸다고 가정해봅시다. 상대편 운전자는 부상을 당해 6개월 정도 일을 하지 못하게 됐습니다. 현재 보유하고 있는 자동차 보험은 이러한 상황을 담보할 수 있습니까? 보유하고 있는 자동차 보험증권에 기재된 여러 가지 조건에 대해 명확하게 알고 있습니까?

아주 극소수의 사람만이 상해를 담보해주는 자동차 보험의 배상 책임 한계를 이해하고 있습니다. 무보험 운전자 보상(보험을 가입하지 않은 운전자의 과실로 상해를 입은 경우 보상을 받는 조항–옮긴이)이나 불충분 보험 운전자 보상(상대편 가해자가 보험은 있으나 한도액이 사고로 인한 피해자의 상해를 충분히 보상하지 못할 경우 그 부족분을 보상하는 조항–옮긴이)에 관한 보험 조항은 있는지도 모르는 사람이 태반입니다. 예를 들어 당신이 교통사고를 당해 6개월 이상 일을 못하게 됐다고 가정해봅시다. 당신은 연봉 15만 달러의 소득이 있는데 가해 차량은 2만 5,000달러만 담보하는 보험을 가지고 있습니다. 이 경우 당신이 보유한 자동차 보험의 불충분 보험 운전자 보상 조항의 한도액이 충분하다면 보상을 받지 못한 나머지 부분을 문제없이 처리할 수 있습니다.

자산 가치(차량, 컴퓨터 등)와 생애 가치(일할 수 있는 능력)의 차이를 이해하는 것이 중요합니다. 신기하게도 많은 사람이 자산에 대해서는 많이 신경을 쓰고 보험을 통해 보장받으려 합니다만, 생애 가치에 대해서는 크게 신경을 쓰지 않고 보험 가입 또한 등한시합니다. 그러나 냉정하게 생각했을 때 무엇이 더 중요할까요? 다쳐서 움직이지도 못하는 상황에서 본래 소득을 그대로 보전하는 것입니까, 아니면 사고로 파손된 자동차를 새로 교체하는 것입니까?

주택보험

보유하고 있는 주택보험이 당신의 자산을 보호하고 위험을 방지하는 데 충분히 효과적입니까?

주택보험의 배상 한도가 자동차 보험과 동일합니까? 완전한 재조달 가액(실제 가액과는 반대되는 개념입니다)을 포함해 자산 담보를 위해 담보액이 충분히 설정돼 있습니까? 당신이 소유하고 있는 물건들을 동영상으로 촬영해두었습니까? 공제 금액이 적절하게 설정돼 있습니까? 자동차 보험과 함께 가입해서 다 보험계약 할인(한 보험사에 여러 보험을 동시에 가입하면 보험료를 할인해주는 제도-옮긴이)을 받고 있습니까?

초과 담보 배상 / 포괄 배상책임보험

포괄 배상책임보험은 적절한 보험 담보를 위해 꼭 필요한 보험입니다. 포괄 배상책임보험은 심각한 배상 요구나 소송으로부터 당신을 보호하기 위해 설계된 초과 한도 보험입니다. 포괄 배상책임보험을 적절히 설계한다면 자동차 보험과 주택보험의 보험료를 줄일 수 있습니다. 예를 들어, 자동차 보험과 주택보험의 배상 책임 한도를 낮추고 포괄 배상책임보험을 이용해 대재해 손실을 보상할 수 있습니다.

장애 보험

예를 들어 당신이 일시적인 장애를 가지게 됐다고 가정해봅시다. 일시적인 장애라 하더라도 장애는 당신 가족의 삶에 지대한 영향을 끼칩니다. 3개월 이상 아무 소득 없이 생활하는 것이 가능합니까? 자동차는 담보하면서도 당신 자신과 당신의 소득에 대해서는 왜 아무런 보장도 하지 않습니까?

의료보험

당신의 상황에 적합한 의료보험을 보유하고 있습니까? 보험료를 최소화하기 위해 적절한 공제 금액을 설정했습니까? 보험의 사용 빈도나 보상 한도 등을 고려했을 때, 마음의 안정을 유지할 만큼 충분한 혜택을 받을 수 있습니까?

생명보험

오늘 당신이 갑자기 죽으면 보유하고 있는 생명보험이 당신의 현재 소득을 보전하고 가족들이 현재 누리는 라이프 스타일과 동일한 수준을 보장할 수 있습니까?

생명보험을 당신이 죽으면 한 번에 많은 보험금이 나오는 것이라고 단순하게 생각해서는 안 됩니다. 당신이 죽고 난 다음 당신 가족이 삶을 유지하는 데 있어 보험금이 어느 정도의 현금 흐름을 창출할 수 있느냐가 중요합니다. 사망 보험금이 충분하다고 말하는 사람을 주변에서 찾기는 매우 힘듭니다.

생명보험의 여러 종류에 대해 이해하고, 어떤 것이 당신에게 알맞은 보험인지 구별할 수 있습니까? 보유하고 있는 생명보험의 수혜자는 적절한지, 그리고 나중에 분쟁의 소지는 없는지 확인했습니까?

상속 설계

상속은 당신이 죽고 난 다음 당신이 보유했던 자산에서 발생하는 문제입니다만, 당신의 가치, 철학, 비전, 기여를 영구히 보존한다는 측면에서 매우 중요합니다. 올바른 상속 설계는 당신의 유산을 재무적인 관점과 개인적인 관점에서 극대화합니다.

서면으로 적법한 유언장을 작성하고 적절한 신탁을 보유하고 있습니까? 당신이 능력을 상실해서 의사 결정을 하지 못할 때 당신을 대신해 유언을 집행할 변호사를 고용해두었습니까? 상속 설계가 당신의 가치, 철학, 기여 같은 생애 가치 자산들을 후대에 잘 전달할 수 있도록 구성돼 있습니까?

유동성: 보유하고 있는 금융 계좌

당신이 거래하고 있는 은행의 지불 상환 능력을 신뢰합니까? 쉽게 유동화할 수 있는 비상금 계좌에 6개월 치 지출을 감당할 수 있는 금액을 안전하게 보유하고 있습니까? 수중에 최소한 1개월 치 지출을 감당할 수 있는 현금과 1개월 치 지출을 감당할 수 있는 귀금속을 보유하고 있습니까?

2. 재무 효율성 극대화하기

빚

현금 흐름 지수를 당신이 보유한 모든 빚에 적용해보았습니까? 보유한 비효율적인 빚을 모두 상환하거나 효율적인 빚으로 탈바꿈시킬 만한 명확한 계획을 설정해두었습니까?

대출

보유한 대출에 대해 대출을 실행해준 금융기관과 이자율 협상을 해본 적이 있습니까? 세금 혜택을 적극적으로 이용하고, 대출 이자에 대해 세금 공제 혜택을 받고 있습니까? 상환하고 싶은 대출에 대해 구체적인 상환 계획을 세워두었습니까?

회계 및 세금

당신의 생산품(제품 또는 서비스) 평가액을 효과적이고 적절하게 추적하고 기록하는 회계 시스템을 보유하고 있습니까?

세금을 절약하기 위해 매년 주도적으로 전략을 세우고 있습니까? 현재 같이 일하고 있는 회계사 이외의 다른 전문가와 이미 환급된 세금에 대해 더 돌려받을 환급금이 있는지 검토하고 있습니까? 회사나 사업체가 세금과 법적 측면에서 최적화돼 있습니까? 절세 차원에서 보유하고 있는 은퇴 연금, 주식, 부동산, 그 밖의 다른 투자들의 출구 전략을 설정해두었습니까?

3. 생산성 극대화하기

대차대조표는 자산과 부채를 대조해 당신의 자산 가치 상황이 플러스인지(자산이 부채보다 더 많은 상황) 마이너스인지(부채가 자산보다 더 많은 상황) 한눈에 보여줍니다. 소비하는 것보다 더 많이 생산하는 것이 부자가 되는 지름길이고, 이를 달성하기 위해 대차대조표 상에서 자산 가치를 플러스로 만들어야 합니다.

받는 것보다 더 많은 가치를 창출하고 있습니까? 당신의 열정, 목적, 가치 등을 확신하고 있습니까? 당신의 사업이나 경력이 위에서 언급한 핵심 가치들을 잘 반영하고 있습니까? 당신의 사업으로 다른 사람들을 위해 가치를 창출할 수 있는 당신의 재능과 지식을 최대한 활용하는 것이 가능합니까?

록펠러 공식 및 현금 흐름 보험

당신 자신을 위한 개인 은행 시스템을 구축하고, 일반적으로 은행에 지불하는 이자를 당신 자신의 개인 은행에 지불하고 있습니까?

신용 점수

신용 점수에 대해 알고 있으며, 어떻게 하면 신용 점수를 유지하고 높일 수 있는지 이해하고 있습니까? 높은 신용 점수를 보유하고 있으면 대출을 더 낮은 이자로 더 쉽게 받을 수 있고, 기旣대출 건에 대해서도 더 낮은 이자율을 적용받을 수 있습니다.

> **❝ 모든 사람은 누구나 노아의 방주처럼 미래의 위기에서 살아남을 수 있는 재무 방주를 건설할 수 있습니다. ❞**
> 로버트 기요사키《부자 아빠 가난한 아빠》 저자)

이제 시작해볼까요?
빚 청산하기 계획

현재 보유하고 있는 대출

지금 현재 보유하고 있는 모든 대출의 목록을 만들어보십시오. 대출별로 현재 대출 원금 잔액, 이자율, 매달 상환해야 하는 원금과 이자, 현금 흐름 지수(대출 원금 잔액/매달 상환하는 금액)를 적어보십시오. 현금 흐름 지수가 낮은 것부터 차례로 모든 대출(카드 대금, 자동차 할부금, 주택 담보대출 등)을 나열해보십시오. 이것이 당신이 상환해야 하는 대출의 우선순위이자 순서입니다.

돈이 새고 있는 구멍 막기

현재 신용 점수는 몇 점입니까? 당신 배우자의 점수는 몇 점입니까?

신용 점수를 높이기 위한 계획은 무엇입니까?

현금 흐름을 증가시키기 위해 어떤 식으로 대출을 재조정하겠습니까?

현금 흐름을 증가시키기 위해 보험을 어떻게 조정하겠습니까?

현재 법인 사업체를 보유하고 있습니까? 보유하고 있지 않다면 지금 당장 변호사 및 회계사와 미팅을 잡으십시오.

부자가 되기 위한 계획

매달 소득의 몇 퍼센트를 부자 되기 통장에 입금할 수 있습니까?

현재 실행하고 있지 않다면 언제 소득의 15퍼센트를 부자 되기 통장에 매달 입금하겠습니까?

언제 현금 흐름 보험을 가입할 예정입니까?

 '매일매일 주말인 삶' 홈페이지 5dayweekend.com에 접속해 위 양식을 다운로드하기 바랍니다.
다운로드 비밀번호: P4

돈을 더 벌어라

튼튼한 재무구조를 구축함과 동시에 소득을 증대시켜야 합니다. 소득을 증대시키는 가장 빠른 방법은 사업 또는 창업을 하는 것입니다. 근로소득 또한 여러 가지 방법을 통해 지금보다 더 증가시켜야 합니다. 현 단계에서 소득 증대의 목적은 라이프 스타일의 향상이 아니라 불로소득을 창출하는 투자 기회에 투자할 수 있는 가용 현금, 이른바 '총알'을 확보하는 것입니다.

　기업가 정신은 현금 흐름을 창출하고, 세금 공제 혜택을 받고, 삶을 윤택하게 만들고, 궁극적으로 당신을 부자가 되게 해주는 가장 좋은 방법입니다. 늘 그래왔듯이 세법은 기업가들에게는 혜택을 주고 가진 것 없는 일반 서민들에게는 가혹합니다. 월급, 저축, 저소득층과 중산층을 위한 퇴직연금은 항상 세금 징수의 표적이 됩니다.

11

사이드잡으로
근로소득을
늘려라

앞에서 함께 살펴본 내용을 열심히 탐독한 당신이라면 건실한 재무 기초를 세울 수 있습니다. 빚의 구렁텅이에서 벗어나 불필요한 세금, 잘못된 투자, 제대로 설계되지 않은 보험, 쓸데없이 높은 이자율 등으로 줄줄 새던 현금도 잘 관리할 수 있습니다. 앞으로 당신은 더 많은 돈을 절약할 수 있습니다.

자, 이제는 근로소득을 증대시킬 차례입니다. 근로소득을 증대시키는 것은 '매일매일 주말인 삶'의 목표인 불로소득을 구축하는 것과 완벽하게 상충되는 것처럼 보입니다. 그러나 근로소득을 증대시키는 목적은 투자를 위한 총알 확보, 즉 투자에 쓸 가용 현금을 만드는 것입니다. "돈이 있어야 돈을 벌 수 있다"라는 말이 사실이 아님을 앞으로 배울 것입니다. 그러나 투자를 하려면 반드시 돈이 있어야 합니다. 투자를 더 많이 할수록 '매일매일 주말인 삶'을 더 빨리 이룰 수 있습니다.

앞으로 살펴볼 내용은 지금 일하는 시간보다 더 오래 일하고 임금 인상을 요구하라는 것이 아닙니다(물론 임금 인상을 요구하는 것이 나쁜 일은 아닙니다). 여기서 핵심은 당신의 직장은 그대로 유지한 채 더 많은 기회와 더 큰 레버리지 효과를 창출할 수 있는 사업을 부수적으로 시작해 거기서 추가 소득을 발생시키는 것입니다.

직장에 다니면서 창업이나 사업을 시작하는 것은 창업의 바다에 뛰어드는 안전한 방법입니다. 직업을 계속 유지하고 있는 한, 가족을 위험에 빠뜨리고 개인적인 재무 상황을 악화시킬 일은 없습니다. 새로운 창업을 위해 직장을 갑자기 그만두지 않아도 되며, 노심초사 대박이 나기를 기도할 필요도 없습니다. 최소한의 투자를 통해 새로운 것을 조금씩 경험하고, 어떤 것이 효과가 있으며 어떤 것은 하지 말아야 하는지 배워나가면 됩니다.

시작, 실행, 배움

이제까지 사업이나 창업을 한 번도 해보지 않았다면 무엇을 해야 하는지, 어떤 것이 효과적인지, 언제 시작해야 하는지 모르고 갈팡질팡하는 것이 당연합니다. 그것을 해결하는 방법은 쉽습니다. 일단 무엇인가를 시작해보십시오. 두려움, 지식이나 기술의 부족

같은 부정적인 것들에 발목 잡히지 말고 그냥 한번 해보십시오. 두려움은 망설임을 먹고 자랍니다. 망설일수록 자기 합리화를 거치며 두려움은 더욱 커집니다. 일단 시작하고서 무슨 일이 발생하는지 지켜보십시오.

어떤 시도는 실패할 것입니다. 그러나 걱정하지 마십시오. 직장을 가지고 있는 한, 공과금도 내지 못하는 완전한 밑바닥 상황은 발생하지 않습니다. 실패를 통해 다음번 도전을 위한 지식, 기술, 경험, 지혜를 배울 수 있습니다. 시도가 성공적이라는 생각이 들면, 그것이 합리적인 사업인지 판단해본 다음 아무 문제 없으면 계속 밀고 나가십시오. 시작은 미약했던 그 시도 하나가 어느 순간 당신의

> "실패는 시간이 지나면 사라질 멍이지, 영원히 지워지지 않는 문신이 아닙니다."
> 존 싱클레어(TV 프로듀서)

월급보다 더 많은 소득과 당신이 직장을 그만둬도 전혀 문제 없는 튼튼한 재무 기초를 만들어줄 것입니다.

당신 주변의 실제 이야기

카일 모펏은 알래스카에서 태어나고 자랐습니다. 서른 살 때 그는 원거리 원유 수송 파이프라인을 운영하는 회사의 원유 생산 현장 감독관으로 일했습니다. 그는 고액 연봉자였으며, 2주 동안 근무하고 2주 동안 쉬는 방식으로 1년에 5개월 정도만 일했습니다. 그러나 연봉이 얼마든, 1년에 며칠을 일하든, 회사를 위해 일하고 있었기 때문에 완전한 자유를 누리지는 못했습니다.

2012년 그는 블로그를 시작했습니다. 캠핑을 좋아하고 캠핑 장비에 열광적이었던 그는 사람들이 자신의 블로그에 어떤 장비가 좋은지 질문하면 친절하게 답변해주었습니다. 처음 시작했을 때에는 그저 취미로 자신이 좋아하는 것을 올리고 질문과 답변을 하는 소통 창구로 블로그를 이용했을 뿐 블로그를 이용한 구체적인 사업 계획은 아예 없었습니다. 그러나 블로그가 대박 나고 열성 팬이 많이 생겼을 때 그는 자신의 블로그를 통해 아웃도어 모자, 후드 티셔츠, 티셔츠 등을 팔기 시작했고, 2만~3만 달러의 부수입을 얻을 수 있었습니다. 물론 직장도 계속 다니고 있었기 때문에 이 소득은 완전히 가외 소득이었습니다. 몇 년 뒤 그는 페이스북 팬을 25만 명이나 보유하게 됐습니다.

자신의 사업이 돈이 된다는 생각이 들자 그는 사업을 더욱 확장할 방법을 찾기 시작했습니다. 그는 생산자 직배송 방식 사업 모델Drop Shipping(재고 없이 상품만 등록하고 주문이 들어오면 상품을 보유한 업체에서 구매자에게 직접 상품을 포장 발송하는 사업 모델-옮긴이)에 대한 온라인 강좌를 수강한 다음, 아마존에서 프라이빗 라벨Private Label, PL(유통업체가 상품을 기획, 개발해 협력 제조업체에 생산을 위탁해 자체 개발한 상표를 붙여 판매하는 것. PB라고도 함-옮긴이)의 셀카 봉과 스테인리스 물병을 생산자 직배송 방식으로 2014년 10월 1일부터 판매하기 시작했습니다. 처음 제

> "도토리를 따는 방법에는 두 가지가 있습니다. 하나는 땅에 앉아 도토리가 떨어지기를 기다리는 것이고, 다른 하나는 도토리나무를 오르는 것입니다."
>
> 케몬스 윌슨(홀리데이인호텔 창업자)

품을 판매하기 시작했을 때 과연 물건이 팔릴 것인지 걱정이 많았으나 그 걱정은 곧 기우로 밝혀졌습니다. 6,000달러의 첫 번째 주문을 필두로 8주 만에 월 9만 달러의 매출을 달성했습니다. 2015년 개업 1주년이 됐을 때는 75만 달러의 총이익을 기록했고, 현재도 매년 10만 달러 이상의 주문을 정기적으로 처리하고 있습니다.

그의 사업이 월 6,000~1만 2,000달러의 순이익을 창출하고 있지만, 이제까지 그는 순이익을 자신의 주머니에 넣지 않고 모두 사업 성장에 재투자했습니다. 그의 사업은 스스로 사업 성장을 위한 돈을 창출하고 있는 것입니다. 그는 부업으로 시작한 사업소득이 곧 자신의 연봉보다 더 많아질 것이라 생각하고 있습니다.

카일은 우리에게 이렇게 말했습니다. "파이프라인 현장에서 일하는 사람들은 모두 일한 시간만큼 많은 돈을 벌고 있습니다. 여기 있는 사람들은 뚱뚱하고 어리석고 행복합니다. 그들은 소득의 대부분을 은퇴 연금에 적립하지만 부를 축적하기 위한 장기적인 계획은 사실 아무도 신경 쓰지 않습니다. 저는 매번 이 친구들에게 생각을 바꿔야 한다고 얘기합니다. 자신만을 위한 무엇인가를 해야 합니다. 회사를 위해 시간당 일을 하면 부족하지 않을 만큼의 돈을 벌 수는 있겠지만 그 이상의 발전은 없습니다."

가능한 한 작게 시작하라

대부분의 경우 비전은 좋은 것입니다. 그러나 직업 이외에 부수적으로 무엇인가를 시작할 때는 거대한 비전은 때때로 당신의 발목을 잡습니다. 때때로 너무 큰 비전은 감당할 수 없이 많은 것을 달성해야 하는 부담감을 주기 때문에 사람들로 하여금 사업이나 창업에 두려움을 느끼게 합니다.

최소 단위의 실행 가능한 것부터 시작하는 것이 좋습니다. 엄청난 투자, 많은 직원, 충분한 인프라 등이 필요한 거대한 프로젝트는 잠시 잊고, 감당할 수 있는 수준에서 아주 작게 시작해보십시오. 이 책의 공동 저자이자 전략 전문가인 개릿이 '이기고 시작하라Win, Then Play' 전략이라고 부르는 전략의 전문가가 되십시오. 다시 말해 어떤 기회나 프로젝트에 전력으로 몰입하기 전에 해당 기회의 시장성을 먼저 시험해보아야 합니다. 귀중한 시간, 돈, 에너지를 쏟아붓기 전에 할 수 있는 모든 방법을 동원해 시장의 수요와 시장성을 확인해야 합니다. 야구 용어를 빌리자면, 홈런을 칠 필요는 없습니다. 다만

> "사업을 처음 시작한다면 다음 방법을 따라 해보십시오. 먼저 문제를 해결해주면 돈을 벌 수 있는 것 중 당신이 할 수 있는 가장 작은 것부터 시작해보십시오. 당신이 사용한 비용보다는 높고 문제를 해결했을 때 얻을 수 있는 가치보다는 낮은 수준으로 가격을 결정하십시오. 그리고 이것을 계속 반복하십시오. 당신은 크고 완벽하고 엄청나게 좋은 기회를 기다릴 필요가 없습니다. 일단 작게 시작하십시오."[5]
>
> 세스 고딘(기업가, 《보랏빛 소가 온다》 저자)

공을 때리고 베이스 하나를 차지하십시오.

당신 주변의 실제 이야기

스티븐 파머는 작가이자 동기부여 강사입니다. 그는 불로소득을 증가시키기 위한 다양한 가능성에 대해 브레인스토밍을 실시했는데, 포스터나 그림으로 영감을 불러일으키는 '인생 선언문'을 만드는 아이디어가 괜찮다고 생각했습니다.

파머는 자신이 만든 것을 팔 수 있을지 의문이 들었으나 일단 시작해보기로 했습니다. 처음에 많은 시간과 돈을 투자하는 대신 그는 먼저 '가족 선언문' 한 개를 만들고 그래픽디자이너에게 디자인을 의뢰했습니다. 그는 법인을 설립하지도, 홈페이지를 제작하지도 않았습니다. 단지 자신이 만든 포스터 한 장을 출력해 사진을 찍은 다음 그루폰Groupon과 비슷한 지역 벼룩시장 사이트에서 판매했습니다. 그는 해당 사이트에서 미리 다른 상품들을 시장 조사해본 결과, 50장 이상이 팔리면 시장성이 있는 것으로 결론 내렸습니다. 판매량이 50장 미만이면 깔끔하게 접고 다른 것을 시도하기로 마음먹었습니다.

그의 첫 번째 상품은 놀랍게도 392장이 팔렸습니다. 그는 이 놀라운 최초 주문에 상품을 납품하기 위해 서둘러 '가족 선언문'을 더 출력했습니다. 그런 다음 그는 사업을 시작했습니다. 그는 현재 온라인에서 12종류의 선언문을 세 가지 다른 형태로 판매하고 있으며, 이 사업은 단기간에 그에게 수천 달러의 수익을 안겨주었습니다. 그가 투자한 돈이라고는 첫 번째 상품의 디자인을 그래픽 디자이너에게 의뢰할 때 지불한 비용밖에 없습니다. 그 이후에는 사업 자체가 스스로 사업 운영에 필요한 경비를 벌어들였습니다. 다른 투자에 사용했던 자금은 그의 주머니에서 나온 것이 아니라 포스터 사업을 통해 번 돈이었습니다.

2002년 단 맥코이는 대규모 우주 관련 회사에서 전기 기사로 일하고 있었습니다. 그는 컴퓨터에 매우 능숙했고, 유명한 컴퓨터회사들이 그들의 제품 안에 설치해놓은 쓰레기 같은 프로그램들 때문에 항상 짜증이 났습니다. 그런데 그는 단순히 짜증을 내는 데그치지 않고 이 불편함에서 자신의 재능을 발휘할 수 있는 틈새시장을 발견했습니다. 그는 쓸데없는 프로그램이 깔려 있지 않고 시장에서 판매되는 제품보다 처리 속도도 훨씬 빠른 고사양의 맞춤형 개인용 컴퓨터를 조립하는 사업을 시작했습니다. 그는 고객들에게 우수한 서비스를 제공하는 것을 목표로 삼았습니다.

처음에는 그저 단순한 취미 생활로 시작했습니다만, 시간이 지날수록 그의 사업은 점점 확장됐습니다. 2009년이 되자 단순한 부업이었던 맥코이의 사업은 중소기업들에게 IT 서비스 관련 컨설팅 및 운영을 해주는 회사로 급성장했습니다. 물론 그는 기존에 다니던 직장에 계속 다녔습니다. 그는 업계에서 주로 사용하는 표준 장비에 문제가 있다는 사실을 발견했습니다. 장비가 고장 나면 그 장비를 사용하는 회사들과 서비스 제공자들은 그에게 돈을 주고 수리를 부탁했습니다. 그는 해당 기업들이 계속되는 고장에도 불구하고 왜 그 장비를 계속 사용하고 운용하는지 의문을 가졌고, 이 장비를 수리하는 사업을 시작하면 돈을 벌 수 있을 거라는 사업 기회를 포착했습니다.

맥코이는 단순히 장비가 고장 나면 수리해주고 시간당 수당을 청구하는 방식에서 탈피해 수익이 지속적으로 발생하는 사업 모델을 적용했습니다. 그는 컴퓨터와 시스템을 사전에 점검해 제대로 작동하고 있는지 확인하는 작업을 하고, 그 대신 회사들에는 매달 고정비용을 요청하는 방식으로 시스템을 바꾸었습니다. 이 방법은 고객에게는 큰 가치가 있는 제안이었고, 그에게 있어서는 좀 더 나은 수익을 발생시킬 수 있는 방법이었습니다. 시간이 지날수록 그와 거래하는 모든 회사는 그의 사업 모델을 채택했습니다. 1년도 채 되지 않아 맥코이는 매년 8만 달러의 소득을 지속적으로 확보할 수 있었습니다.

2010년 9월, 그가 일하던 회사는 그가 회사 컴퓨터로 부업과 관련된 이메일을 확인하는 것을 적발해 3일간 무급 근신이라는 징계를 내렸습니다. 사실 그는 부업 때문에 회사 일을 등한시하지 않고 오히려 더 성실하게 근무했지만, 회사의 징계는 철회되지 않았습니다. 징계를 받았을 때 그의 아들은 아홉 살, 딸은 한 살이었습니다. 근신 기간 3일 동안 맥코이는 집에서 아이들과 함께 시간을 보냈습니다. 그때 그는 자신이 회사 일을 핑계로 얼마나 가족들과 같이 시간을 보내지 못했는지 깨달았습니다. 그는 더 이상 가족들과 함께하는 소중한 시간을 놓치지 않기로 다짐했고, 이제는 변화가 필요한 시기임을 확신했습니다.

직장으로 복귀하자, 회사는 그에게 더 엄격한 근무 기준을 요구했습니다. 그때 그는 완전히 결심을 굳혔습니다. "회사는 저에게 지정된 근무시간에 사무실에 있기를 요구했습니다. 회사는 가치 대신 시간으로 저를 옥죄기 시작했고, 가치를 창출할 수 있는 자유를 앗아 갔습니다. 회사는 저를 통제하기 시작했고 저는 그게 싫었습니다"라고 그는 말했습니다.

맥코이는 현금 흐름을 증대시키고자 '매일매일 주말인 삶'을 위한 단계를 차근차근 진행해나갔습니다. 직장을 그만두어도 될 정도의 현금 흐름을 확보했고, 지출을 60퍼센트 가까이 절약했으며, 가족들을 건사하는 데 아무런 문제가 없는 재무 기초를 구축했습니다. 근무시간 외에는 자신의 사업을 위해 열심히 일하며 고객 확보에 주력했습니다. 그는 2011년 1월 14일에 직장을 그만두고 자신의 사업에 몰두하기 시작했습니다.

직장을 그만둔 지 1년도 채 되지 않아 그의 사업은 2배의 수익을 달성했고, 현재 처음 시작했을 때보다 매출은 4배 이상, 순이익은 3배 이상 증가했습니다. 사업에서 발생하는 소득의 85퍼센트는 지속적인 것이고, 순이익은 50~60퍼센트이며, 2명의 정규직 직원과 60명 이상의 외주 직원이 그를 위해 일하고 있습니다. 그는 하고 싶은 것을 하고 싶을 때 할 수 있는 자유를 단순히 취미로 시작했던 부업에서 얻었습니다.

맥코이에게 부업으로 사업을 시작하려는 사람들을 위한 몇 가지 조언을 부탁하자 "좋아하고 즐거운 일을 하십시오. 자기가 하기 싫은 일을 토대로 사업을 시작하는 것만큼 끔찍한 일은 없습니다. 사업이든 부업이든 일단 재미있어야 합니다. 당신이 열정적으로 몰두할 수 있으면서 다른 사람과 차이를 만들어낼 수 있는 것을 하십시오. 열정이 없으면 삶은 지루함의 연속일 뿐입니다. 그리고 출구 전략도 확실하게 정해야 합니다. 5년이나 10년 뒤에 어떤 모습의 자신을 원하는지 확실하게 알아야 합니다"라고 그는 열정적으로 말했습니다.

지속적으로 개선하기

작게 시작하면 많은 위험을 부담하지 않고 여러 가지 시도를 해볼 수 있습니다. 그러나 이 말이 최적의 타이밍에 시작해야 한다는 뜻은 결코 아닙니다. '매일매일 주말인 삶'을 꿈꾸는 사람은 위험을 감수할 정도로 용감하고 말보다는 행동을 먼저 해야 합니다.

'매일매일 주말인 삶'을 누리려면 모든 일에 헌신적으로 몰두해야 합니다. 단기간에 산발적으로 노력하는 것이 아닌, 꾸준하고 지속적으로 발전해야 합니다. 일

> "아침보다 조금이라도 현명한 사람이 되기 위해 하루를 사용하십시오. 한 걸음씩 꾸준히 앞으로 나가야 합니다. 전력 질주를 준비하기 전에 미리 단련을 해야 합니다."
>
> 찰스 멍거(투자자, 주식 전문가, 투자 그룹 버크셔해서웨이 CEO)

본어에 '지속적인 발전'을 뜻하는 카이젠^{Kaizen}('개선'이라는 뜻―옮긴이)이라는 말이 있습니다. 카이젠의 의미는 오랜 시간 동안 작은 변화들이 쌓여서 큰 결과를 만드는 것입니다.

'매일매일 주말인 삶'을 위한 당신의 여정에서 첫 2년 동안은 매달 소득을 적어도 3퍼센트씩 증가시키는 것을 도전 목표로 삼으십시오. 매달 소득이 3퍼센트 증가되면 1년 뒤에는 38.4퍼센트의 소득이 증가됩니다. 2년 뒤에는 소득이 시작 대비 거의 두 배인 97.4퍼센트 증가합니다. 예를 들어 현재 월 3,000달러의 소득이 있다고 가정해봅시다. 아래 내용을 참조하기 바랍니다.

1년

- 첫 번째 달: 3,000달러 × 3% = 90달러
- 두 번째 달: 3,090달러 × 3% = 92.70달러
- 세 번째 달: 3,182.70달러 × 3% = 95.48달러
- 네 번째 달: 3,278.18달러 × 3% = 98.35달러
- 다섯 번째 달: 3,376.53달러 × 3% = 101.30달러
- 여섯 번째 달: 3,477.83달러 × 3% = 104.33달러
- 6개월 뒤: 3,477.83달러(16% 증가)
- 12개월 뒤(1년 뒤): 4,152.70달러(38.4% 증가)
- 24개월 뒤(2년 뒤): 5,920.77달러(97.4% 증가)

이 방법은 경험을 게임화해서 시간이 흐를수록 당신이 계속 발

전하도록 장려합니다. 매달의 수익은 직전 달의 수익과 비교되기 때문에 지속적인 게임화가 가능합니다. 매달 3퍼센트씩 소득을 증가시키는 시도를 주저하지 말고 해당 목표를 달성하기 위해 최선을 다해보십시오. 꼭 3퍼센트가 아니더라도 매월 말에 달성하고 싶은 구체적인 자신만의 목표를 설정해보십시오. 단순하게 달성하고 싶은 희망이 아니라 반드시 달성해야 하는 구체적인 목표가 있어야 합니다.

처음 시작할 때는 실제 소득이 얼마 되지 않기 때문에 소득을 지속적으로 높이는 목표를 달성하기가 수월합니다만, 예상했겠지만 시간이 지날수록 점점 더 어려워집니다. 그러나 아무리 어렵다고 해도 원칙을 고수해야 합니다. 지속적으로 자기 자신을 개선하고 발전시키는 노력을 멈추지 마십시오. 당신의 소득을 매일매일 증가시키려는 노력을 중도에 그만두지 말기 바랍니다.

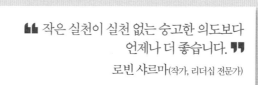

❝작은 실천이 실천 없는 숭고한 의도보다 언제나 더 좋습니다.❞

로빈 샤르마(작가, 리더십 전문가)

12

'돈이 있어야 돈을 벌 수 있다'는 말은 틀렸다

모니카는 남편과 이혼을 하고 뉴욕에서 유타로 아이 셋을 데리고 이사했습니다. 유타에 도착했을 때 그녀에게는 세 명의 아이와 그녀의 이름이 적힌 두 개의 여행 가방에 든 옷가지 말고는 정말 아무것도 없었습니다. 속된 말로 정말 땡전 한 푼 없었습니다. 모니카는 쇼핑몰 안에 있는 선물 가게에서 일을 시작했고 최저임금을 겨우 받을 수 있었습니다.

그러나 그녀는 자기 자신이 훨씬 더 능력 있는 사람임을 알고 있었습니다. 그녀는 놀라운 수준의 요리사였고, 음식과 영양에 관한 모든 것을 좋아하고 관심이 많았습니다. 그녀는 자신이 그랬던 것처럼 '음식을 통해 사람을 사랑하자'라는 원대한 꿈이 있었습니다. 더 건강하고 더 맛있는 음식으로 사람들에게 도움과 기쁨을 주고 싶었습니다. 그러나 그녀는 직장을 그만두거나 식당을 차려 1인 기업가로 사업을 시작하는 것은 위험이 크다고 판단했습니다. 그녀 주위의 사람들은 좋은 직장을 얻어 높은 연봉을 받으라고만 얘기할 뿐 그녀의 진정한 꿈에는 관심이 없었습니다.

다행히도 모니카는 포기하지 않았습니다. 그녀는 좋아하는 일을 하고 있는 다른 사람들을 보면서 자기 생각이 전혀 불가능한 것이 아님을 확신했습니다. 그녀는 주변 사람들에게 돈을 받고 조금씩 음식을 제공하기 시작했습니다. 그녀의 음식은 너무나 맛있었기 때문에 소문이 금세 퍼졌습니다. 얼마 지나지 않아 그녀는 직장을 그만두고서 자기 꿈에 완전히 몰두해도 될 만큼의 고객을 확보할 수 있었습니다. 1년 뒤 그녀는 직장을 그만두었고, 단 8일 만에 전 직장의 1년 치 연봉을 벌 수 있었습니다.

모니카를 비롯해 그녀와 비슷한 수많은 사람이야말로 '돈이 있어야 돈을 벌 수 있다'는 명제가 잘못됐음을 증명해주는 살아 있는 증거입니다. 돈을 벌기 위해 필요한 것은 계획, 실행 그리고 가치 창출입니다. 돈은 가치 창출의 부산물일 뿐입니다. 돈 자체에는 어떠한 고유 가치도 없습니다. 돈은 사람들이 가치를 교환할 때 서로 주고받는 도구일 뿐이지만, 문제를 해결하고 고통을 경감시키며 사람들을 위해 즐거움을 창출할 수 있는 수단이기도 합니다.

> "저는 파산만 몇 번 했을 뿐 가난했던 적은 단 한 번도 없습니다. 가난은 마음속에 있는 생각이고, 파산은 일시적인 상황일 뿐입니다."
>
> 마이크 토드(연극 연출가, 영화감독)

절대로 돈 때문에 당신이 하고 싶은 일이나 모두에게 좋은 가치를 창출하는 일을 하지 못하는 상황을 만들지 마십시오. 아무 생각 없이 돈을 버는 그런 바보 같은 짓을 하지 마십시오. 시간당 돈을 받지 말고 당신이 시간당 창출하는 가치에 걸맞게 돈을 받으십시오. 당신의 시간을 더욱 가치 있게 만드는 방법을 배우길 바랍니다.

현실에서 필요한 세 가지 자본 : 가치 방정식

사람들 대부분은 사업을 시작하려면 돈이 필요하다고 생각합니다. 현실은 사업을 시작하기 위해서는 세 가지 자본이 필요합니다. 그중에 돈이라고 부르는 재무 자본은 예상과는 완전히 다르게 그다지 중요하지 않습니다.

정신 자본

정신 자본은 다른 사람을 위해 가치를 창출할 수 있습니다. 정신 자본은 단순하게 당신이 알고 있고 할 수 있는 것이라고 정의 내릴 수 있습니다. 정신 자본에는 기술, 교육, 경험, 통찰, 지식, 전문성 등이 포함됩니다. 그 누구도 모든 분야를 다 잘할 수는 없습니다. 그러나 한 가지 분야에서는 그 누구라도 최고가 될 수 있

습니다. 당신이 전문 분야를 배우고 공부
하는 데 시간과 노력을 기울여 하루하루
정신 자본을 축적해나가기를 적극 권장합
니다.

> "배우는 데 돈이 너무 많
> 이 든다는 생각이 들면,
> 무지하게 살아가면 됩니
> 다."
> 하비 맥케이(작가, 사업가)

관계 자본

관계 자본은 당신을 잘 알고 신뢰하고 있으며, 이런저런 관계로
연결돼 있고, 당신을 위해 가치를 창출할 수 있는 사람들을 의미
합니다. 사람들의 문제를 해결해주고 어려울 때 도와주는 것으로
관계를 구축할 수 있으며, 그들의 선의를 확보할 수 있습니다. 뛰
어난 인재들은 관계를 쉽게 맺지 않으며, 가치를 창출하지 못하는
사람들 곁에는 머무르지 않습니다. 멘토, 스승, 당신의 정신 자본
을 증대시키는 모든 사람들과의 관계는 매우 중요합니다.

OPM Other People's Money(다른 사람의 돈)에 대해 들어본 적이 있습
니까? 이것은 확실히 관계 자본의 일부분입니다. 그러나 관계 자
본에는 OPT Other People's Time (다른 사람의 시간), OPN Other People's
Network (다른 사람의 네트워크), 그 밖에도 다양한 것들이 포함돼 있습
니다. 당신의 돈, 관계, 시간, 에너지에만 의지할 이유가 전혀 없
습니다. 당신이 필요한 것을 직접 가지고 있지 않은 경우, 그것을
가지고 있는 사람과 관계를 구축하면 됩니다.

재무 자본

재무 자본이란 쉽게 말해 돈입니다. 재무 자본은 무엇인가를 소비할 때보다는 무엇인가를 창조할 때 더욱 확장됩니다. 재무 자본은 당신이 정신 자본을 바탕으로 다른 사람을 위해 효과적으로 가치를 창출할 때 생산되는 부산물입니다. 재무 자본은 당신이 개인적으로 소유하고 있는 돈을 의미하지 않습니다. 재무 자본은 당신의 관계 자본에 속한 다른 사람이 가지고 있을 수도 있습니다.

> "당신 자체가 성공을 위해 꼭 필요한 관계 자본 또는 아이디어입니다."
>
> 개릿 군더슨(회계사, 창업가, 이 책의 저자)

세 가지 형태의 자본을 동시에 증가시킬 수 있습니다. 자본들은 서로 맞물려서 상호 간에 영향을 줍니다. 자본 간의 상호작용으로써 당신은 더욱 효과적으로 가치를 창출할 수 있고, 때때로는 당신의 능력이나 한계 이상으로 무엇인가를 할 수 있습니다. 간단히 말해 더 많이 주면 줄수록 더 많이 돌려받을 수 있습니다. 당신이 돈에 쪼들리고 있다면 그것은 단순히 돈의 문제가 아닙니다. 그것은 당신이 적절한 정신 자본과 관계 자본을 충분히 가지고 있지 않고, 당신의 가치 방정식이 어딘가 균형이 맞지 않아 붕괴되고 있다는 것을 의미합니다. 가치 방정식의 공식은 다음과 같습니다.

정신 자본 × 관계 자본 = 재무 자본

재무 자본, 즉 돈이 필요하다면 정신 자본과 관계 자본을 개별적으로 또는 동시에 두 가지 모두 증가시켜야 합니다. 정신 자본과 관계 자본은 어려움을 헤치고 나아갈 중요한 수단임에도 신경 쓰는 사람은 극히 드뭅니다.

가진 것을
최대한 활용하라

주위를 한번 둘러보십시오. 당신 주변에서 더 나은 기회와 더 많은 돈을 바라는 사람들을 발견할 수 있습니다. 그들은 무언가를 하기보다는 자신들에게 행운이 깃들기만을 기도합니다. 더 오랫동안 기도할수록 나중에는 더 많은 자원이 필요합니다.

아무것도 하지 않는 것은 두려움에 삶을 맡긴 사람들이 주로 하는 자기 합리화를 위한 변명에 불과합니다. 당신은 현재 부족한 것이 전혀 없습니다. 예를 들어 시력이 온전해서 볼 수만 있어도 당신이 생각하는 것 이상으로 다양한 가용 자원들을 이용할 수 있습니다. 지금 현재 당신이 보유하고 있는 것은 무엇이며, 그것을 이용해 다른 사람들을 위한 가치를 창출할 수 있습니까? 도대체 당신은 무엇을 망설이고 있습니까?

> "당신의 현재 위치에서 시작하십시오. 지금 가지고 있는 것을 활용하고 지금 바로 할 수 있는 것을 하십시오."
>
> 아서 애시(공공 의료 전문가, AIDS 방지 재단 설립자)

저와 개릿은 무일푼으로 시작했습니다. 우리는 안타깝게도 '금수저'로 태어나지 못하고 오히려 '흙수저'라고 할 법한 환경에서 자라났습니다. 우리는 어떻게 계획을 세우는지, 어떻게 가지고 있는 자원을 창의적이고 효과적으로 사용할 수 있는지에 대해 배웠습니다. 우리 두 사람은 돈이 있어야 돈을 벌 수 있는 것이 아님을 개인적인 경험을 통해 배웠습니다. 무엇인가를 시도할 의지가 있고 실패나 실수를 통해 배울 준비가 돼 있으면 돈을 벌 수 있습니다.

저의 이야기

제가 열한 살 때인 어느 비 내리는 오후, 형과 저는 지미 헨드릭스(전설적인 기타리스트-옮긴이)에 관한 다큐멘터리를 보고 있었습니다. 그 다큐멘터리를 보면서 저는 헨드릭스가 정말 대단하다고 생각했습니다. 그는 다른 기타리스트들과는 다르게 전 세계를 움직일 수 있을 만큼 창의적이었습니다. 순식간에 제 맘속에 불꽃이 튀었고, 그것은 열정으로 즉각 옮겨붙었습니다.

저는 열 살 때부터 기타를 배우기 시작했는데 실력이 급속도로 늘었습니다. 열두 살 때 저는 첫 번째 기타 선생님의 기술을 모두 전수받았습니다. 열세 살 때는 방과 후에 하루 세 시간씩 기타 연습을 했습니다. 저는 저의 삶을 음악에 바치기로 결심했습니다.

기타 개인 교습도 시작했습니다. 악기 가게 게시판에 전단지도 게시했고, 잠재 고객들이 집으로 찾아와 기타 개인 교습에 대해 상담을 요청했습니다. 그들은 "여기 닉 할릭 씨 계십니까?"라고 물었습니다. 제가 "예, 제가 닉입니다"라고 대답했을 때 그들은 자기 키의 반밖에 되지 않는 왜소한 제 모습을 보고 웃었습니다. 그들에게 뭔가 보여줄 필요가 있을 때는 제가 할 수 있는 몇 가지 주법으로 그들 앞에서 직접 연주했습니다. 얼마 지나지 않아 저의 두 번째 기타 선생님보다 제가 기타 연주에 대해 훨씬 많은 것을 알고 있음을 깨달았습니다. 저의 기타리스트로서의 발전은 정말로 거침이 없었습니다. 열다섯 살이 됐을 때까지 여러 명의 선생님에게 사사를 받았는데, 나중에는 제 고향인 멜버른에서는 더 이상 배울 선생님이 없었습니다.

그 당시 저는 50명의 학생을 가르치고 있었으며, 그중 몇몇은 전문 음악가로 활동할 정도로 제 수준은 대단했습니다. 저는 10대 소년에게는 꽤 큰 금액인 시간당 25달러를 개인 교습비로 청구했습니다.

> "용감한 사람도 죽습니다. 그러나 걱정만 하는 사람은 한시도 살 수 없습니다."
> 멕 케봇《프린세스 다이어리》 저자)

그 돈으로 저는 더 비싼 기타와 앰프 장비를 구입했습니다. 저는 또한 시간당 10달러를 주고 5명의 강사를 채용해서 나머지 금액인 시간당 15달러씩을 제 몫으로 챙겼습니다. 이것이 레버리지에 대한 저의 첫 번째 경험이었습니다.

열일곱 살이 되던 해에 저는 3만 달러를 저축할 수 있었습니다. 이 돈을 저의 첫 번째 큰 도약을 위해 사용했습니다. 저는 미국 LA로 건너가 세계적인 음악가들과 함께 기타와 작곡을 공부할 계획을 세웠습니다. 제 꿈은 위대한 기타리스트이자 음악가가 되는 것이었습니다.

저는 미국 캘리포니아 할리우드에 있는 현대음악 학교 중 MI 음악대학에 속해 있는 세계에서 가장 혁신적이고 유명한 GIT Guitar Institute of Technology(기타 기술 음악대학. 지금은 Musicians Institute로 부름-옮긴이)에 장학금을 받고 입학했습니다. 학교에서는 현대음악 연주에 필요한 것들을 심도 있게 배울 수 있었습니다. 하버드대학교 법학대학에서 법을 공부하고 매사추세츠공과대학교에서 공학을 공부하는 것처럼 저는 GIT에서 기타를 공부했습니다.

GIT에 다니기 위해 할리우드로 왔을 때 저는 10대 후반이었습니다. 학교에서 세계적인 음악가들과 같이 공부하는 것은 저에게 많은 영감을 주었습니다. 학교는 24시간 개방돼 있었고 300명이 넘는 세계적인 음악가 및 앞으로 세계적인 음악가가 될 학생들이 수업을 들었습니다.

호주를 떠나 미국으로 오기로 한 이유는 지미 헨드릭스의 다큐멘터리를 보고 영감을 받았듯이 저 스스로 삶의 생동감을 좀 더 느끼고 제 삶에 에너지를 끝없이 계속 채워 넣기 위해서였습니다. 세계적인 음악가들을 인생의 멘토로 삼은 뒤, 제 꿈은 제가 원하는 방식으로 이루어지기 시작했고, 저는 다양한 방식으로 창의적인 가치들을 창출하기 시작했습니다. LA로 온 지 얼마 지나지 않아 저는 록 밴드를 결성했습니다. 그때 결성한 록 밴드는 10년 이상 당대의 가장 유명한 기타리스트들과 협연을 펼치기도 하고 전국 투어를 다니기도 했습니다. 그 당시의 저는 록 기타리스트로서의 삶을 만끽하고 있었습니다.

지식과 배움이 바탕이 된 다양한 경험은 저를 더 크고 좋은 기회로 이끌었습니다. 저는 이때 제가 가지고 있는 것으로 다양한 가치를 창출할 수 있음을 체험했습니다. 저는 제 자신의 기준대로 돈을 벌고 삶을 살아가는 데 아무런 문제도 없었습니다. 저는 사업을 시작할 때 돈이 전혀 필요하지 않았습니다. 저는 단지 미래에 대한 꿈과 그것을 실현할 장소만 필요했습니다. 우리는 자신의 꿈을 이루기 위해 살아가거나 다른 사람의 꿈을 실현해주기 위한 자원으로 활용되면서 살아갑니다. 어느 것을 선택할지는 당신의 몫입니다.

개릿의 이야기

제가 열다섯 살이었을 때 아버지는 학교 성적이 좋으면 아버지가 몰던 75년도 쉐비 픽업트럭을 주겠다고 말씀하셨습니다. 픽업트럭이 너무나도 갖고 싶어서 그때부터 매일 트럭을 꼼꼼하게 세차했습니다. 아버지는 저의 그런 모습에 깊은 감명을 받으셨습니다. 아버지는 광부셨는데, 아버지의 상사 한 명이 마을을 방문했을 때 아버지는 저에게 회사 차 한 대의 세차를 맡기셨습니다.

여기서 저는 첫 번째 사업인 세차 사업에 대한 아이디어를 얻었습니다. 저는 저의 관계 자본인 아버지를 통해 아버지의 상사와 얘기할 수 있었고, 탄광에서 사용하는 모든 차량의 세차를 맡게 됐습니다. 그때 제 수중에는 잔디 깎기와 아이 보기로 번 정말 얼마 안 되는 돈이 있었는데 그걸로 세차 도구들을 구입했습니다.

세차 계약을 맺은 뒤 저는 또 다른 저의 관계 자본인 어머니가 일하는 지역 신용조합을 찾아갔습니다. 신용조합에서도 자신들이 소유한 차량에 세차가 필요한 상황이었습니다. 저는 조합장과 직접 얘기해서 계약을 따냈습니다. 또한 제가 알고 있는 모든 사람을 통해 제가 세차 사업을 하고 있다는 사실을 알렸습니다. 이 방법으로 정말 많은 사람을 소개받았습니다. 저는 세차가 끝난 차량안에 넣어 둘 차량용 방향제와 조그만 차량용 쓰레기봉투에 제 회사 로고를 찍는 데 사업에서 발생한 수익을 재투자했습니다.

> "혼자 감당할 수 있을 만큼 강해져야 하고, 도움이 필요할 때가 언제인지 알 수 있을 만큼 현명해져야 하며, 도움을 요청할 수 있을 만큼 용감해져야 합니다."
> 마크 아멘드(작가)

세상 물정 모르던 10대였기에 세차 요금을 얼마나 받아야 하는지 솔직히 잘 몰랐습니다. 제가 알고 있던 것이라고는 지역 차량 판매 중개인이 돈을 엄청나게 벌고 있다는 점과 차가 많이 팔리면 세차를 해야 할 차량 또한 엄청나게 많아질 테고, 저 또한 세차 사업을 통해 많은 돈을 벌 수 있을 거라는 사실뿐이었습니다. 처음에 저는 대당 30달러의 비용을 청구했으나, 나중에는 차량의 종류에 따라 50~75달러로 가격을 올렸습니다. 그럼에도 그 주변에서는 여전히 가장 싼 가격이었습니다. 그 결과, 당시의 저는 빗자루로 돈을 쓸어 담는 느낌이 들 만큼 많이 벌었고 정말 행복했습니다.

저는 시간당 10달러를 주고 여러 명의 직원을 고용했습니다. 그 직원 중 한 명은 지역에서 유명한 치과 의사의 아들이었습니다. 그는 엄청나게 많은 신규 고객을 유치했고, 저는 그에게 신규 고객 1명당 수수료를 제공했습니다. 최저 시급이 5달러였을 때 저는 시간당 20달러를 손쉽게 벌었습니다. 저의 직원들이 저를 위해 일하는 동안 저는 개인적인 시간을 가질 수도 있었습니다. 10대 소년에게는 나쁘지 않은 일자리였습니다.

저는 선생님과 다른 사람들에게 어떻게 재무적인 일들을 처리하는지 질문했습니다. 그들의 도움을 받아 대차대조표와 손익계산서에 대해 배울 수 있었습니다. 재무를 배우면서 저는 또 하나 교훈을 얻었습니다. 많은 사람이 누군가에게 물어보는 것을 부끄러워하거나 자기가 물어봤을 때 사람들이 도와주지 않을 것이라고 생각합니다. 그러나 사람들은 누군가를 도와주는 것을 좋아합니다. 특히 당신이 그들을 위해 가치를 창출할 수 있는 것에 대해 물어볼 경우 정말 성심성의껏 도와줍니다.

저는 대학교에 진학할 때까지 세차 사업을 계속했습니다. 대학 진학 직전에 저는 제가 사는 주에서 청년 기업가 및 젊은 중소기업 창업가로 선정돼 5,000달러의 상금도 받았습니다. 저는 이 돈을 재무회계 프로그램을 구매하는 데 사용했습니다. 저의 회계사 경력은 이때부터 시작됐습니다.

요약하면 저는 제가 가지고 있는 것에서부터 시작했습니다. 저는 한 단계를 완성하고 다음 단계로 넘어갔습니다. 단계별로 돈을 벌었으며, 그 돈을 종잣돈으로 다음 사업에 투자했습니다.

정말 가진 것이 없어서 못 하는가?

당신을 붙잡고 있는 문제가 자원 부족이라고 믿고 있다면 당신은 문제를 정확하게 파악하지 못하고 있을 가능성이 큽니다.

사업의 성공은 당신이 가지고 있는 자원의 양에 따라 결정되는 것이 아니라 보유한 자원을 얼마나 잘 활용하느냐와 같은 자원 활용 능력에 달려 있습니다. 자원 활용 능력의 사전적 의미는 '문제를 극복하는 방법을 빠르고 현명하게 찾아내는 능력'입니다. 자원 활용 능력은 상상력, 창의력, 호기심, 열정, 결심, 결정 등을 포함하는 포괄적 개념입니다. 자원 활용 능력은 당신만 볼 수 있는 문제와 당신만 만들어낼 수 있는 해결책같이 세상을 해석하고 세상과 소통하는 당신만의 아주 독특한 방법입니다.

이 세상에 쓸모없고 자원 활용 능력이 없는 사람은 그 누구도 없습니다. 다만 스스로 한계를 설정해 자신을 과소평가하는 사람만 있을 뿐입니다. 성공을 위해 필요한 것들을 절대 멀리서 찾지 마십시오. 필요한 것 대부분을 당신이 이미 가지고 있습니다. 가지고 있는 것들을 목표 달성을 위해 활성화하기만 하면 됩니다. 당신이 심혈을 기울여 노력하고 열심히 일하고 창의적으로 생각하고 용감하게 도전한다면 당신이 필요한 모든 것들은 저절로 따라오게 될 것입니다.

❝ 당신이 좋아하는 일을 하는 것은 풍요로운 삶의 첫걸음입니다. ❞

웨인 다이어(심리학자, 자기 계발 전문가, 《행복한 이기주의자》 저자)

13

사업
아이디어
탐구하기

우리가 살고 있는 세계는 빠르게 변하고 있습니다. 정보화 시대에는 기술, 커뮤니케이션, 글로벌화에 따라 전에는 상상도 할 수 없었던 많은 기회를 누구나 접할 수 있게 됐습니다. 제가 직접 하고 있고, 다른 사람들에게 알려주고 있는 투자 방법들이 시간과 장소에 구애받지 않고 스마트폰으로 언제든지 할 수 있는 것이기에 저는 저 자신을 '사이버 집시Cyber Gypsy'라고 부릅니다. 사무실에 앉아 일하는 시대는 끝났고, 앞으로는 불필요한 일이 될 것입니다. 심지어 당신이 사무실에서 일을 하고 있더라도 통신수단의 발달로 다른 시간, 다른 공간의 사람들과 일을 하는 것이 가능합니다.

오늘날처럼 아주 적은 돈 또는 심지어 돈이 전혀 없어도 사업을 쉽게 할 수 있는 시기는 전무후무합니다. 돈이 없어도 약간의 시간과 노력을 투자하면 새로운 기술을 이용해 사업을 시작할 수 있는 무한한 방법이 당신 앞에 놓여 있습니다.

지금부터 당신을 위한 사업 아이디어 몇 가지를 살펴보겠습니다.

개인 용역 서비스 사업

직업처럼 개인 용역 서비스 사업도 당신의 시간을 돈과 교환합니다. 이는 장기적으로는 바람직하지 않지만 몇 가지 이유로 사업을 처음 하는 사람에게는 아주 좋은 출발점입니다. 먼저 부업으로 할 수 있으면서 추가 소득을 발생시키고 투자를 위한 여유 자금을 만들어줍니다.

둘째, 당신의 본래 직업보다 돈을 훨씬 더 많이 벌 가능성도 있습니다. 이런 경우 기존의 일을 그만두고 돈을 더 많이 버는 새 직업을 택할 수도 있습니다.

셋째, 레버리지 활용 가능성과 사업 확장 가능성입니다. 직원을 고용해 당신의 역할을 대신하게 할 수도 있고, 부업 개념으로 작게 시작한 사업을 큰 사업으로 키워낼 수도 있습니다. 마지막으로 직접 해봄으로써 생생한 경험과 가치 있는 교훈을 얻을 수 있습니다.

개인 용역 서비스 사업의 몇 가지 종류를 알아보겠습니다.

프리랜서

프리랜서 사업은 문화적·경제적 변화에 따라 엄청나게 발달하고 있습니다. 예를 들어 미국에서는 현재 약 5,300만 명의 프리랜서가 현장에서 일하고 있는데, 이는 미국 전체 노동인구의 약 34퍼센트입니다. 〈포브스〉지는 앞으로 이 비율이 50퍼센트까지 상승할 것이라고 내다봤습니다. 프리랜서 사업은 그래픽디자인, 글쓰기, 홈페이지 개발, 회계, 프로젝트 관리 등 거의 모든 분야에서 활용 가능합니다.

프리랜서로 성공하기 위해서는 다른 벤처기업들과 마찬가지로 효과적인 마케팅 및 전략이 중요합니다. 마케팅과 자신을 어필하는 기술은 '매일매일 주말인 삶'을 달성하기 위해서도 반드시 계발해야 할 중요한 기술이므로 프리랜서는 '매일매일 주말인 삶'과 잘 맞습니다.

피버와 업워크

프리랜서 서비스를 마케팅하는 방법 중 하나는 피버Fiverr나 업워크Upwork(두 회사 모두 미국의 프리랜서 업무 매칭 사이트임—옮긴이)처럼 온라인 시장을 이용하는 것입니다. 당신은 서비스를 제공하고 당신이 제공하는 서비스가 필요한 사람들이 전 세계 각지에서 당신을 찾을 수 있습니다. 이 글을 쓰고 있는 시점에 피버에는 5달러에서 500달러까지 다양한 금액의 서비스가 300만 개 이상 등록돼 있습니다.[6]

서비스 사업

이 사업은 창문 청소, 잔디 깎기, 이발, 페인트칠, 반려동물 돌보기 등 가지고 있는 돈이 아주 조금밖에 없어도 지금 바로 시작할 수 있습니다. 이 사업에서 주의해야 할 점은 다음 단계로 진행할 만큼 충분한 돈을 벌지 못해 레버리지가 아예 없거나 거의 발생하지 않는 자영업의 함정에 빠지면 안 된다는 것입니다.

모바일 애플리케이션 개발

모바일 앱은 현재 최첨단 영역 중 하나이고, 모바일 산업을 선도하는 아이템 중 하나이기도 합니다. 2015년 5월 기준, 모바일 앱 관련 통계를 참고하십시오.

- 모든 디지털 미디어에서 모바일 앱이 차지하는 비중 52퍼센트

- 스마트폰 사용자의 89퍼센트가 모바일 앱을 매일 사용

- 500대 기업의 전체 모바일 판매량의 42퍼센트가 모바일 앱을 통해 발생

- 2004~2014년까지 10년 동안 모바일 앱 평균 사용 시간 21퍼센트 증가

- 스마트폰 사용자의 85퍼센트가 홈페이지보다는 앱을 더 선호[7]

모바일 앱의 시대가 명백하게 도래했고 모바일 앱의 수와 인기는 하늘 높은 줄 모르고 올라가고 있습니다.

앱을 개발해 돈을 버는 것은 사실 투기에 가깝습니다. 불특정 다수를 위한 앱을 개발하는 것보다 특정 사업주들을 대상으로 앱을 개발하는 편이 훨씬 위험성이 낮습니다. 현재 미국에는 1,900만 개 이상의 기업이 있습니다만, 그중 앱을 보유하고 있는 기업이 1퍼센트 미만이기 때문에 기업을 대상으로 하는 모바일 앱 사업은 분명 큰 기회입니다. 모바일 앱은 2000년도의 '홈페이지'와 비슷합니다. 지금은 시장이 작아 보이지만 사업주들이 앱의 잠재력과 활용성을 깨닫게 되면 그 수요가 폭발적으로 증가할 것입니다.

당신은 앱이 무엇인지도 모르고 앱을 만들지 못할 수도 있습니다. 그러나 프리랜서에게 개발을 의뢰할 수 있습니다. 이렇게 만들어진 앱을 사회 관계망 서비스SNS나 여러 가지 마케팅 채널을 통해 사업주들에게 팔 수 있습니다. 변호사, 부동산 중개인, 물리치료사, 의사, 치과 의사, 레스토랑, 여행사, 나이트클럽 등 현존하는 거의 모든 사업이 당신의 고객입니다. 앱은 푸시 알림, 일정 제공, 페이스북 및 다른 SNS 서비스와의 연동, 유튜브 공유 등 무궁무진한 방법으로 사업주가 그들의 고객들에게 자신의 물건이나 서비스를 판매 또는 마케팅할 수 있도록 도와줍니다.

300달러 미만의 모바일 앱 구축 프로그램을 통해 비용을 절감하고 더 쉽고 간단하게 사업을 시작할 수도 있습니다. 예를 들어 모바일 앱 제작 및 유지 보수는 전부 외주를 준 다음, 사업주에게 모바일 앱 제작 비용 997달러와 매달 유지 보수비로 97달러를 청구할 수 있습니다.

코칭

당신은 자신의 전문 분야에서 시장 수요가 있는 것에 대해 코칭 프로그램을 만들 수 있습니다. 예를 들어 피트니스, 연설, 글쓰기, 시각디자인, 심지어 옷 잘 입는 법과 같은 것들을 코칭할 수 있습니다. 〈포춘〉지의 한 기사에 따르면, 사람들에게 비디오게임 하는 법을 가르쳐주고 연 5만 달러의 수익을 올리는 사람도 있습니다![8]

이 분야의 사업도 다른 분야와 마찬가지로 기술 덕분에 창업과 사업 운영이 이전보다 훨씬 더 쉬워졌습니다. 스카이프Skype나 웨비나Webinar(웹과 세미나의 합성어로 웹 사이트에서 행해지는 실시간 또는 녹화의 양방향 멀티미디어 프레젠테이션-옮긴이)를 이용해 코칭 서비스를 제공할 수 있고, 일정 프로그램을 이용해 코칭 일정 또한 아주 쉽게 관리할 수 있습니다.

컨설팅

〈포브스〉지는 컨설팅 시장의 규모가 1,000억 달러 이상이라고 밝혔습니다. 인터넷의 발달로 이제는 집에서도 컨설팅 사업을 할 수 있습니다. 컨설팅 사업을 위해 필요한 것은 노트북, 스마트폰, 그리고 돈 한 푼 들지 않는 당신이 이미 가지고 있는 지식과 기술

뿐입니다. 컨설팅 사업은 일정을 당신 스스로 조정할 수 있을 만큼 업무 유연성이 뛰어납니다.

학위, 사무실, 직원 같은 전통적으로 사업에 필요한 것들이 컨설턴트가 되는 데에는 거의 필요가 없습니다. 당신의 능력, 기술, 지식과 시장 트렌드와 수요가 서로 겹치는 부분이 공략해야 하는 핵심 지점, 즉 스위트 스폿Sweet Spot입니다. 보유하고 있는 지식, 경험, 능력, 기술을 다른 사람들이 기꺼이 돈을 지불하려고 하는 자원으로 변환시키십시오.

컨설턴트는 지식이라는 단 하나의 이유로 고용됩니다. 고객은 자신이 잘 모르는 것을 컨설턴트가 알고 있다고 생각하기 때문에 자신을 대신해 일할 사람으로 컨설턴트를 고용합니다. 컨설턴트는 고객의 문제를 해결하고 고객을 위해 의미 있는 성과를 창출합니다. 컨설턴트는 주로 자신이 해결한 문제에 근거해 성과급을 받습니다.

컨설턴트가 되기 위해 먼저 당신의 주 고객층이 대기업인지 중소기업인지 개인 사업자인지를 정의해야 합니다. 어떤 산업에 대해 자신이 전문성이 있고, 그 산업에서 어떤 시장이 필요한지도 잘 알고 있어야 합니다.

당신이 활동하는 산업의 틈새시장을 공부하고 공략하십시오. 소셜 미디어Social Media에 게재된 인기 글을 조사하고 댓글을 읽어보십시오. 댓글의 수준과 글을 올린 저자와의 소통 여부를 파악하십시오. 이 틈새시장에서 누가 가장 영향력 있는 사람인지, 그리고 그 사람이 자신의 팬들과 어떤 식으로 소통하는지 확인하십시오. 버즈수모닷컴buzzsumo.com을 이용해 당신의 틈새시장을 정의해 보십시오. 버즈수모닷컴의 도구들은 콘텐츠들이 온라인에서 어떤 성과를 달성했는지, 그리고 그 성과를 구체적인 도메인과 핵심 단어들을 이용한 복합 매트릭스를 통해 하나하나 분석해줍니다. 이와 같은 자료들은 마케터와 컨설턴트가 자신들의 콘텐츠를 최적화하고 홍보하는 데 많은 도움이 됩니다.

직장을 다니면서 부업으로 컨설팅 사업을 시작한다면 작은 크기의 프로젝트부터 하나씩 시작하십시오. 그러면 고객과의 관계도 점점 돈독해질 것입니다. 컨설팅 사업을 하는 것은 매우 힘들지만 수익을 창출하기에 엄청나게 좋은 기회이기도 합니다. 컨설팅 사업이 당신이 본래 직업에서 빠져나오는 데에 중간 다리 역할을 할 수 있습니다.

컨설팅 비용을 얼마나 청구할지 결정하려면 경쟁 컨설턴트의 서비스 가격을 조사해볼 필요가 있습니다. 매달 청구하는 상담료를 결정했다면 발생하는 비용이나 하루에 일해야 하는 시간 등은 잊어버리고 어떻게 하면 고객에게 필요한 가치를 창출할 수 있을지에 초점을 맞추어야 합니다. 당신이 고객에게 해결해준 문제의 가치를 산정하십시오. 회사는 수익에 관심이 많기 때문에 당신이 회사에 얼마나 큰 수익을 안겨주었는지 숫자로 증명하는 것이 좋습니다.

상담료에 대한 시장의 기준은 다양합니다. 많은 컨설턴트들이 고객 한 명당 1년에 1만 2,000달러에서 3만 6,000달러 사이의 상담료를 청구합니다. 고객 한 명당 월 2,000달러의 상담료를 받고 시작한다면 아주 좋은 출발입니다. 한 달에 5명의 고객만 유치한다면 월 1만 달러, 연 12만 달러의 수익을 확보할 수 있습니다. 고객이 10명이면 월 2만 달러, 연 24만 달러의 수익이 발생합니다.

처음 사업을 시작해 기반을 잡을 때까지는 무료 소셜 미디어 플랫폼을 이용하십시오. 페이스북에 글을 올리고 당신이 속한 지역사회에 서비스를 제공하십시오. 2~3명의 안정적인 고객을 확보하고 난 다음 사업을 더욱 확장하기 위해 유료 소셜 미디어 광고를 이용하는 것을 고려해보십시오. 컨설팅 사업은 투자를 위한 돈을 저축할 수 있고 부자가 되기 위한 다른 기회도 많이 접할 수 있는 아주 괜찮은 프리랜서 사업 중 하나입니다.

소셜 미디어 마케팅

소셜 미디어는 사업을 홍보하는 데 아주 강력한 도구 중 하나입니다. 대다수의 사업주는 구매를 유도하고 신규 고객을 창출하기 위한 수단으로서 소셜 미디어를 어떻게 활용해야 하는지 잘 모릅니다.

만약 당신이 소셜 미디어를 통해 신규 구매를 지속적으로 창출할 수 있다면, 당신이 원하는 만큼의 금액을 사업주들에게 청구할 수 있습니다. 사업주들의 소셜 미디어를 관리해주는 대가로 월 1,000달러에서 5,000달러의 비용을 청구할 수도 있습니다.

온라인 판매

온라인 사업 창업자들은 쇼피파이Shopify(온라인 상점을 열 수 있는 전자 상거래 플랫폼 중 하나-옮긴이) 같은 플랫폼에 온라인 가게를 열어 수익을 창출합니다. 쇼피파이 가게들은 생산자 직배송 시스템을 이용하기 때문에 엄청나게 많은 상품을 보유할 수 있습니다. 또한 페이스북이나 인스타그램의 유료 온라인 광고를 통해 새로운 수요를 창출할 수도 있습니다.

온라인 판매 사업을 운영하기 위한 세 가지 주요 요소는 온라인 가게를 만들고, 판매하는 상품의 대상 고객과 시장을 정하고, 상품 공급자를 확보하는 것입니다. 쇼피파이의 경우 한 달 30달러 미만의 비용으로 상점을 임차하고 유지할 수 있습니다.

당신이 팔고자 하는 상품의 틈새시장, 시장성, 시장 수요 등을 조사하기에는 구글 트렌드가 아주 유용합니다. 구글 트렌드에 접속해 상품 아이디어를 입력하고 시장 매트릭스를 확인합니다. 쇼피파이에 입점할 상품을 고를 때는 50달러 이상의 상품은 배제하는 것이 좋습니다. 가격이 싼 제품일수록 소비자들이 즉흥적으로 구매합니다.

당신 상점에서 새로운 물건을 팔려고 할 때 알리익스프레스닷컴AliExpress.com과 같은 생산자 직배송 서비스를 이용하는 것이 가장 이상적인 방법입니다. 알리익스프레스닷컴에서 판매하는 상품을 그대로 당신의 상점에 옮긴 다음, 소매가격을 정합니다. 소비자가 해당 물건을 구매하면 당신은 알리익스프레스닷컴에서 그 물건을 주문해 소비자에게 바로 보냅니다. 생산자 직배송 서비스 방식의 상품을 당신의 상점에 직접 입점시키고 싶을 때는 오버로 닷컴Oberlo.com이 유용합니다. 이 사이트는 쇼피파이 상점과 알리익 스프레스의 생산자 직배송 서비스를 관리하도록 설계돼 있어, 수 백 가지 생산자 직배송 상품을 몇 분 안에 당신 상점에 입고시킬 수 있습니다.

수익성 있는 온라인 상점을 구축하면 좋은 이유 중 하나는 매각 을 통해 수익을 창출할 수 있다는 점입니다. 운영한 지 최소 2년 이 넘은 수익성 높은 온라인 상점에 투자하는 영리한 온라인 투자 자들이 많이 있습니다. 특정한 틈새시장을 위한 온라인 상점을 만 들고, 건전한 수익성을 유지하고, 상품 구매자들을 위해 잘 구성 된 시스템과 매뉴얼을 제공하는 수익성 높은 온라인 상점들은 언 제든지 높은 가격에 매각될 가능성이 있습니다.

온라인 상점을 매각할 때, 소득 승수라고 알려진 경영학 공식을 이용합니다. 예를 들어 순수익이 월 7,000달러 또는 연 8만 4,000 달러일 경우 현명한 투자자라면 해당 상점에 대한 권리 일체를 양 도받기 위해 연수익의 3배에서 5배의 금액을 지불합니다. 다시 말 해 앞에서 언급한 온라인 상점의 매매가격은 25만 2,000달러에서 42만 달러 사이에서 결정될 확률이 높습니다.

수리 후 매각

수리해서 파는 것은 비단 부동산에만 적용되는 것은 아닙니다. 광범위하게 보면 부가가치를 더해 다시 파는 것인데, 일반적으로 싼 가격에 물건을 사서 몇 가지 작업으로 가치를 더한 다음 더 비싼 가격에 되파는 것을 의미합니다. 부동산, 차, 가구, 홈페이지 도메인, 홈페이지 등과 같은 많은 것들이 여기에 해당합니다.

고려해야 할 몇 가지 조언은 다음과 같습니다.

- 제품이 크고 비쌀수록 잠재 수익은 더 커집니다. 그러나 크고 비싼 제품일수록 초기 비용이 많이 들고 더 복잡하고 잠재 손실도 더 큽니다. 예를 들어 부동산은 상당한 수익을 예상할 수 있지만, 위험성과 복잡성 또한 상당히 높습니다. 특히 이제까지 한 번도 부동산 투자를 해본 적이 없거나 무엇을 해야 할지 모르는 경우 위험성과 복잡성은 더 커집니다.
- 작게 시작해서 크게 키우는 것이 가장 좋습니다. 첫 번째 제품을 구매할 때 돈을 적게 쓸수록 혹여 실패하더라도 손실을 최소화할 수 있습니다. 작은 것부터 시작해 키워나가면서 하나씩 배워야 합니다.

저는 10대 때부터 부동산을 수리해 매각하는 투자를 시작했습니다. 그러나 얼마 지나지 않아 이 투자가 다람쥐 쳇바퀴 도는 것 같은 단순 반복적인 일이 될 것임을 깨달았습니다. 수리 후 매각 하는 사업이 잘 운영될 때 이 사업이 당신의 장기적인 계획이나 전략에 적합한지 수시로 확인해야 합니다. 궁극적으로 자본 수익을 지속적인 현금 흐름으로 바꿔야 하는데, 수리 후 매각을 오래 계속하다 보면 지속적인 현금 흐름을 창출하기 힘듭니다. 그러나 투자를 위한 여유 자금 확보를 위해 단기간은 충분히 할 만한 사업입니다.

저는 '수리 후 매각'이라는 표현보다는 좀 더 직관적으로 이해할 수 있는 '부가가치 창출'이라는 말을 더 좋아합니다. 예를 들어 저평가된 부동산이나 사업을 구입한 다음 장기 수익을 증가시킬 수 있는 가치를 더합니다. 저는 단기간에 매각할 수 있는 물건보다는 장기적인 현금 흐름을 창출하고 매각 시 수익을 발생시키는 물건을 찾습니다. 앞에서도 강조했지만 물건을 구매했을 때 이미 수익은 발생해야 합니다. 단순 반복적인 수리 후 매각이라는 함정에 빠지지 마십시오. '매일매일 주말인 삶'을 추구하는 우리의 궁극적인 목표는 지속적인 현금 흐름임을 잊지 마십시오.

당신 주변의 실제 이야기

데릭 반 네스는 수리 후 매각을 이용해 자동화된 현금 흐름 사업을 만들 수 있었습니다. 그는 대학을 졸업한 뒤 판매직으로 일했습니다. 몇 년 뒤 그는 하는 일에 비해 월급이 너무 적은 판매직

일이 지겨워졌습니다. 그는 하루 휴가를 내고 집에서 다른 기회가 있는지 찾아봤습니다. 그의 아버지가 건축업자였기 때문에 그는 부동산을 수리 후 매각하는 일을 항상 생각하고 있었습니다. '집을 사서 거기에 살면서 1만~2만 달러 정도의 비용을 들여 집을 수리한 다음 다시 팔면 2만 달러 정도의 수익이 발생할 것 같아. 1년에 세 채만 팔아도 매일 200명 이상의 고객들과 12시간씩 씨름하며 받는 지금 연봉하고 같은 금액이잖아'라고 그는 생각했습니다.

그는 곧바로 조사를 시작했고 그 당시 그에게는 매우 큰돈이었던 1,500달러를 신용카드로 지불하고 부동산 수리 후 매각 강좌에 등록했습니다. 그가 강좌를 듣기 위해 사용한 1,500달러는 매우 성공적인 투자로 판명이 났습니다. 그는 부동산업계에서 새로운 직업을 찾아 전보다 훨씬 많은 자유 시간을 확보할 수 있었습니다. "당시 6개월 동안 취미와 유흥을 모두 끊고 허리띠를 바짝 졸라매면서 돈을 모았습니다"라고 데릭은 회상했습니다. 동시에 그는 심리적으로 괴로워하는 집주인들에게 자신의 사업을 적극적으로 홍보했습니다.

데릭은 마침내 1만 5,000달러를 저축했고, 신용카드 한도가 3만 달러를 넘어섰습니다. 그가 자신들의 집을 팔고 싶어 하는 집주인들로부터 정기적으로 전화를 받기 시작한 2002년 7월에 그는 직장을 그만두었습니다. "사직 후 2개월 동안 한 건의 거래도 성사시키지 못하고 돈만 까먹고 있어서 정말 두려웠습니다. '어떡하지?'라는 생각을 하루에 백번도 더 했습니다. 그러나 저는 다시 마음을 고쳐먹고 기왕 시작한 거 끝장을 보자고 생각했습니다"라고 그는 그때 당시의 상황을 웃으면서 말했습니다.

며칠 뒤, 데릭은 그의 첫 거래가 될 전화를 한 통 받았습니다. 계약금 500달러, 기존 대출 전부 인수 조건으로 그는 그 집을 샀습니다. 그는 바로 집을 수리한 다음 매각해 1만 7,000달러의 수익을 올렸습니다.

데릭은 곧바로 다른 거래를 찾아보기 시작했습니다. 물건을 조사하면서 그는 자신이 여러 건을 동시에 진행하고 싶어 한다는 것을 깨닫고, 그렇게 하려면 추가 교육이 필요하다는 것을 인지했습니다. 그는 지역 부동산 클럽에 가입해 멘토를 찾기 시작했습니다. 경험이 많은 지역 부동산 클럽의 회장이 기꺼이 그의 멘토가 돼주기로 약속했습니다. 그녀의 지도 아래 그는 부동산을 2건 더 매입했습니다. 6개월 만에 그는 3건의 거래를 성사시켰고 5만 달러를 벌었습니다.

그는 신규 수요를 창출하고 새로운 고객을 유치하기 위해 광고와 마케팅 활동을 적극적으로 실시하기로 하고 외주를 주었습니다. 첫해에 12만 8,000달러의 수익을 창출한 그는 사업을 더욱 확장하기로 마음먹었습니다. 그는 또 다른 멘토에게 1만 2,000달러를 지불하고 어떻게 거래를 더 창의적으로 할 수 있는지에 대해 배웠습니다. "다른 사람들이 모르는 지식이나 정보를 알고 있는 것은 특히 부동산 분야에서는 매우 가치 있는 일입니다. 다른 사람들은 하지 못했던 많은 거래를 제가 독창적인 방법으로 성사시킨 것이 부지기수입니다. 사람들의 요구 사항을 듣고 그것을 해결할 수 있는 방법을 찾아주는 것은 일반 투자자들은 절대 하지 못합니다. 그것이 저를 가장 강력한 경쟁 우위에 올리고 성공으로 이끈 핵심 전략입니다"라고 그는 말했습니다.

그는 온라인 마케팅을 통해 새로운 거래를 창출하는 방법도 활용했습니다. 온라인 마케팅으로 그는 한 달에 1~2채의 거래를 성사시켰습니다. 온라인 거래를 위한 표준화 시스템 구축에 그는 많은 시간을 투자했습니다. 그는 사용하는 자재에 대한 정형화된 매뉴얼을 만들었고, 이를 통해 대략적인 수리 비용을 좀 더 쉽게 파악할 수 있었습니다.

데릭은 "정형화 매뉴얼과 작업 방식은 사업이 자동으로 운영되도록 해주었습니다. 사무실에 비서를 고용해 이메일, 전화, 서류 작업을 처리하게 하고, 판매 사원을 채용해 주문이나 계약을 처리했습니다. 3년 뒤에는 제가 사무실에 출근하지 않아도 대부분의 일은 자동으로 처리됐습니다"라고 말했습니다. 사업이 거의 자동으로 운영되기 시작한 뒤 데릭의 첫 번째 우선순위는 새로운 거래를 찾는 것을 도와줄 수 있는 사람들과 돈독한 관계를 맺는 것이었습니다. 그래서 그는 대부분의 일을 그의 팀에 위임하고 자신은 팀을 관리 감독하는 데에만 초점을 맞추었습니다. 그는 150개 이상의 거래를 성사시킨 뒤 2008년에 사업을 그만두었습니다. 그가 성사시킨 150건의 거래 중 그가 현장을 직접 방문한 거래는 3분의 1도 안 됐습니다. 사업을 그만둘 즈음에 그는 자신의 본업보다 다른 사람을 가르치고 이끌어주는 코칭 역할에 더 매력을 느꼈고, 수리 후 매각 사업을 그만둔 뒤 코칭 사업을 시작했습니다.

도메인 사고팔기

골드러시 때 금을 채굴하기 좋은 땅을 구하기 위한 미친 열풍은 현재 인터넷 시대에서도 여전합니다. 도메인은 10달러부터 시작할 수 있는 아주 독특한 투자입니다. 도메인은 부동산과 거의 흡사하며, 그 수가 한정돼 있습니다. 수요가 증가함에 따라 그 가치도 같이 증가하고 있습니다. 최상위급 도메인은 엄청난 가치를 지닌 것으로 평가받고 있습니다. 1990년대부터 도메인을 사고팔던 사람들은 수백만 달러의 수익을 올렸습니다.

　도메인 투자 시에는 트렌드와 주요 뉴스를 잘 이용해야 합니다. 또한 도메인을 구매할 때 검색엔진에서 자주 검색되는 핵심 단어를 고려해야 합니다. 도메인 사용 기간이 종료됐거나 철자 오류인 도메인도 눈여겨보시기 바랍니다.

　한 단어 도메인은 희소성 때문에 현재 가장 비싸게 거래되고 있습니다. 저는 두 단어로 된 도메인을 선호하는데 여전히 투자가치가 높습니다. 두 단어 도메인과 똑같은 이름의 상품이 출시될 가능성은 매우 높습니다. 두 단어 도메인을 선택할 경우, 발음이 쉬운지, 눈에 확 들어오는지, 의미 있는 단어인지 등을 살펴봐야 합니다. 또한 해당 도메인의 검색량과 클릭당 비용도 점검해야 합니다. 오래 사용한 도메인이 새로운 도메인보다 훨씬 값어치가 있습니다.

'.rock', '.MBA', '.suck', '.technology', '.earth' 같은 연장 도메인들도 현재 인기가 아주 많습니다. 저 또한 '.MBA' 도메인을 몇 개 소유하고 있습니다. 다음은 가장 비싸게 팔린 도메인 목록입니다.

- VacationRentals.com: 3,500만 달러
- PrivateJet.com: 3,000만 달러
- Insure.com: 1,600만 달러
- Sex.com: 1,400만 달러
- Hotels.com: 1,100만 달러
- FB.com: 850만 달러(페이스북 구입)
- Business.com: 750만 달러

보유한 도메인은 시장에서 팔 수 있습니다. 가격을 정할 수도 있고 경매를 통해 가장 비싸게 부른 사람에게 판매할 수도 있습니다. 휴지도메인닷컴 hugedomain.com, 옥션스고대디닷컴 auctions.godaddy.com, 세도닷컴 sedo.com과 같은 플랫폼을 이용해 도메인을 사고팔 수 있습니다.

제 고객 중 한 명은 지난 몇 년간 핵심 단어를 포함한 도메인에

투자해왔습니다. 6년 전 제 강의를 수강한 뒤 적은 돈으로 시작할 수 있는 매력에 빠져 그는 투자 수단으로 도메인 거래를 선택했습니다. 그는 800달러를 투자해 몇 개의 도메인을 확보했고, 현재 그 가치는 200만 달러에 달합니다. 단순히 도메인을 산 다음 누군가가 그것을 사기만을 바라지 말고 부가가치 창출을 위해 다음 단계로 한 발 더 나가십시오. 도메인과 소셜 미디어를 연동시킨 다음 도메인에 간단한 홈페이지를 만드십시오.

공유 경제

'공동 소비'라고도 일컬어지는 공유 경제는 재화와 서비스를 사람들이 공유해 사용하고, 지역사회 기반 온라인 서비스를 통해 공유를 상호 조정하는 것을 의미합니다. 이 새로운 모델을 통해 사람들은 침대, 차, 보트, 또는 다른 자산들을 직접 소유하거나 상점이나 판매업체에서 구매하지 않고 서로 빌리고 빌려줍니다. 아마존에서는 누구나 다 판매업자가 될 수 있듯이, 공유 경제는 사람들이 택시나 호텔을 이용하는 것처럼 자산을 이용하도록 만듭니다. 이 글을 쓰고 있는 지금 현재, 소비자 P2P 임대 시장은 260억 달러의 가치를 지니고 있습니다.[9]

〈하버드 비즈니스 리뷰〉는 '공유 경제'라는 말은 잘못됐으며 좀 더 정확한 표현은 '활용 경제'라고 주장했습니다.[10] 어느 것이 맞는지 지금 여기서 결론 내리기는 힘듭니다만, 두 용어 모두가 동의하는 중요한 핵심은 이 새로운 기술 기반 모델이 매우 훌륭하며, 소유하고 있는 또는 현존하고 있는 자산을 효과적으로 이용해 부수적인 추가 소득을 발생시키는 아주 단순하면서도 효과적인 방법이라는 것입니다.

다음 사례를 통해 공유 경제로 어떻게 수익을 창출할 수 있는지 알아보겠습니다.

에어비엔비

에어비엔비Airbnb는 방 하나 또는 집 전체를 여행자에게 빌려주고 돈을 받는 시스템입니다. 즉, 현재 소유하고 있는 자산에서 추가 소득을 발생시킬 수 있습니다. 7년도 되지 않아 에어비엔비는 190개국이 넘는 곳에서 200만 곳 이상의 에어비엔비 숙소를 보유, 자산 가치 수십억 달러에 이르는 거대 기업이 됐습니다. 에어비엔비 사업을 하기 전에 법률 규정, 지역 경쟁자들의 가격, 청소 비용, 공과금, 세금, 에어비엔비 수수료(통상적으로 6~12퍼센트) 등을 포함해 고려해야 할 것들이 많습니다.

당신의 숙소는 에어비엔비 홈페이지에 게시됩니다. 당신 또한 무료 소셜 미디어나 홈페이지를 이용해 숙소를 홍보할 수 있습니다. 에어비엔비 차익 거래는 임대한 부동산을 다시 에어비엔비 숙소라는 이름으로 여행자들한테 재임대하는 방식입니다. 재임대가 가능하다면(재임대를 허용하지 않는 집주인도 많습니다) 집주인에게 지불해야 하는 비용보다 에어비엔비로 벌어들이는 수익이 많을 때 차익 거래의 기회가 발생합니다. 에어비엔비를 운영하고 싶다면 나중에 발생할 법적 문제나 다툼을 미연에 방지하기 위해서라도 집주인에게 동의를 구하고 서면으로 허락을 받으십시오. 에어비엔비로 발생한 수익의 몇 퍼센트 또는 일정 금액을 집주인에게 가외 소득으로 제공하는 것도 좋은 방법입니다.

개릿의 고객 중 한 명인 데미는 미혼모인 요가 강사입니다. 그녀는 에어비엔비에 대해 듣고 그녀의 집 침실 두 개를 에어비엔비로 운영하기 시작했습니다. 그녀는 두 개의 침실 덕분에 충분한 현금 흐름을 창출할 수 있었고, 다른 집을 살 수 있을 만큼의 돈을 모았습니다. 그녀는 새집을 사서 이사하고, 기존 집은 전체를 에어비엔비 숙소로 임대하기 시작했습니다. 그녀는 현재 월 1,000~1,800달러를 에어비엔비로 벌고 있습니다.

우버, 리프트

당신은 원하는 시간에 돈을 벌 수 있습니다. 당신은 원할 때 운전을 하며 벌고 싶은 만큼 돈을 법니다. 물론 열심히 하면 더 많은 돈을 벌 가능성도 충분히 있습니다. 주당 30시간의 운전으로 평균 1,000달러의 돈을 벌 수 있습니다. 주급으로 돈을 받고 당신의 운임은 자동 적립됩니다. 더구나 이 방법은 당신의 차를 가지고 돈을 벌 수 있는 독특한 방법입니다. 차량 대출을 이용해 새 차를 샀다면 우버Uber나 리프트Lyft의 운전자로 등록해 차량 대출금을 갚아나갈 수도 있습니다.

2016년 말, 저는 강연 때문에 런던을 방문했습니다. 저는 이동하기 위해 우버를 호출했고 목적지로 가는 동안 우버 운전자와 많은 대화를 나눴습니다. 그는 아프가니스탄 난민이었는데 우버 운전자로 한 달에 6,000달러 정도의 소득이 있었습니다. 제가 타고 있던 도요타 프리우스가 그의 소유인지 물었을 때 그의 대답은 "아니요"였습니다.

저는 좀 더 깊게 물어봤고 그와 그의 친구들은 모두 아프가니스탄 난민이고 불과 4개월 전에 영국으로 왔다는 것을 알아냈습니다. 더 놀라운 사실은 그와 그의 19명 난민 친구들 모두 지금 우버 운전자로 일하고 있다는 것이었습니다. 그들은 자기들보다 4년 일찍 영국으로 건너온 다른 아프가니스탄 난민에게서 차를 빌렸습니다. 그들은 차를 살 돈이 없었지만 모든 비용을 제하고도 한 달에 평균 4,000달러의 소득을 창출하고 있었습니다.

방글라데시 난민들에게 차를 대여해주는 남자는 대출로 차를 구입해 차 한 대당 평균 2만 4,000달러를 상환해야 했습니다. 그는 차 한 대당 월 1,800달러를 받고 차를 임대해주었습니다. 이러한 방식으로 20대의 차를 임대해주고서 그는 월 3만 6,000달러(연 43만 2,000달러)를 벌었습니다. 등록비, 보험료, 유지비, 주유비는 그가 부담했습니다. 운전자들은 단순히 그들의 시간과 운전만 제공해 차량 임차료를 제하고도 월 4,000달러를 가져갔습니다. 운전자들 입장에서는 7,000달러만 있으면 아프가니스탄에 두고 온 그들의 가족을 1년 동안 먹여 살릴 수 있었습니다. 이 남자의 멋진 사업 계획은 점점 더 확장돼 나중에는 50대의 차량을 보유하게 됐습니다. 그의 차를 운전하기 위해 30명이 넘는 아프가니스탄 난민들이 대기자 명단에 이름을 올렸습니다.

당신이 우버나 리프트를 위해 운전하지 않더라도 여전히 그들을 이용해 돈을 벌 수 있습니다. 상당히 많은 사람이 운전면허는 있지만 차는 없습니다. 당신 차고에 사용하지 않는 차가 처박혀 있으면서 매년 감가상각만 되고 있다면, 그 차를 카풀 또는 차량 공유 운전자에게 대여해 줄 수 있습니다. 하이어카닷컴HyreCar.com 같은 사이트에 당신 차를 등록해두면 평균적으로 연 1만 2,000달러의 불로소득을 추가로 창출할 기회가 생깁니다. 또한 당신 차는 하이어카닷컴의 사업 차량 공유 보험의 혜택을 누릴 수 있습니다.

포시마크

사람들은 옷을 포시마크Poshmark 모바일 앱을 이용해 사고팝니다. 이 사업의 모토는 간단합니다. "당신의 옷장에서 잠들어 있는 옷으로 돈을 버십시오."

폰

폰Fon은 집에 설치된 와이파이를 서로 공유합니다. 자신의 집 와이파이를 무료로 공유함으로써 다른 지역에서 폰 네트워크에 가입된 다른 사용자의 와이파이를 무료로 사용할 수 있습니다.

태스크래빗, 잘리

태스크래빗TaskRabbit이나 잘리Zaarly 같은 모바일 인력 시장에서 배달원, 수리공부터 사무 보조 요원까지 업무에 따라 다양한 사람들을 고용할 수 있습니다. 이 서비스를 통해 집수리나 아이폰 수리처럼 당신이 제공할 수 있는 서비스도 거래합니다.

스핀리스터

스핀리스터Spinlister는 자전거, 서핑보드, 스노보드, 카누 등과 같은 물건을 빌려주는 사이트입니다.

렌딩클럽

렌딩클럽Lending Club은 돈을 빌리고 빌려주는 P2P 네트워크입니다. 렌딩클럽은 돈을 빌리는 입장에서는 신용카드 대출이자보다 싸게 돈을 빌릴 수 있고, 돈을 빌려주는 입장에서는 은행 이자보다 높은 이자를 받을 수 있습니다.

온라인 사업

온라인에서 돈을 버는 방법을 홍보하는 사람은 엄청나게 많습니다. 대부분은 무의미한 것이지만 몇 가지 방법은 상당히 합리적입니다. 사기와 경솔한 언행들이 난립함에도 인터넷은 모두에게 무한한 기회를 제공합니다. 현재 존재하는 온라인에서 돈을 버는 수천 가지 방법들 이외에도 의심할 여지 없이 수백 가지의 다양한 방법이 또다시 만들어질 것입니다. 온라인에서 돈을 벌려면 창의성, 계획, 모험, 실험, 그리고 결단만 있으면 됩니다.

엄청나게 많은 방법이 이미 책으로도 출간됐기 때문에 여기서 다시 반복해서 다루지는 않겠습니다. 어떤 방법들이 있는지 스스로 한번 찾아보기 바랍니다. 저의 목적은 당신이 조금 더 깊이 탐구하고 조사할 만한 일반적인 아이디어와 카테고리를 알려주는 것입니다. 아래에서 살펴볼 일반적이고 이미 증명된 전략들을 고려해보십시오.

물건 팔기

판매할 물건을 찾아서 이베이eBay, 크레이그스리스트Craigslist, 아마존Amazon 같은 웹 사이트에 등록하십시오. 생산자 직배송 방식을 이용하면 사전에 물건을 구매하지 않거나 창고에 재고를 쌓아놓지 않아도 온라인 상점을 열 수가 있습니다. 모든 온라인 판매 상품을 아마존이나 이베이를 이용해 재판매할 수 있습니다. 도매상을 통해 팔고자 하는 상품을 고르고 재고 목록에 포함시킨 다음 그 상품을 판매 목록에 올립니다. 해당 상품이 아마존이나 이베이에서 팔리면 도매상에서 그 물건을 주문해서 주문한 고객에게 직배송합니다. 고객은 당신에게 상품의 가격을 지불하고, 당신은 그 가격에서 도매상에게 줘야 할 가격을 뺀 금액만큼 수익을 올립니다. 이 모델에서 소매업자인 당신은 물건을 보지 못하기 때문에 주문 관리를 할 필요도 없습니다. 소매업자로서 당신이 할 일은 품질 좋은 물건을 발굴해 광고만 하면 됩니다. 생산자 직배송 업체들은 회사 홈페이지가 없는 경우도 많습니다.

생산자 직배송 방식의 장점은 일단 자본이 적게 들고, 시작하기 쉬우며, 판매 관리비도 낮고, 인터넷 접속이 가능한 곳이라면 어디서든 일할 수 있고, 다양한 제품을 선별할 수 있고, 판매만 되면 돈 벌기도 쉽습니다. 단점은 일단 마진이 작고, 재고 파악이 힘듭니다. 또한 배송이 복잡해 때때로 오배송 같은 문제들을 해결해야 합니다.

당신 주변의 실제 이야기

챕터 9에서 이미 언급한 트로이 레멜스키는 공중 곡예사였습니다. 공중 곡예사로 몇 년간 일하다 보니 그의 몸은 안 아픈 곳이 없었고 그는 생계를 위해 다른 일을 찾아야 한다는 것을 깨달았습니다. 그의 가장 큰 목표는 사무실에 출근하지 않고 자유롭게 일하는 것이었습니다. 그는 자신의 시간을 직접적으로 돈과 교환하기를 원하지 않았습니다.

유람선 공연을 준비하는 6주 동안 그는 자신의 목표를 달성할 방법을 찾기 시작했습니다. 아마존 판매 플랫폼과 계약 제품 생산자를 활용해 그는 자신의 상품을 생산할 제작자를 찾았고, 아마존을 이용해 자신의 상품을 보관하고 팔 수 있게 됐습니다.

적금을 해약해 마련한 1,000달러와 인터넷에서 찾아낸 방법들을 이용해 그는 몇백 개의 제품을 생산해 아마존의 보관 창고로 직접 보낼 수 있었습니다. 처음으로 제품을 팔게 된 것은 그가 유람선 공연을 떠나기 바로 며칠 전이었습니다.

그가 남극 및 남아메리카 해안을 항해하는 유람선에서 공연을 하고 있던 다음 몇 달 동안 그의 사업은 점점 커졌습니다. 유람선의 인터넷 접속이 매우 느렸고 분당 요금 또한 엄청나게 비쌌지만 그는 자신의 목표에 초점을 맞추고 다달이 수익을 재투자했습니다. 7개월 뒤 유람선과의 계약이 끝났을 때, 그는 앞으로 다른 일은 절대 하지 않아도 된다는 사실을 알고 배에서 내렸습니다.

그의 사업은 현재 연 매출 수백만 달러로 성장했고, 그는 노트북이나 스마트폰으로 1주일에 몇 시간 정도만 회사 관련 일을 합니다. 더구나 그는 노후를 위해 현금 흐름 보험에 적극적으로 돈을 적립했고 동시에 현금 흐름 보험의 장점을 적극 활용했습니다. 또한 그는 보험계약 대출을 받아 벌크 단위로 물건을 구매하고 사업에서 현금 흐름이 창출되면 다시 상환하는 방식으로 현금 흐름 보험을 적극 이용했습니다.

디지털 정보

디지털 정보는 전자책, 전자 강의, 소프트웨어 등을 포함합니다. 디지털 정보는 당신의 전문성을 지식재산의 형태로 변환해 수익을 창출하는 방법입니다. 한 번만 제품을 만들면 같은 것을 무한정 판매할 수 있습니다. 재고도 없고, 같은 제품을 생산하기 위해 추가 비용을 지불할 필요도 없습니다.

정보 상품을 판매하는 것은 이론에서 설명하는 것보다 훨씬 더 어렵습니다. 당신은 시장 수요를 파악해 시장에서 잘 팔릴 만한 제품을 만들어내야 할 뿐만 아니라 실제로 그것을 잘 팔 수 있어야 합니다. 당신은 검색엔진 최적화, 클릭당 광고비 지불 등과 같은 인터넷 트래픽을 유도하는 다양한 방법과 관련 용어들을 공부해야 합니다.

정기 구독 수입

고정적인 정기 구독 수입을 창출하는 것은 모든 사업 모델의 성배입니다. 실제로 저도 정기 구독 수입을 가장 좋아합니다. 저는 금융시장에 투자하는 사람들을 위한 여러 개의 정기 멤버십에서 소득을 창출하고 있습니다.

만약 당신이 반복적인 정기 구독 수입 기반으로 어떤 것을 판매했다면, 고객들이 정기적으로 비용을 납부하기 때문에 현금 흐름을 쉽게 예측할 수 있습니다. 또한 정기 구독 수입은 사업 확장을 관리하는 데 유리합니다. 수입은 고정적이면서 매달 자동으로 창출됩니다. 또한 정기적으로 고객들에게 가치가 전달될 때마다 브랜드 충성도를 높일 수 있습니다. 고객들은 당신의 브랜드를 구매하고, 당신은 고객들과의 관계를 더욱 돈독히 하고 브랜드에 대한 그들의 신뢰를 더욱 공고히 할 수 있습니다.

넷플릭스Netflix는 고정적인 수입을 창출하는 디지털 제품 판매의 아주 좋은 예입니다. 중소기업 중에는 달러셰이브클럽Dollar Shave Club이 정기 구독 수입을 아주 잘 활용하고 있습니다. 달러셰이브 클럽은 매달 정해진 비용을 받고 우편으로 한 달에 한 번 새 면도기를 보내줍니다. 당신이 지금 사업을 운영하고 있다면, 당신의 사업체에서 제공하는 모든 서비스를 결합한 다음 고객들이 정기 구독할 수 있는 멤버십으로 전환하고, 정기 구독을 신청한 고객들에게는 'VIP 멤버십'이라는 이름으로 비용을 청구해보십시오.

광고 수입

홈페이지, 블로그, 유튜브에 광고를 띄워 소득을 창출할 수 있습니다. 솔직히 말하자면 쉽지 않은 방법입니다. 최소 수천 번, 심지어 수만 번의 방문 또는 비디오 시청이 있어야 돈을 벌 수 있습니다. 그러나 절대 불가능한 일은 아니며, 많은 사람이 이런 식으로 돈을 벌고 있습니다.

팟캐스트

팟캐스트는 당신의 개인 라디오입니다. 특정 시간에 특정 주제에 대해 녹음을 한 다음 아이튠즈iTunes 같은 곳에서 방송합니다. 그리고 광고나 마케팅을 통해 청취자 수를 계속 늘려나갑니다.

〈워싱턴 포스트〉지에 따르면, 지난 5년 동안 팟캐스트를 청취하는 사람의 수가 약 7,500만 명으로 3배 정도 증가했습니다.[11] 에

디슨리서치의 보고서에는 조사 대상자의 33퍼센트가 팟캐스트를 청취하고 있으며, 이는 5년 전에 비해 23퍼센트 증가한 수치라고 언급돼 있습니다.[12]

성공적이고 수익성 있는 팟캐스트를 시작하려면 목표 시장과 청취 고객을 설정하고 가치 있고 유용한 콘텐츠를 제공해야 합니다. 그런 다음 방송 형식과 콘텐츠의 구성을 고려해야 합니다. 인터뷰 형식으로 진행할 수도 있고, 스토리텔링처럼 계속 이야기를 할 수도 있고, 개인적인 생각과 사상을 공유할 수도 있고, 패널들을 초빙해 토론을 할 수도 있습니다. 팟캐스트 평균 방송 시간은 30~45분입니다.

팟캐스트는 광고와 스폰서십을 통해 수익을 창출할 수 있습니다. 스폰서는 다운로드 횟수 또는 팟캐스트를 실시간으로 듣는 청취자 수에 따라 일정 금액을 지불합니다. 당신의 팟캐스트가 유명세를 타면 팟캐스트 청취자들에게 여러 가지 제품을 팔 수도 있습니다. 팟캐스트를 방송할 때는 당신의 구글 프로파일에 팟캐스트를 추가할 수 있습니다. 당신의 모든 무료 소셜 미디어 프로파일을 링크 형식으로 당신의 팟캐스트에 연동하십시오. 페이스북에는 당신의 팟캐스트 링크를 걸고 상태 메시지에 팟캐스트에 대해 간략한 내용을 적으십시오.

통신판매 및
네트워크 마케팅

네트워크 마케팅 또는 다단계 마케팅은 누군가에게는 환상적인 부수입원 또는 높은 수익의 주 수입원이 될 수 있습니다.

네트워크 마케팅의 중요한 특징은 초기 투자가 매우 적고, 당신이 모집해 온 사람들이 파는 모든 물건에서 수수료라는 명목으로 소득을 창출할 수 있다는 것입니다. 네트워크 마케팅으로 큰돈을 벌기 위해서는 당신이 현장에서 진두지휘하면서 지속적으로 팀원들에게 동기부여를 하고 판매 범위를 끊임없이 키워나가야 합니다. 그렇기에 네트워크 마케팅을 불로소득이라고 하기에는 조금 어폐가 있습니다. 그럼에도 네트워크 마케팅은 여전히 괜찮은 투자 방법 중 하나입니다.

어떤 네트워크 마케팅회사가 당신의 목표에 부합하는지 조사할 때 회사에 잘 조직된 관리 팀이 있는지 확인해보십시오. 또한 회사 이력, 수익, 제품의 질과 가격, 제품에 대한 시장 반응을 잘 살펴봐야 합니다. 제품의 판매자들이 회사 제품을 자신이 직접 사용하고 있는지도 상당히 중요한 고려 대상입니다. 회사의 교육 훈련 프로그램, 판매자 지원 프로그램, 개인 경력 개발 프로그램도 꼼꼼히 확인해보고, 특히 수당 지급 방법이 직관적이고 쉽게 이해되는지 반드시 점검해보기 바랍니다.

노화 방지, 미용, 건강, 여행, 라이프 스타일 등은 네트워크 마케팅의 미래입니다. 노화 및 건강시장은 3조 4,000억 달러에 이르는 매우 큰 시장이고, 그 규모는 전 세계 제약 산업 시장 규모보다 무려 3배나 더 큽니다.[13] 요즘 엄청나게 뜨고 있는 라이프 스타일과 여행은 두 시장의 규모를 합하면 약 7조 6,000억 달러입니다.[14]

네트워크 마케팅은 주로 가정을 기반으로 이루어지는데, 이 경우 법인을 설립하고 세금 공제 혜택을 받을 수 있습니다.

당신의 소득을 증가시켜줄 다른 수천 가지 방법의 부업이 있는 것은 자명합니다. 제 목적은 여기에 그 많은 아이디어를 나열하는 것이 아니라 당신의 창의성을 자극해 당신에게 가장 적합한 부업을 스스로 찾아내도록 동기부여를 하는 것입니다. '할 수 없다'라는 핑계는 대지 마십시오. 인류 역사상 이토록 무궁무진하게 기회가 넘쳐 나는 시기는 지금 우리가 살고 있는 현재가 유일합니다.

현시대를 살고 있는 모든 사람은 지금 바로 창업을 할 수 있습니다. 창업하자마자 바로 성공하지는 못할지도 모릅니다. 그러나 꾸준히 계속 노력하면 수익을 창출할 수 있는 것과 창출할 수 없는 것에 대해 배우게 될 것입니다. 당신은 잘 작동하지 않는 것과 수익을 창출하지 못하는 것에 대해 하나씩 고치거나 조정해나가면 됩니다. 당신은 할 수 있습니다. 유일한 질문은 '당신이 얼마만큼 간절히 그것을 원하고 있느냐?'입니다.

66 당신이 무엇인가를 간절히 원한다면 방법을 찾을 수 있습니다. 간절함이 없다면 변명만을 일삼게 될 것입니다. **99**

니키 케오호후(DSWA 창업자 겸 CEO)

14

아이디어가
돈이 될 수
있을까

기회를 찾는 것보다 더 어려운 것은 어떤 기회를 잡아야 하는지 결정하는 것입니다. 우리 모두는 매일 매 순간 무한한 기회의 바다에서 헤엄치고 있습니다. 지금 어떤 것이 중요하고 어떤 것이 중요하지 않은지 판단하는 것은 정말로 힘든 일입니다.

　당신이 창업이나 사업 운영에 대한 경험이 전무하거나 매우 제한적인 경험만 있다면 가장 우선적인 목표는 앞서 예로 든 것처럼 저나 개릿이 기타 개인 교습을 하고 자동차 세차를 하면서 경험을 쌓은 것처럼 해당 분야에서 직접 경험을 쌓는 것입니다. 아이디어를 실천하고, 상품이나 서비스를 제공하고, 무언가를 직접 사고 팔고, 어떤 것이 효과적이고 어떤 것이 쓸모없는지 몸으로 느껴야 합니다. 그리고 이러한 경험을 통해 상황에 적응하고 스스로 성장

하는 법을 배워야 합니다.

이러한 일련의 과정들은 당신 자신에 대해 알아가는 매우 효과적인 방법입니다. 좋아하는 것과 싫어하는 것, 잘하는 것과 다른 사람의 도움이 필요한 것 등을 스스로 발견해나가는 과정에서 당신 내면에 있는 두려움과 누구에게도 보이고 싶지 않은 당신의 약점을 파악할 수 있습니다. 더 나아가 그러한 두려움과 약점을 어떤 식으로 극복하고 보완할 것인지에 대해서도 스스로 깨달을 수 있습니다.

또한 잠재적 기회를 좀 더 현명하게 분석할 수 있습니다. 먼저 미래에 경영하고 싶은 사업의 진정한 가치를 생각한 다음, 그걸로 얼마나 돈을 벌 수 있는지 고려해보십시오. 소비자들의 욕구와 불편함을 찾아내십시오. 만약 당신이 해당 욕구와 불편함을 해소해준다면 그들은 기꺼이 당신에게 돈을 지불할 것입니다. 돈을 버는 것, 즉 수익성을 항상 먼저 고려한 다음 당신이 하고 싶은 열정을 추구하는 것이 잠재적 기회를 분석하고 발굴하는 데 훨씬 효과적입니다. 당신이 진정으로 하고 싶은 일이 해녀들을 위한 바구니를 만들거나 17세기 스타일의 웨딩드레스를 만드는 것이라고 가정해봅시다. 자신의 열정을 추구했기 때문에 해당 사업을 경영하는 자신을 생각하면 저절로 동기부여가 되고 정신적으로 만족감을 느낄 가능성이 매우 큽니다. 그러나 재무적인 관점에서 냉정하게 분석해보면 돈을 벌기는 힘들 것입니다. 따라서 열정, 재능, 소비자의 요구가 절묘하게 겹치는 결정적인 교차점을 찾기 바랍니다. 그

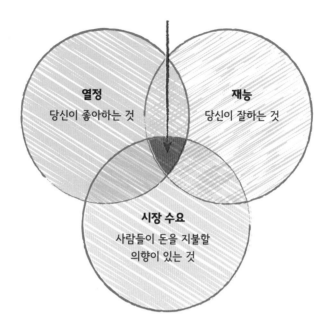

| 돈을 벌 수 있는 아이디어 |

열정
당신이 좋아하는 것

재능
당신이 잘하는 것

시장 수요
사람들이 돈을 지불할
의향이 있는 것

지점이 바로 마법 같은 일이 벌어지는 곳입니다.

열정 그 자체는 성공을 보장하지 못합니다. 일반적으로 사람들은 기술이나 재능에 돈을 지불하지 열정에 돈을 지불하지는 않습니다. 당신이 가지고 있는 열정을 시장에서 원한다면, 축하합니다. 당신은 지금 막 열정적으로 몰입할 수 있는 커리어를 발견했고, 그것으로 돈을 벌 수 있습니다. 그런 상황을 받아들이고 당신의 성공을 즐기십시오. 열정은 연료입니다. 올바르지 않은 기회에는 아무리 연료를 쏟아부어도 달라지는 것이 없습니다.

세상은 엄청나게 창의적이고 매우 독창적이지만 시장성이 없는 아이디어들로 가득 차 있습니다. 이러한 아이디어를 바탕으로 만들어진 제품이나 서비스에는 그 누구도 돈을 지불하려고 하지 않기 때문에 필연적으로 실패합니다.

심지어 어느 정도의 수요가 있는 제품이나 서비스조차 그러한 수요가 직접적인 구매로 이어지지 않는 경우가 다반사입니다. 또한 아이디어가 매우 뛰어나 수익성이 있다고 하더라도 당신의 궁극적인 목표에 부합하지 않으면 그 사업을 계속하는 것은 생각해 볼 문제입니다.

> "미래는 도달해야 할 것이 아니라 창조해야 하는 것 입니다."
>
> 낸시 두아르테(작가, 프레젠테이션 전문가)

창의성은 아이디어에서 출발하고 아이디어는 해당 사업의 기본 이념에 반영됩니다. 사업의 기본 이념은 팀원들의 완전한 참여와 헌신을 유도할 수 있는 방식으로 지속적으로 논의되고, 사업 기회에 적용됩니다. 기회는 시장에서 아주 작은 초기 투자를 바탕으로 사업성이 검증됩니다. 만약 해당 아이디어에 기반한 제품이 시장성이 있다고 판명되면 해당 제품 판매를 위한 시스템이 신속하게 구축됩니다.

어떤 아이디어를 실행해야 하는지 심사숙고해야 합니다. 옳은 결정을 해야 당신의 시간과 자원을 절약할 수 있습니다. 최고의 선택은 '매일매일 주말인 삶'을 더욱 빨리 실현하도록 도와줍니다.

창업 아이디어를 탐구하는 챕터를 읽고 난 지금, 새로운 몇 가지 아이디어가 당신의 머릿속에 떠올랐을 것입니다. 아이디어는 끊임없이 생겨납니다. 사업 운영이 점점 더 재미있어질수록 더 많은 아이디어의 스위치가 켜질 것입니다.

이 책의 저자 중 한 명인 개럿이 만든 소득 기회 점수표는 당신의 아이디어를 분석하기에 아주 좋은 도구입니다. '매일매일 주말인 삶' 홈페이지에 접속해 해당 표를 다운로드해 당신의 아이디어를 평가해보기 바랍니다.

소득 기회 점수표

소득 창출 기회 아이디어 _____

 아래 질문에 1부터 10 중 당신의 마음을 가장 잘 나타내는 점수를 적
어보십시오.

투자명

1. 아이디어가 당신의 열정에 불을 지핍니까? ☐

(1=전혀 아니다, 10=매우 그렇다)

2. 아이디어의 잠재적 수익성이 높습니까? ☐

(1=수익성 제로, 10=무제한적 수익)

3. 얼마나 많은 사람이 이 아이디어의 영향을 받습니까? ☐

(1=매우 적은 사람들, 10=전 세계 사람들)

4. 아이디어를 당신의 다른 사업 분야에도 적용할 수 있습니까? ☐

(1=매우 한정적, 10=완벽 호환)

5. 업무 실행이나 아이디어의 유지 및 지속 계발을 위임할 수 있습니까? ☐

(1=당신이 모든 일을 처리, 10=전체 위임 가능)

6. 아이디어를 실행할 업무를 자동화할 수 있습니까? ☐

(1=자동화 불가, 10=모든 업무 자동화 가능)

7. 다양한 부가 제품이나 서비스를 생산할 수 있습니까? ☐

(1=부가 제품 생산 불가, 10=많은 부가 제품 쉽게 생산 가능)

8. 아이디어가 당신의 개인적 또는 사업적 비전에 부합합니까? ☐

(1=전혀 부합하지 않는다, 10=완벽하게 부합한다)

9. 아이디어가 얼마나 빨리 수익을 창출할 수 있습니까? ☐

(1=수익 절대 불가, 10=비용 발생 전에 이미 수익 창출)

10. 아이디어를 실행할 만한 자본을 확보하고 있습니까? ☐

(1=자본 확보 불가능, 10=자본 없이도 아이디어 실현 가능)

총점 ☐

점수가 70점 미만이면 해당 아이디어를 폐기하십시오. 총 점수가 70~85점 사이라면 좀 더 세밀하게 살펴보되 너무 많은 시간과 돈을 투자하지는 마십시오. 85점 이상인 아이디어는 지금 당장 시작하십시오.

'매일매일 주말인 삶' 홈페이지 5dayweekend.com에 접속해 '소득 기회 점수표'를 다운로드하기 바랍니다.
다운로드 비밀번호: P5

개릿의 팀은 '아이디어 최적화하기'라는 48점으로 구성된 더욱 포괄적인 평가표를 개발했습니다. 해당 평가표는 1) 아이디어 떠올리기 2) 시장에서 가치를 창출할 수 있는 프로세스 개발하기 3) 아이디어가 실행할 만한 가치가 있는지 판단하기, 이렇게 세 가지 파트로 구성된 구체적인 평가표이자 계획 도구입니다. 이 평가표를 사용하고 싶다면 '매일매일 주말인 삶' 홈페이지에 접속하십시오.

'매일매일 주말인 삶' 홈페이지 5dayweekend.com에 접속해 '아이디어 최적화하기' 양식을 다운로드하기 바랍니다.
다운로드 비밀번호: P6

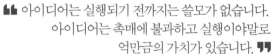

" 아이디어는 실행되기 전까지는 쓸모가 없습니다.
아이디어는 촉매에 불과하고 실행이야말로
억만금의 가치가 있습니다. "

스티브 잡스 (사업가, 전 애플 창업자 겸 CEO)

15

직장을
때려치우기 전
고려해야 할 것들

지금 당신이 하는 일이 재미없습니까? 업무로 만나는 사람들에게 시간을 쓰는 것이 귀찮고 아까우며, 당신이 하고 싶은 일을 하지 못하는 데 좌절을 느끼고 있습니까? 가족들에게 "돈 없으니 다음에 사자"라든지 "일하러 가야 하니 다음번에 하자"라는 말을 하기도 이제 지쳤습니까? 그러나 미래에 대한 걱정으로 변화를 추구하기를 주저하고 있으며 "저 그만두겠습니다"라는 말을 한 다음 후회하게 될까 봐 걱정하고 있습니까?

당신은 충분히 자유로워질 수 있습니다. 과감하게 사표를 쓰고 당신이 좋아하는 일만 할 수 있습니다. 그러나 그 전에 먼저 인내의 덕목을 기억해야 합니다. '매일매일 주말인 삶'은 아무 생각 없이 충동적이고 무모하게 무언가를 저지르는 것이 아니라 자유를 얻기 위해 전략적이고 스마트하며 매우 잘 계획된 방법 아래에서 일을 진행합니다. 현재 자신의 꿈이 아니라 일시적으로 다른 사람의 꿈을 위해 직장에서 일하고 있다면 다른 사람들이 저지르는 실수나 실패를 보고 배운 다음, 직장을 그만두기 전에 기초를 탄탄히 다져야 합니다. 튼튼하게 만들어야 하는 기초는 달성해야 하는 목표와 가져야 할 마음가짐으로 구성됩니다.

직장을 그만두기 전 달성해야 하는 목표

부자 되기 통장

직장을 그만두기 전에 부자 되기 통장은 반드시 만들어야 합니다. 이미 앞에서 살펴보았듯이 부자 되기 통장은 기회를 잡기 위한 현금 흐름 보험 계좌에 현금을 채우고, 심리적 안정감을 줍니다. 이상적으로는 약 6개월 치의 월급을 보유하는 것이 좋습니다. 물론 상황에 따라 예외는 있지만 파산하거나 재무적으로 어려움을 겪는 것보다 조금 더 넉넉히 준비해 안전성을 확보하는 것이 중요합니다.

심리적 안정은 다른 무엇보다 중요합니다. 공과금도 제때 납부하지 못할 수 있다는 생각이 들면 심리적으로 불안하고 스트레스를 받습니다. 스트레스를 받게 되면 업무 능력을 포함한 당신의 잠재력과 능력은 저하됩니다. 불안은 합리적이고 이성적인 사고를 방해해 당신이 바보 같은 결정을 내리도록 유도합니다.

누구나 자기 자신의 꿈을 위해 도움이 되는 결정을 내리길 원하지 돈에 의해 자신의 결정이 좌지우지되는 것을 좋아하지는 않습니다. 불안하고 초조한 가운데 강압적인 환경에서 결정하지 않고 편안하고 이성적인 상황에서 최선의 결정을 내리기를 좋아합니다. 편안한 상황에서 내리는 결정이 더 나은 결정이 될 확률이 높은 것은 너무나 자명합니다.

부자 되기 통장은 또한 기회가 왔을 때 단기적으로 사용할 현금을 제공합니다. 돈을 급하게 지불해야 하는 상황에 직면했을 때 부자 되기 통장은 상당히 유용하며, 바로 이것이 부자 되기 통장을 만들어야 하는 이유 중 하나입니다. 대출을 받게 되면 이자를 추가로 지불해야 하지만 부자 되기 통장은 심지어 이자를 받을 수도 있습니다.

6개월 월급과 동일하거나 그 이상의 소득

창업이나 기타 사업으로 버는 돈이 6개월 월급 이상의 소득을 창출하기 전까지는 회사를 계속 다니는 것이 좋습니다. 직장을 그만두기 전에 스트레스 없이 기존의 소득을 그대로 유지할 수 있어야 합니다. 창업이나 소득을 창출하는 여러 사업을 통해 부자 되기 통장을 더 빨리 만들 수 있습니다.

직장을 그만두기 전
가져야 할 마음가짐

자영업자 vs. 사업주

많은 사람이 자신을 사업주라고 부르지만 실상 그들은 대부분 자영업자입니다. 그들은 사업을 소유하고 있는 것이 아니라 직업을 가지고 있고 레버리지 효과를 발생시키지 못합니다. 그들은 일을 해야만 합니다. 이것이 본질적으로 잘못된 것은 아니지만 문제는 일에 얽매인다는 것입니다. 전문직을 포함한 많은 자영업자는 레버리지를 활용할 수 없기 때문에 진정한 재무 독립을 확보할 수 없으며, 따라서 '매일매일 주말인 삶'을 영위하기가 매우 어렵습니다.

사업을 진정으로 소유한다는 측면에서 생각의 관점을 한번 바꿔보기 바랍니다. 재무 자유를 포함한 자유는 당신이 만들어낼 수 있는 레버리지의 직접적인 결과물입니다. 더 많은 레버리지를 보유하고 있으면 더 큰 자유를 누릴 수 있고, 그 반대도 마찬가지입니다. 사업에 자신의 삶을 맞추는 것이 아니라 자신의 삶 주변에서 사업 기회를 창출해야 합니다.

근로소득 vs. 불로소득

창업을 통해 사업을 막 시작한 초기에는 기본적으로 레버리지 효과를 발휘하기 힘듭니다. 레버리지를 활용하는 데는 어느 정도 시간이 걸립니다. 그럼에도 새로운 사업을 시작했을 때 해당 사업의 궁극적인 목적은 레버리지와 불로소득의 창출이라는 사실을 항상 염두에 두어야 합니다. 어떠한 종류의 사업이든 항상 시간이 지나면 이 사업이 불로소득의 원천이 될 수 있는지 반문해보십시오. 누군가를 고용해 가장 핵심적인 기능을 수행하게 할 수 있는지, 기술 개발을 통한 레버리지를 창출할 수 있는지 등을 지속적으로 확인해야 합니다.

위 질문들에 대한 대답이 "아니요"라고 해서 반드시 해당 사업의 아이디어를 포기하고 다른 것을 찾아야 한다는 의미는 아니라는 점도 고려해야 합니다. 때로는 수입을 증대시키는 무언가를 하는 것이 필요할 때도 있습니다. 일시적으로 늘어난 수입은 레버리지 효과와 불로소득을 더 많이 창출할 수 있는 또 다른 투자에 투자금으로 사용할 수 있습니다.

여기서 핵심은 프라이팬에서 뛰쳐나와 불구덩이로 뛰어들어서는 안 된다는 것입니다. 직장을 그만두고 그 대신 단순히 새로운 일을 하는 자영업자의 위치에 자신을 밀어 넣는 것은 곤란합니다. 자영업을 하면 직장 생활보다 조금 더 자유롭고 레버리지를 조금 더 활용할 수 있을지 모르지만 궁극적으로 추구하는 꿈과 목표에는 도달하기 힘듭니다.

시간당 급여 vs. 가치당 급여

근로자는 자기가 기여하고 일한 만큼 임금으로 100퍼센트 보상

받지 못합니다. 따라서 근로자는 절대로 재무 자유를 달성할 수 없습니다. 한 회사에서 초고속으로 승진을 했다는 사례는 금수저나 재벌 2세 말고는 찾아보기 힘듭니다. 시간당 당신이 창출할 수 있는 가치를 바탕으로 보수를 받으십시오. '시간당 얼마'가 아니라 '시간당 가치 창출'이라는 개념으로 보수에 대한 생각을 바꿔보십시오.

위임에 대한 보수

'매일매일 주말인 삶'을 영위하는 사람들의 궁극적인 목표 중 하나는 위임을 하고 보수를 받는 것입니다. 즉 '매일매일 주말인 삶'을 영위하는 사람들은 위임 전문가가 돼야 합니다. 자신이 직접 일하고 보수를 받는 사람은 위임을 통해 보수를 받는 사람을 위해 일을 하게 됩니다. 위임을 하고 그것으로 보수를 받기 시작하면 근로소득처럼 보였던 많은 것들이 불로소득으로 전환됩니다.

앞에서 다루었던 많은 것들은 지금 당장 즉각적인 효과를 내기보다 앞으로 우리의 긴 여정에 그때그때 필요한 것들이 될 것입니다. 궁극적인 목표에 대해 큰 그림을 그리고 가고자 하는 곳에 대한 비전을 정립한 다음 새로운 것을 시작하는 게 매우 중요합니다. 사직이나 퇴사와 같은 인생의 큰 전환점이 되는 행위는 힘들고 두렵기 마련입니다. 그러나 필요한 지식을 습득하고 올바른 준비 과정을 통해 위험을 줄여나간다면 그러한 두려움이나 불안은 충분히 극복할 수 있습니다.

한 다리 걸치기

현재 일하고 있는 직장 관리자들과의 관계가 돈독하고 회사가 당신의 일에 만족하고 있다면, 현재 재직 중인 회사와 프리랜서 계약을 함으로써 당신의 첫 번째 사업을 시작할 수도 있습니다.

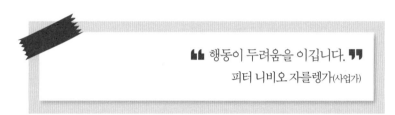

❝ 행동이 두려움을 이깁니다. ❞
피터 니비오 자를렝가 (사업가)

이제 시작해볼까요?

창업 소득 계획

사업소득을 증대시킬 수 있는 세 가지 아이디어는 무엇입니까?

앞서 소개된 소득 기회 점수표를 활용해 해당 아이디어를 분석해보십시오.

가장 높은 점수를 받은 아이디어를 실행할 계획을 구체적으로 작성해보십시오.

직장을 그만두기 전 반드시 해야 할 일

1. 심리적 안정

- 현재 근로소득은 얼마입니까?
- 거기에 6을 곱해보십시오. 이 금액이 심리적 안정을 위한 최소한의 금액입니다.
- 이 금액을 언제까지 마련할 수 있습니까?

2. 6개월 치 월급과 동일한 소득

- 사업으로 창출하는 소득이 6개월 치 월급과 같아지려면 얼마나 걸립니까?

 '매일매일 주말인 삶' 홈페이지 5dayweekend.com에 접속해 위 내용과 관련된 자료를 다운로드하기 바랍니다.
다운로드 비밀번호: P7

4장. 부 창출하기

돈을 불려라

5Day
Weekend

여기까지 왔다면 재무 기초를 견실하게 잘 다졌을 것입니다. 소득을 증대시키기 위해 열심히 노력했고, 투자를 시작할 자금도 충분히 확보했습니다. 이제는 레버리지 효과를 활용해 돈을 불리고 근로소득에서 불로소득으로 소득원을 바꿀 시간입니다.

먼저 당신이 창업한 회사에서 벌어들이는 근로소득을 불로소득으로 바꾸는 작업을 해야 합니다. 당신을 대신해 회사에서 직접 일을 할 직원, 기술, 시스템 등을 적극적으로 활용합니다.

그런 다음 불로소득을 창출하는 곳에 여유 자금을 투자합니다. 안전하고 보수적이면서 현금 흐름을 지속적으로 창출해주는 성장 투자부터 시작합니다. 투자 소득이 점점 증가하면 하이 리스크 하이 리턴 기반의 모멘텀 투자에 관심을 가져볼 만합니다. 모멘텀

투자는 보통 지속적인 현금 흐름보다 한 번에 큰 수익이 발생합니다. 모멘텀 투자에서 발생한 수익금은 다시 현금 흐름을 창출해주는 프로젝트나 자산에 재투자합니다.

성장 투자와 모멘텀 투자를 할 때 전통 투자의 전문가들은 전혀 알려주지 않는 대안 투자도 고려해야 합니다. 대안 투자는 통상적인 펀드, 주식, 채권과는 다릅니다. 앞으로 알게 되겠지만 전통적인 투자보다 훨씬 좋습니다. 대안 투자는 부자들이 자주 사용하는 투자 방법이지만 널리 알려져 있지 않고 미디어에서도 잘 다루지 않습니다.

16

불로소득의
파이프라인을
구축하라

불로소득 창출과 관련해 매우 유명한 우화가 있습니다. 비가 오지 않으면 물을 구할 수 없는 마을이 있었습니다. 물 문제를 해결하기 위해 마을의 장로들은 날마다 마을에 물을 공급해주면 보상을 하겠다는 제안을 했습니다. 해당 제안을 보고 두 명의 젊은이가 지원을 했고 장로들은 두 사람 모두와 계약을 맺었습니다.

'에드'라는 이름의 첫 번째 젊은이는 계약을 맺자마자 양동이 두 개를 구입해 1킬로미터 정도 떨어진 호수에서 물을 퍼 날랐습니다. 그는 즉시 돈을 벌었지만 동시에 그는 날마다 마을 사람들이 일어나지도 않은 이른 아침부터 입에서 단내가 날 정도로 열심히 일을 해야만 했습니다.

'빌'이라는 두 번째 젊은이는 계약 직후 한 달 정도 모습을 감췄습니다. 빌은 양동이를 사는 대신에 사업 계획을 세우고 회사를 만들고 투자자를 모집하고 작업을 감독할 관리자를 고용한 뒤 6개월이 지나 작업자들과 같이 마을로 돌아왔습니다. 빌의 팀은 1년 만에 호수와 마을을 연결하는 파이프라인을 완성했습니다.

빌은 파이프라인을 이용해 에드보다 75퍼센트 싼 가격으로 더 깨끗한 물을 하루 24시간, 1주일에 7일 동안 매일매일 쉬지 않고 마을에 공급했습니다. 빌이 휴가를 즐기는 동안에도 파이프라인은 그에게 돈을 벌어주었습니다. 반면에 에드는 일을 전보다 더 열심히 했지만 일을 하면 할수록 더욱 궁핍해졌습니다.

위 우화가 던지는 질문은 간단합니다. 양동이를 살 것인가, 아니면 파이프라인을 건설할 것인가?

처음 시작할 때는 양동이를 사서 직접 나르는 것도 무방합니다. 그렇지만 시장의 요구를 정확하게 파악해 지속적으로 이익을 창출하고 있다면 파이프라인을 구축할 때입니다. 시스템을 만들고 나면 다른 사람들이 당신을 위해 시스템을 운영하기 때문에 그 사업에서 벗어나 다른 사업을 추진할 수 있습니다. 시스템의 모든 프로세스는 당신이 관리하지만 일의 관리 감독을 위해 당신이 꼭 그곳에 있을 필요는 없습니다.

창업가의 세 가지 단계

1단계: 창업 몽상가

아이디어는 많습니다만, 행동은 거의 하지 않습니다. 새로운 생각과 뛰어난 아이디어로 무장했지만 해당 아이디어를 지속적으로 추진하지 못합니다.

2단계: 1인 기업가(또는 자영업자)

자기 계발과 교육에 돈과 시간을 많이 투자하고 자신의 능력을 토대로 사업을 시작합니다. 창업 몽상가보다는 적극적으로 행동하지만, 창출하는 일의 대부분이 자신의 시간과 노력을 투자해야 하는 근로소득에 기반합니다. 자신이 운영하는 사업을 지속적으로 성장시켜나가면서 그것을 통해 많은 돈을 벌어들입니다. 그러나 어느 시기가 되면 지금까지의 성공을 위해 자신이 희생한 것이 너무 많으며, 자기가 없으면 운영하고 있는 사업이 돌아가지 않는다는 것을 자각하게 됩니다. 냉정히 말하면 이들은 창업가가 아니라 운영자이며, 운영하고 있는 사업에 발목을 잡혀 더 발전하지 못합니다. 의사, 변호사, 회계사 같은 전문직이 대부분 여기에 속합니다.

> "하루 8시간씩 열심히 일한다면 당신은 아마 승진을 할 것이고, 하루에 12시간씩 일하게 될 것입니다."
>
> 로버트 프로스트(시인, 《소년의 의지》 작가)

3단계: 자유 창업가

창업가의 가장 높은 단계이자 창업으로 경험할 수 있는 재미, 자유, 성취의 최정점입니다. 자기가 가장 관심 있고 열정적인 분야에 집중하고 그 밖의 것은 해당 전문가들에게 위임합니다. 자유 창업가는 다양한 악기 전문가들을 조화롭게 융화시키는 지휘자처럼 회사 운영을 위해 전문가들에게 여러 가지 업무를 부여합니다.

자영업자에서
진정한 창업가로 변신

1인 기업가 또는 자영업자의 가장 큰 손실은 시간과 자유입니다. 어떻게 하면 자영업의 함정에서 벗어나 당신 자신을 위한 불로소득을 창출하는 사업을 구축할 수 있는지 살펴보겠습니다.

1. 가장 기본적인 것부터 시작하라

가장 먼저 당신이 어떤 사람인지, 만들려고 하는 조직이나 회사의 우선적인 목표가 무엇인지 확실하게 알아야 합니다. 당신 스스로 절대 양보할 수 없는 것들과 당신의 조직에서 허용되지 않는 것들을 종이에 쭉 적어보십시오.

2. 필요한 인재를 채용하라

《사업의 철학》의 저자 마이클 거버와 《린치핀》의 저자 세스 고 딘 간의 해묵은 논쟁이 있습니다. 거버는 비즈니스는 시스템이며 무능한 사람들이라도 성과를 낼 수 있는 아주 단순한 시스템을 구 축해야 한다고 주장합니다. 반면에 고딘은 '린치핀'이라고 불리는 핵심 인재를 발굴하는 것이 더 중요하다고 강조합니다. 린치핀들 은 똑똑하며 책임감이 높고 적극적인 데다 현재 필요한 것들을 찾 아내 그것을 해결하는 능력이 매우 우수합니다. 그들의 머릿속은 회사를 더 발전시킬 수많은 아이디어로 가득 차 있습니다.

비즈니스를 운영하려면 두 가지 생각이 다 필요하지만, 인사에 관해서는 고딘의 생각이 더 맞는다고 생각합니다. 누군가를 고용 할 때 임금이 싸다는 이유로 그 사람을 채용하지는 않습니다. 변 화에 적극적으로 동참하고 회사에 득이 되는 우수하고 똑똑한 인 재를 채용하기를 누구나 원합니다. 어떤 결정을 내릴 때 적절한 조언이나 평가를 해줄 인재를 원하는 것은 세상의 이치입니다.

능력과 경험이 부족한 직원은 낮은 임금 때문에 단기적으로는 회사에 이득이 될 수 있지만, 장기적으로는 더 많은 시간과 비용 이 소모됩니다. 당신보다 우수하고 뛰어난 전문가를 고용해 조직 의 중요한 일을 맡기십시오. 당신이 조직 내에서 가장 똑똑하고 유능하다면 당신의 돈이 무능한 직원들에게 줄줄 새어 나가고 있 다는 의미입니다. 당장 당신보다 더 뛰어난 사람을 고용해야 합니 다. 조직의 문제를 해결할 수 있고 조직의 강점을 극대화할 수 있는 전문가를 찾아야 합니다. 강점은 더욱 강화하고 약점은 아웃소 싱으로 보완해나가는 것이 사업의 기본 전략입니다.

유능한 인재를 발굴하기 전에 먼저 선발하고자 하는 직위와 직무에 대해 구체적으로 정의 내리는 것이 중요합니다. 해당 직위와 직무에서 필요한 기술, 능력, 그 밖의 조건들을 명확히 한 다음, 해당 조건에 부합하는 인재를 선발해야 합니다. 인재를 고용한 다음 교육과 훈련을 통해 능력을 더욱 높이고 공정한 보상과 적절한 칭찬으로 충성심을 고취하는 것도 당신의 역할입니다.

3. 업무 프로세스를 문서화하라

업무 프로세스는 기본적으로 업무를 달성하는 데 필요한 일련의 행위들을 말합니다. 업무 프로세스는 일반적으로 노동 집약적인 활동입니다. 업무 프로세스를 문서화해두면 업무의 구조와 업무 진행 과정을 일목요연하게 파악할 수 있습니다. 따라서 기본 업무에 대해서는 업무 처리 절차와 방식을 반드시 문서화하고 성과 관리 측정의 수단으로 활용하면 좋습니다. 업무별로 마감 시한을 정하고 공정하게 성과를 측정해 기여도에 따라 인센티브를 부여하는 방법들이 모두 문서화에 속합니다.

4. 업무 프로세스를 업그레이드하라

일단 업무 프로세스가 정착돼 운영되기 시작하면 기술을 이용해 자동화 시스템을 구축해야 합니다. 업무 프로세스를 자동화하면 업무를 더욱 효과적으로 처리할 수 있습니다.

업무 프로세스가 큰 그림이라면 업무 절차는 세부적인 실행 전략입니다. 업무 프로세스가 어떤 일을 어떤 방식으로 할 것인가에 대해 다룬다면 업무 절차는 어떻게 하면 더 효과적이고 효율적으로 일 처리를 할 것인가에 초점을 맞춥니다. 업무 자동화는 여러 기술을 이용해 가능한 한 인간의 노동력 투입 없이 업무를 효율적으로 처리하는 세부적인 실행 방식 중 하나이며, 업무 자동화를 통해 사업의 규모를 더욱 확장할 수 있습니다.

일단 운영 지침을 포함한 업무 자동화가 구축되면 직원 및 새로운 인재의 교육과 훈련에 적극적으로 활용할 수 있습니다.

5. 첨단 기술과 콘텐츠를 적극 활용하라

콘텐츠는 교육 기반의 마케팅을 전개할 때 매우 유용합니다. 또한 하고 있는 사업을 적극적으로 홍보하거나 사업 관련 스토리텔링을 시장에 전달하려고 하는 경우에도 상당히 효과적입니다. 콘텐츠를 홍보하는 방법은 아래와 같이 매우 다양합니다.

- 블로그
- 비디오 클립
- 오디오
- 책
- 전자책

- 백서

- 뉴스레터

- 워크북

- 고객 관계 관리Customer Relationship Management, CRM와 온라인
  마케팅 자동화 소프트웨어

- 이메일 마케팅 소프트웨어

- 교육과 콘텐츠 큐레이션 웹사이트

- 홈페이지 및 웹 사이트

- 온라인 랜딩 페이지

- 사회 관계망 서비스Social Network Service, SNS

콘텐츠와 기술은 소비자들이 당신을 개인적으로 만난 적이 없음에도 오래 알고 지낸 사이처럼 매우 친숙하게 느끼게 해주기 때문에 개인 기반 비즈니스에 상당히 유용합니다. 온라인에서 유명한 외과 의사이자 미디어를 효과적으로 활용하는 닥터 오즈가 좋은 예입니다. 그 누구도 닥터 오즈가 자신을 직접 진찰해줄 것이라고 생각하지는 않지만 대다수 사람들이 건강에 관한 그의 조언을 신뢰합니다.

6. 적극적으로 위임하라

창업가로서 가장 하기 힘든 일 중 하나는 한발 물러서서 자신의 팀원과 업무 프로세스를 믿고 업무를 위임하는 것입니다.

업무를 위임하면 사람은 심리적으로 자신이 통제력을 잃게 되고 가치 없는 존재가 된다는 생각이 듭니다. 그러나 여러 연구 결과를 봤을 때, 업무를 위임하고 스스로를 자유로운 상태로 두었을 때 훨씬 더 창의적인 사고를 할 수 있고 훨씬 더 많은 가치를 창출할 수 있습니다. 창업가는 관리 최적화와 가치 최적화의 차이를 인지하고 있어야 합니다.

가치 최적화를 이해하고 있는 사람은 상대편을 신뢰하며, 위임을 통해 다른 사람들의 능력과 가치를 끌어올립니다. 자기 자신 또한 휴가가 많아짐으로써 사무실에서 벗어나 창의적인 시간을 가지려고 노력합니다. 가치 최적화를 추구하는 사람들은 한두 분야에서 남들보다 월등히 두각을 나타냅니다. 하지만 많은 전문가가 관리 최적화에 중점을 두고 있으며, 그로써 여러 분야에서 평범한 능력을 가진 사람으로 점점 전락합니다. 관리 최적화는 번아웃 현상이나 무기력의 원인이 되며, 더 나아가 자신의 직업에 대한 회의나 후회로 발전합니다.

한 번에 너무 많은 것을 너무 빨리 위임하는 것은 주의가 필요합니다. 너무 빨리 너무 급하게 위임할 경우 상당한 혼란을 초래할 수도 있습니다. 위임은 이어달리기와 비슷합니다. 이어달리기 할 때 바통을 부드럽게 전달하는 프로세스가 필요하듯이 위임을 할 경우에도 발생할 수 있는 문제점을 적절히 조율하고 해결할 수 있도록 여러 가지를 고려해야 합니다.

> 당신을 자유롭게 하기 위한 여러 방법 중 가장 실행하기 힘든 것은 가만히 내버려두기입니다.

마지막으로 두려움 때문에 당신 스스로 창업이나 새로운 사업을 할 수 없다고 생각하지는 마십시오. 당신은 충분히 잘할 수 있으며, 창업을 통해 회사에서 단순 반복적인 일을 하는 것보다 훨씬 다양하고 새로운 가치를 창출할 수 있습니다.

사업가로 거듭나다

리치 크리스찬슨은 수백만 달러를 벌어들이는 회사를 여러 개 소유하고 있는 엄청나게 성공한 창업자이자, 《지그재그 원칙The Zigzag Principle》이라는 경영 분야 베스트셀러를 포함해 많은 책을 집필한 작가입니다. 아직 사람들이 검색엔진 최적화Search Engine Optimization라는 분야에 대해 잘 몰랐던 2001년에 그는 검색엔진 최적화에 대해 공부했고, 해당 아이디어를 바탕으로 새로운 사업을 하겠다고 마음먹었습니다. 많은 사람이 리치에게 다른 일자리를 권유했지만 그는 굳건히 모든 제안을 뿌리치고 자신의 사업에 집중했습니다.

리치는 지속적으로 투자자들을 설득해 마침내 5,000달러의 자본금을 가지고 검색엔진 최적화 사업을 시작했습니다. 확보된 자본금으로 그는 자신의 인맥을 이용해 뉴욕에 있는 잠재 고객들을 차례차례 방문했습니다. 리치가 가장 먼저 접촉한 고객은 와그너 뮤직이었는데 간단한 사업 제안 설명회 이후 그는 3만 달러 계약을 따냈습니다.

처음에는 리치와 그의 동업자가 모든 일을 스스로 처리했습니다. 리치는 "사업을 시작한 초기에 가장 중요한 것은 수익성입니다. 창업자로서 저는 운영에 매우 깊이 관여해 어떤 일이 수익을 증대시키고 어떤 일이 비용을 발생시키는지를 알아내기 위해 엄청나게 많은 일을 처리해야 했습니다"라고 말했습니다. 리치는 고객 수를 꾸준히 늘려가면서 지속적인 수익을 창출했습니다. 안정적인 기반을 닦은 다음 공격적인 마케팅을 통해 신규 고객들을 대거 유치했습니다.

리치는 신규 직원을 채용해 회사 시스템을 가르쳤습니다. 그런 다음 자신들의 프로세스를 자세하게 문서화했습니다. "저는 치어리더가 돼야 했습니다. 제 일은 사람들이 프로세스를 잘 따르도록 독려하고 도와주고 교육하는 것이었습니다"라고 리치는 그때를 회상하며 말했습니다. 사업이 계속 성장하자 리치는 관리자를 고용했습니다. 27개월 만에 회사는 230만 달러의 연 매출을 달성했고, 대기업에 회사를 매각했습니다.

리치는 자신의 프로세스를 다음과 같이 설명했습니다.

잘 망하지 않을 사업을 구축하기 위한 세 가지 중요한 단계가 있습니다. 먼저 수익 창출입니다. 일단 수익이 창출되기 시작하면 모멘텀을 바꾸는 것이 중요합니다. 수익이 나기 시작할 때가 자신을 아직 기술자 또는 근로자로 생각하면서 모든 것을 본인이 다 처리해야 한다고 생각하는 함정에 가장 빠지기 쉬운 시기이기 때문입니다.

일단 수익이 발생하면 자원과 프로세스를 바탕으로 치어리더나 관리자로 변해야 합니다. 그런 다음 팀, 프로세스, 시스템을 만들어야 합니다. 이것이 두 번째 단계입니다. 이 단계에서 중요한 것은 '무엇을 하는가?'가 아니라 '무엇을 하지 않는가?'입니다. 인원을 대거 채용하게 됩니다만, 반드시 가치 판단을 바탕으로 고용을 해야 합니다.

마지막 단계는 위임할 수 있는 제품 또는 서비스를 지속적으로 개발하는 것입니다. 당신이 실행한 모든 일이 당신을 위해 일하는 자산이 되는 레버리지 지점을 달성하기를 원한다면 꼭 필요한 단계입니다. 저의 경우, 쿠폰 자동 발급 웹 사이트를 여럿 개발했습니다. 우리가 회사를 매각했을 때, 우리 회사는 100개에 가까운 쿠폰 자동 발급 웹 사이트를 보유하고 있었습니다. 그리고 해당 웹 사이트들을 통해 50퍼센트의 순이익률에 연간 100만 달러가 넘는 수익을 창출하고 있었습니다.

각 단계는 완전히 다른 행동들을 요구합니다. 첫 번째 단계에서는 빠른 판단력과 모든 것을 혼자서 해결하는 능력이 필요합니다. 두 번째 단계에는 한발 물러서서 시스템을 구축하고 사람을 고용해 시스템을 운영하는 법을 배워야 합니다. 마지막으로는 더 많이 위임할 방법을 찾아야 합니다.

금색 수갑을 벗고 자유 찾기

제이슨 웨스트는 척추 교정 전문가입니다. 맨 처음 일을 시작했을 때 그의 목표는 '바쁘게 일하자'였습니다. 그러나 그는 어느 순간부터 '수익성 있게 일하자'가 '바쁘게 일하자'보다 훨씬 낫다는 것을 깨달았습니다. 이 깨달음은 그에게 많은 수익을 안겨주었지만 여전히 그는 바빴습니다. 그는 월요일부터 토요일까지 하루 12시간씩 1주일에 72시간 정도를 일했습니다. 언젠가 그는 부인에게 "휴가 때 당신이 가고 싶은 곳 어디든 다녀와. 근데 나는 같이 못가"라고 말할 정도로 바쁘게 일했습니다.

"제가 멋진 금색 수갑을 차고 있다는 것을 깨닫기 전에는 스스로 완벽한 시스템을 구축하고 있다고 생각했습니다. 그러나 알고 보니 저는 사업을 하는 것이 아니었습니다. 제가 사업이라고 생각했던 것은 저 없이는 아예 운영 자체가 안 되는 제 자신을 위한 직업에 불과했습니다. 그건 사업이 절대 아닙니다"라고 그는 말했습니다.

그는 한발 물러서서 자신이 지금처럼 사업을 위해 인생을 바치지 않고 사업이 자신을 위해 일하는 시스템을 구축하도록 고민을 하기 시작했습니다. 그는 일단 주 6일에서 주 4일로 일을 줄였습니다. 그런 다음 위임할 수 있는 일을 살펴보고 관리자와 척추 교정 전문가를 고용했습니다. 그는 "고객들이 저의 손길과 교정을 필요로 하는 부분이 무엇인지 면밀히 분석하기 시작했습니다. 그리고 어떻게 하면 저의 노하우와 지식을 다른 사람들에게 전수해 고객들이 불만 없이 다른 전문가에게도 교정을 받도록 만들지 매일매일 고민했습니다. 제가 모든 고객을 일일이 다 교정할 수는 없는 노릇이었습니다"라고 설명했습니다.

몇 달 만에 그는 33퍼센트 덜 일하게 됐지만 그의 수익은 연 150만 달러에서 연 300만 달러로 수직 상승했습니다. "제가 척추 교정 전문가가 되기 위해 지출했던 비용만큼 관리자나 위임자가 되기 위해 투자한 것이 핵심입니다. 다시 말하자면 사업을 운영하려면 전문가보다는 관리자나 위임자가 되는 편이 훨씬 낫습니다. 이것이 제가 오랜 고민 끝에 내린 결론이자 여러 번의 시도 끝에 터득한 방법입니다"라고 제이슨은 말했습니다.

제이슨은 자기가 직접적으로 관여하지 않고서도 자기 사업을 계속 키워나가기 위해 위의 방법을 지속적으로 개발했습니다. 그는 현재 7개 지점을 거느리고 있고, 이제 여덟 번째 지점을 내려고 준비 중입니다. 순이익은 처음보다 4~5배가량 증가했습니다. "당신의 사업 중에 당신 없이도 자동으로 운영할 수 있는 것은 완전하게 자동화해 운영하는 것이 바람직합니다. 자동화를 통해 직업이 아니라 진정한 사업을 보유할 수 있습니다. 저는 아이디어를 내고, 그것을 운영할 직원을 고용하고, 고용한 직원들이 스스로 운영하도록 위임한 다음 한발 물러서서 지켜보면서 저만의 자유를 만끽하고 있습니다. 저는 현재 제가 직접 일해서 돈을 버는 게 아니라 사업을 통해 돈을 벌고 있습니다"라고 제이슨은 말했습니다.

위임하기 힘든 사업을 운영하는 경우

만약 위임을 할 수 없고 당신 스스로 일하는 것 말고는 다른 방법이 전혀 없다면 당신은 지금 사업이 아니라 당신을 위한 직업을 만들고 있습니다. 소득을 위해 어쩔 수 없이 해야 하는 경우에만 계속 그 일을 하고, 그렇지 않다면 가능한 한 빨리 다른 일을 하는 편이 좋습니다. 당신의 소득을 빨리 불로소득으로 전환해야 합니다. 위임을 전혀 할 수 없는 경우라면 사업을 매각하는 것도 한 가지 방법입니다. 이 경우 사업을 매각하고 재빨리 손을 털면 피해를 최소화할 수 있습니다.

> 제 목표는 당신을 근로자의 삶에서 해방시키는 것입니다.

고용된 근로자에서 1인 기업 또는 자영업으로 전환하는 것은 명백히 옳은 방향입니다. 1인 기업을 운영하면 더 많은 자유와 선택권을 확보할 수 있고, 당신의 기술과 자신감을 끌어올릴 수 있습니다. 단지 1인 기업 또는 자영업에 너무 오래 머물러 있지만 마십시오.

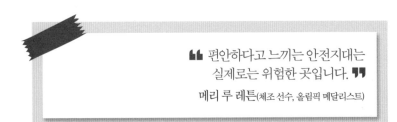

> ❝ 편안하다고 느끼는 안전지대는
> 실제로는 위험한 곳입니다. ❞
> 메리 루 레튼(체조 선수, 올림픽 메달리스트)

17

부동산
투자로
돈 불리기

열심히 일하고 부지런히 절약해서 당신의 첫 번째 부동산을 구매한다고 상상해봅시다. 부동산에 대해 조사하고 부동산 투자에 관해 가능한 한 모든 것을 배우려고 할 것입니다. 투자에 적합한 부동산을 발굴하고 계약금을 준비하고 자금 납입 계획도 세웁니다. 계약서에 서명할 때 걱정이 되긴 하지만 동시에 매우 흥분되기도 합니다.

임차인을 찾으려고 노력하고, 마침내 첫 번째 월 임대료가 통장으로 입금됩니다. 월 임대료로 담보대출 상환금을 처리해도 몇백 달러 정도의 수익이 생깁니다. 정말 놀랍지 않습니까? 아직 해야 할 일이 더 남았지만, 부동산 투자의 역사적인 첫발을 내디뎠습니다. 더 이상 이론이 아닌 실제 부동산시장에 참여하게 됐습니다.

앞으로 넘어야 할 장애물이 매우 많을 것이며, 실수도 많이 할 것입니다. 그러나 고난과 실수를 통해 배워나갈 것이고, 불로소득이 계속 증가하는 것처럼 부동산 포트폴리오 역시 지속적으로 성장할 것입니다.

현금 흐름이
가장 중요하다

현금 흐름은 '매일매일 주말인 삶'을 누리기 위해 부동산 투자를 우선적으로 고려해야 하는 첫 번째 이유입니다. 당신의 목적은 몇 년 안에 원하는 삶을 살기 위해 필요한 비용을 감당할 수 있는 현금 흐름을 충분히 확보하는 것입니다. 더구나 현금 흐름 말고도 부동산 투자를 주의 깊게 봐야 하는 이유가 또 있습니다.

보너스 1. 레버리지 효과

부동산 투자는 전체 구매 가격의 일부를 계약금으로 지불하고 자산을 100퍼센트 통제할 수 있는 즉각적인 레버리지를 만들어낼 수 있습니다. 그리고 매달 원리금을 상환하면 주택 담보대출의 잔액이 감소하고 감소한 잔액만큼 다시 신규 대출을 받을 수 있기 때문에 레버리지를 더욱 증가시킬 수 있습니다. 레버리지를 통해 추가로 돈을 더 빌려 '매일매일 주말인 삶'을 위한 불로소득을 창출하는 새로운 투자에 투자할 수 있습니다.

보너스 2. 자산 가치 상승

레버리지 효과 덕분에 부동산 포트폴리오의 순자산 가치는 펀드와 같은 전통적인 투자보다 훨씬 빨리 상승합니다.

보너스 3. 자연스러운 인플레이션 방어

인플레이션이 상승하면 장기적으로 부동산의 가치도 인플레이션을 따라 상승합니다. 또한 인플레이션을 상쇄하기 위해 시간이 지남에 따라 월 임대료를 올릴 수도 있습니다.

보너스 4. 세금 혜택 증가

주택 담보대출의 이자는 세금 공제 혜택을 받을 수 있습니다. 미국 세법에 따르면, 미국 국세청 1031 교환 규정을 적용받으면 부동산을 사고팔 때 양도소득세를 이연할 수 있습니다. 거기다 세금을 줄이고 현금 흐름을 늘리는 여러 가지 비용 공제 조항도 있습니다. 부동산 관련 세금을 회계사와 지금 바로 확인해보십시오.

보너스 5. 중도 인출 수수료 없음

다른 연금 저축들은 연금 지급 연도가 되기 전에 자산을 유동화를 하면 수수료 또는 벌금을 부과하지만 부동산은 아무 때나 현금화할 수 있습니다.

보너스 6. '내부자 거래'에 대한 벌칙 없음

주식시장에서는 내부 정보를 이용해 이득을 취할 경우 처벌 대상이 되지만 부동산은 그런 것이 전혀 없습니다.

부동산으로
현금 흐름 창출 기계 만들기

부동산은 다른 투자 방법보다 더 많은 레버리지 효과를 제공합니다. 올바른 방법으로 부동산 투자를 하면, 5년에서 10년 사이에 재무 자유를 충분히 달성할 수 있습니다. 지금부터 부동산을 이용해 현금 흐름 창출 기계를 만드는 방법을 살펴보겠습니다.

> 좋은 부동산 거래 하나가 '매일매일 주말인 삶'을 창조하는 촉매제가 될 수 있습니다.

1. 계약금을 지불할 수 있고 필요할 때 즉각 사용할 수 있을 정도의 저축 또는 여유 자금을 확보하십시오. 은행과 좋은 관계를 유지하십시오. 투자 부동산에 대해 공부하고, 부동산 구매 절차와 방식을 이해하십시오.

2. 부동산 숫자와 부동산 언어를 공부하십시오. 다양한 전략, 계약 조건, 매매 기회, 위험 등에 대해 전문가가 되십시오.

3. 부동산 중개인과 관계를 돈독히 하고, 당신의 지역에서 당신을 도와 새로운 부동산을 발견할 수 있는 사람들과 친해지십시오.

4. 첫 번째 부동산을 구매하십시오.

5. 팀을 만드십시오. 판매를 위해 집을 수리해야 한다면 일할 사람이 필요할 것입니다. 임대 목적이라면 자산 관리 회사와 계약하는 것을 고려해보십시오.

6. 보유한 부동산의 레버리지 효과를 이용해 계속 다른 부동산을 구매하십시오.

7. 불로소득을 더 많이 창출하십시오. 모든 일을 혼자서 다 처리하려고 하지 마십시오. 당신을 위해 일할 전문가를 고용하십시오. 그렇게 하지 않으면 그냥 당신이 처리해야 할 또 하나의 일거리를 만든 것에 불과합니다.

부동산 투자 초기에는 부동산의 조사, 구매, 관리에 많은 시간과 노력을 쏟아부어야 합니다. 부동산 투자를 통한 월 임대료와 당신의 다른 불로소득이 당신이 원하는 라이프 스타일을 유지하는 데 필요한 비용을 전부 감당할 수 있을 때, 자산 관리 회사와 계약을 맺고 부동산의 관리를 자산 관리 회사에 일임하고 '매일매일 주말인 삶'을 자유롭게 누리십시오.

레버리지 효과로 자산 포트폴리오 성장시키기

당신의 돈을 계속 적립해야 하는 다른 전통적인 투자 방식과는 다르게, 부동산 투자는 레버리지 효과로 스스로 불어납니다. 그게 무엇이든 일단 첫 번째 부동산을 구매하고 나면 추가 부동산은 당신의 주머니에서 돈을 지출하지 않고 기존 부동산의 순자산 가치 상승을 통해 구매할 수 있습니다. 따라서 조그마한 시작이 나중에는 어마어마한 포트폴리오로 불어날 수 있습니다.

제가 인디애나주에 있는 인디애나폴리스에서 구매한 부동산을 예로 들어보겠습니다.

인디애나폴리스 소재 듀플렉스★

요약

가구 수: 2

건평: 2,164제곱피트(약 200제곱미터)

판매 호가: 9만 9,500달러

감정 평가액: 10만 3,000달러

★ 멀티 유닛의 한 종류로, 2가구가 동시에 거주할 수 있는 주택, 맨션, 아파트 등을 말함-옮긴이

구입가: 8만 달러

대출금: 6만 8,000달러

계약금: 1만 8,000달러

부대 비용(주택 담보대출에 추가적으로 발생하는 비용-옮긴이):
2,800달러

제곱피트당 비용: 30.53달러

가구당 비용: 4만 1,400달러

1가구당 월 임대료: 520달러(2세대 전부 임차되면 월 1,040달러-
옮긴이)

예상 총 연간 소득: 1만 2,480달러(월 1,040달러×12개월-옮긴이)

연 운영 비용: 2,900달러(가스, 수도, 전기, 재산세, 보험료, 유지
보수, 자산 관리 등)

연 대출 원리금 상환액: 3,828달러

총 연간 비용(연 운영 비용+연 대출 원리금 상환액): 6,728달러

연간 순현금 흐름: 6,220달러

매달 순현금 흐름: 518달러

주: 이것은 요약본입니다. 건물 보수 및 수리 비용은 포함돼 있
지 않습니다. 부대 비용은 4퍼센트 이자율인 30년 만기 대출금
에 포함돼 있습니다.

투자자로서 당신의 첫 번째 목표는 현금 흐름을 창출하는 것입
니다. 두 번째 목표는 자본 성장 또는 자산 가치 상승을 달성하는

것입니다. 자산의 가치가 상승하면 더 많은 돈을 빌릴 수 있으며, 그 돈을 바탕으로 더 많은 부동산을 취득할 수 있습니다. 위에서 든 예시와 같은 부동산을 당신이 구입했다고 가정해봅시다. 당신은 부동산 전체 가치에서 주택 담보대출 총액을 제한 만큼의 순자산 가치를 보유하고 있고, 매달 조금이지만 현금 흐름을 창출하고 있습니다. 자, 이제 두 가지 선택이 있습니다.

1. 해당 부동산을 계속 보유하면서 지속적으로 현금 흐름을 창출합니다. 시간이 지남에 따라 자산 가치가 상승하기 때문에 재대출^{Refinancing}이나 제2금융권 대출을 통해 더 많은 부동산을 구매할 수 있는 레버리지를 확보할 수 있습니다. 또는 그냥 주택 담보대출금을 계속 상환하면서 지속적으로 창출되는 현금 흐름을 확보합니다.

2. 몇 년 안에 해당 부동산의 자산 가치가 상승하면 부동산을 매도해 현금화한 다음 더 큰 부동산을 매입할 수 있습니다.

만약 2번을 선택한다면 첫 번째 부동산 자산의 레버리지를 이용해 포트폴리오를 구성하는 첫걸음을 뗀 것입니다. 경기가 좋아서 3년 뒤 부동산의 가치가 12만 달러로 상승했다고 가정하면 여전히 매달 얼마간의 현금 흐름과 남아 있는 6만 달러의 주택 담보대출을 제외한 6만 달러의 순자산 가치를 확보할 수 있습니다.

이때 부대 비용을 다 제하고 5만 달러에 자산을 매각한다면 매달 발생하던 주택 담보대출 원리금 상환액을 절약할 수 있고, 2만 달러의 추가 현금도 확보할 수 있습니다. 당신은 자산 매각이나 보유한 저축의 레버리지를 이용해 플로리다에서 제가 매매한 부동산과 같은 거래를 성사시킬 수 있습니다.

올랜도 소재 트리플렉스★

요약

가구 수: 3

건평: 2,379제곱피트(약 220제곱미터)

판매 호가: 36만 9,000달러

감정 평가액: 35만 달러

구입가: 31만 달러

대출금: 25만 8,850달러

계약금: 6만 2,000달러

부대 비용: 1만 850달러

제곱피트당 비용: 134.87달러

가구당 비용: 10만 6,950달러

1가구당 월 임대료: 1,250달러

★ 멀티 유닛의 한 종류로, 3가구가 동시에 거주할 수 있는 주택, 맨션, 아파트 등을 말함 – 옮긴이

예상 총 연간 소득: 4만 5,000달러

연 운영 비용: 1만 500달러(가스, 수도, 전기, 재산세, 보험료, 유지 보수 등)

연 대출 원리금 상환액: 1만 8,381달러

총 연간 비용(연 운영 비용+연 대출 원리금 상환액-옮긴이): 2만 8,881달러

연간 순현금 흐름: 1만 6,119달러

매달 순현금 흐름: 1,343달러

주: 이것은 요약본입니다. 건물 보수 및 수리 비용은 포함돼 있지 않습니다. 부대 비용은 이자율 4퍼센트인 30년 만기 대출금에 포함돼 있습니다.

축하합니다. 레버리지를 이용해 첫 번째 거래를 무사히 마쳤습니다. 월 임대료는 520달러에서 1,756달러로 증가했습니다.

물론 여기서 멈출 이유는 없습니다. 앞으로 몇 년 동안 계속 레버리지 효과를 이용할 수 있습니다. 이를 이용해 지속적으로 더 크고 더 좋은 부동산에 투자할 수 있기 때문에 부동산은 엄청나게 매력적이고 수익성이 높은 투자입니다.

얼마 지나지 않아 곧 당신은 세 번째, 네 번째 부동산을 차례로 구매하게 될 것입니다. '매일매일 주말인 삶'을 누리고 싶다면 가치 있는 자산으로 당신의 대차대조표를 채워야 합니다. 다시 한번 강조합니다만, 현금 흐름을 가장 중요하게 생각해야 합니다. 그리

고 장기적인 부동산 가치 상승 또한 아주 매력적인 부산물임을 명심하십시오.

첫 번째 부동산 구매하기

저는 10대 때 처음으로 15만 2,200달러짜리 아파트를 구매했습니다. 몇 년 동안 제가 추가로 확보한 현금 흐름을 더해 현재 그 아파트의 가치는 130만 달러가 넘습니다. 네 개의 아파트로 구성된 이 건물은 1928년에 완공됐고, 유명한 사립학교가 바로 지적에 자리 잡고 있습니다. 지난 10년 동안 저는 그동안 경험한 다가구주택 또는 아파트의 레버리지 효과를 바탕으로 제 아파트와 같은 건물에 있는 나머지 아파트들과 주변의 다른 아파트들도 구매했습니다.

시장 조사 및 레버리지 활용 자원

첫 번째 거래일 경우 시간을 들여 시장 조사를 하십시오. 올바른 부동산을 찾는 것이 '매일매일 주말인 삶'을 위한 현금 흐름을 성공적으로 창출하는 데 가장 중요한 단 하나의 요소입니다. 시장 조사를 충분히 하고 높은 수익률을 보장하면서 자산평가 가치보다 저평가된 좋은 부동산을 찾을 때까지는 구매하지 마십시오. 당신이 원하는 물건을 찾는 데 부동산 중개인을 적극적으로 활용하십시오. 지역 투자 클럽에 가입하고 지역 투자자들과 네트워크를 형성하십시오. 당신이 원하는 물건을 찾기 위해 임장 활동을 열심히 다니고 현장에서 시간을 많이 보내십시오. 지역 신문의 부동산 섹션을 읽고 크레이그리스트Craiglist, 멀티플리스팅서비스Multiple Listing Service, MLS, 루프넷Loopnet 같은 서비스를 적극 이용해 조사하십시오. 직장에서 퇴근할 때 매물로 나온 부동산을 찾아 일부러 매일 다른 길로 가보십시오.

아마추어 투자자와 프로 투자자의 차이는 아마추어는 조급하지만 프로는 참을성이 있다는 것입니다. 프로는 좋은 거래를 발견할 때까지 기다렸다가 좋은 기회가 나타나면 순식간에 낚아챕니다.

처음 투자할 때는 크게 하는 것보다 2, 3, 4가구 정도의 조그마한 아파트나 공동주택으로 시작하는 것이 좋습니다. 재미있게도 여러 가구가 있는 공동주택 단지를 구매하는 것이 단독주택을 구매하는 것보다 쉽습니다. 공동주택 단지를 구매하면 은행은 당신의 신용도보다는 공동주택 단지와 매매 거래 자체에 더 신경을 씁니다. 공통주택 단지 내의 가구 수가 합리적이라면 충분히 고려해볼 만합니다. 단독주택의 경우 세입자를 구하지 못하면 100퍼센트 임대 손실이 발생합니다.

공동주택 단지를 선호하는 또 다른 이유는 당신이 그중 한 가구에 직접 살고 다른 가구들을 임대할 수 있다는 점입니다. 다른 가구들이 내는 월 임대료가 모든 비용을 충당할 수 있기 때문에 당신은 임대료 부담 없이 살 수 있습니다. 또한 임대가 아니라 여러 가구 중 하나를 직접 소유하고 싶을 때에는 주택 담보대출을 받을 수도 있습니다. 일반적으로 계약금이 주택 담보대출 금액보다 적기 때문에 돈을 절약하고 레버리지를 적극적으로 이용할 수 있습니다. 이와 관련해 전문가와 상의하십시오.

괜찮은 물건을 발견하면 시장 조사를 충분히 하십시오. 임대를 통해 현금 흐름을 창출할 수 있는지 반드시 확인하십시오. 주요한 구조적인 문제가 있는지 확인하기 위해 집 안을 꼼꼼히 점검하십시오. 계약을 위해 계약금을 준비하십시오. 계약을 하고 계약금을 지불할 때는 긴장할 수도 있습니다만, 앞으로 더 재미있고 신나는 일들이 많이 있으니 걱정 마십시오.

좋은 거래는 언제나 고통과 괴로움에 빠져 있는 사람들에게서 찾을 수 있습니다. 급하게 이사해야 하거나, 재무 상황이 좋지 못하거나, 대출금이 연체되기 직전이거나, 신용도에 빨간불이 들어온 경우 구매자 입장에서는 일반적으로 좋은 거래를 할 수 있습니다. 자금이 준비돼 있다면 좋은 거래를 즉시 성사시킬 수도 있습니다.

당신이 사는 지역에만 한정해 투자하지 마십시오. 미국은 큰 나라이며, 곳곳에 많은 투자 기회들이 널려 있습니다. 자산 가치는 낮고 임대 수요는 많은 곳을 찾아내 집중 공략하십시오.

좋은 부동산 찾기

투자 대비 가장 높은 현금 흐름을 창출하는 부동산을 가장 싼 가격으로 구매하는 것이 가장 이상적이고 누구나 원하는 구매입니다. 일반적으로 판매 호가보다 15퍼센트 정도 싼 가격으로 구매하는 것이 좋습니다.

앞에서도 강조했지만 좋은 부동산을 찾는 것은 '매일매일 주말인 삶'을 달성하기 위한 현금 흐름 창출에 가장 중요한 요소입니다. 시장 조사를 면밀하게 하고 높은 수익률을 보장하는 저평가된 물건을 찾을 때까지는 구매를 서두르지 마십시오.

부동산 구매 시 더 높은 가격을 지불할수록 매달 당신이 부담해야 할 금액의 액수는 커지고 현금 흐름은 줄어듭니다. 더 좋은 거래를 성사시켜 더 높은 자산 가치를 확보하고 그걸 토대로 레버리지를 발생시켜 현금을 창출하는 다른 자산을 또 구매하십시오. 그리고 수리비를 많이 지출하면 손익분기점에 도달하는 시간 또한 길어지니 수리비 지출은 신중하게 결정해야 합니다.

'현금 흐름 필터' 사용하기

자, 그럼 어떻게 좋은 부동산을 발견할 수 있습니까? 그 답은 '현금 흐름 필터'에 있습니다. '현금 흐름 필터'를 사용하면 불필요한 거래들은 재빨리 제거하고 남은 것 중 최고의 거래를 선택할 수 있습니다. 그런 다음 확신을 가지고 구매 협상에 임할 수 있습니다.

첫 번째 필터: 큰 그림

매매 타이밍과 시장 상황

부동산 매매를 고려하기 전에 지금이 구매 적기인지 아닌지 매

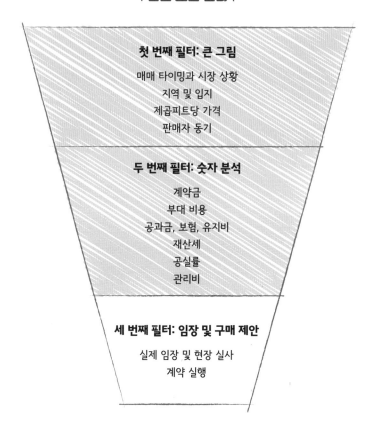

| 현금 흐름 필터 |

첫 번째 필터: 큰 그림

매매 타이밍과 시장 상황
지역 및 입지
제곱피트당 가격
판매자 동기

두 번째 필터: 숫자 분석

계약금
부대 비용
공과금, 보험, 유지비
재산세
공실률
관리비

세 번째 필터: 임장 및 구매 제안

실제 임장 및 현장 실사
계약 실행

매 타이밍을 먼저 고려해야 합니다. 경기가 불황인지 호황인지 회복 중인지 침체 중인지도 면밀히 살펴보아야 합니다. 트렌드에 기반해 5~10년 뒤에는 시장 상황이 어떨지 예측해야 합니다.

그다음 당신이 구매하고자 하는 물건이 있는 시장에 대해 조사해야 합니다. 자산 가치, 임대료, 공실률 등을 살펴보고, 인구 증가율, 임대 수요, 구인 시장 등도 확인해봐야 합니다.

지역 및 입지

분석할 대상을 찾았다면 가장 먼저 확인해야 하는 것이 지역과 입지입니다. 이웃, 편의 시설, 학교, 쇼핑몰, 직장까지의 통근 시간 및 수단, 번잡함 등을 조사합니다.

제곱피트당 가격

다음은 제곱피트당 가격을 조사해야 합니다. 사고자 하는 부동산이 있는 지역의 평균 가격을 알고, 해당 부동산이 평균 이하의 가격일 경우 조사해볼 가치가 있는지 즉시 판단해야 합니다. 평균이거나 평균 이상의 가격이라면 다른 뛰어난 가치가 있지 않은 한 되도록 구매 리스트에서 제외합니다. 평균 이하의 가격인 부동산은 대부분 조사해볼 가치가 있습니다.

앞서 언급했듯이 판매 호가에서 최소 15퍼센트 이상 할인된 가격으로 구매해야 합니다. 얼마만큼 가격을 절충해야 하는지는 현재 시장 상황이나 전반적인 경기에 따라 달라집니다. 중요한 것은 너무 비싸게 사지 말아야 한다는 것입니다. 물건이 좋아 보이면 당신이 조사한 정보에 따라 최저 금액을 제시합니다. 오랫동안 매물로 나와 있는 물건은 가격 협상을 할 여지가 충분합니다.

판매자 동기

제곱미터당 가격이 괜찮다면 판매자의 판매 동기를 파악할 차례입니다. 가능하면 판매자에게 직접 물어보고 여의치 않으면 부동산 중개인에게 물어봅니다. 이것이 중요한 이유는 판매자가 더 빨리 처분하고 싶어 할수록 더 나은 가격으로 협상할 수 있기 때문입니다. 이혼을 앞두고 있다거나 공과금 낼 돈이 없다거나, 이렇게 고통에 빠진 사람들은 가격을 협상하기가 훨씬 수월합니다. 그들이 그곳을 더 빨리 벗어나고 싶어 할수록 당신이 그 물건을 빨리 사면 그들의 문제가 훨씬 빨리 해결되고 보상도 받을 수 있다는 것을 의미합니다.

두 번째 필터:
현금 흐름과 투자 자본 수익률 분석(ROI)

첫 번째 필터인 큰 그림에서 만족스러운 대답을 얻었다면 이제 숫자를 상대할 차례입니다. 물건에 대해 조사한 다음, 다음에 나와 있는 '부동산 물건 현금 흐름/투자 자본 수익률' 표를 채워보십시오. 비용은 물건별로 도시별로 천차만별이고, 이 차이는 당신의 구매에 큰 영향을 줍니다. 조사를 하는 데 시간이 어느 정도 걸립니다만, 조사를 통해 수집한 정보는 예측, 추측, 소문, 예감이 아니라 사실에 기반해 결정을 내리는 데 도움이 됩니다.

부동산 물건 현금 흐름/투자 자본 수익률 표를 통해 해당 물건의 현금 흐름과 투자 자본 수익률이 만족할 만한 수준인지 판단할 수 있습니다. 당신이 정한 기준을 충족하는 물건을 찾을 때까지 다양한 부동산들을 이 표를 통해 계속 평가해보십시오. 이 작업은 1주일 또는 심지어 1개월 이상 걸릴 수 있습니다만, 나중에는 큰 차이를 만들어냅니다.

다음에 완성된 현금 흐름/투자 자본 수익률 표를 예시로 살펴보십시오. 앞에서 소개했던 몇 년 전 인디애나폴리스에 있는 부동산을 구매할 때 사용했던 자료입니다.

이 표에서 부대 비용은 은행 대출에 포함돼 있고, 수리 비용은 구매 가격의 10퍼센트입니다. 공실률은 10퍼센트로 예상했습니다.

온라인 계산기

'매일매일 주말인 삶' 홈페이지에서 이 표를 사용할 수 있습니다. 홈페이지에서 직접 숫자를 써넣을 수도 있고 다운로드해 수기로 채워 넣을 수도 있습니다.

표를 다 채워 넣고 나면 해당 부동산에서 기대하는 연간 총 현금 흐름을 현실적으로 예측하고, 그것을 바탕으로 매매 제안 결정을 할 수 있습니다. '매일매일 주말인 삶'을 추구하려면 반드시 많은 현금 흐름을 창출해야 합니다.

수익성 또한 중요합니다. 좋은 수익성 지표로는 일명 ROI^{Return on Investment}라고 불리는 투자 자본 수익률이 있습니다. 부동산을 ROI 지표를 통해 분석함으로써 해당 부동산의 ROI가 좋은 부동산 투자의 최소 기준을 만족하는지 판단할 수 있습니다. 10퍼센트

날짜	닉의 구매 날짜
부동산 구매 정보	
부동산 종류	듀플렉스
위치 및 입지	인디애나폴리스
가구 수	2
건평(제곱피트)	2,164(약 200제곱미터)
판매 호가	99,500
감정 평가액	103,000
구매가	80,000
대출 기간(년)	30
이자율(%)	4
대출 총액	66,800 (대출금 64,000+부대 비용 2,800)
계약금	18,000
부대 비용(직접 지불)	2,800
매월 상환 원리금(원금+이자)	319
제곱피트당 비용	38.26
가구당 비용	41,400
소득과 지출	
가구당 월 임대료	520
예상 연간 총소득	12,480
10퍼센트 공실률 대손충당금	1,248
예상 연간 순소득	11,232
연간 운영 비용	
공과금(전기, 가스, 수도 등)/인터넷	1,200

보험료	1,000
재산세	1,000
주택 소유자 조합 회비	0
유지 보수(정원과 집 유지 보수)	1,200
총 운영 비용	4,400
연간 대출 상환 원리금	3,828
총 연간 운영 비용(대출 상환+총 운영 비용)	8,228
총 월간 비용	686
현금 흐름	
연간 순현금 흐름	3,004
연간 대출 상환금	3,828
월간 순현금 흐름	250
투자 자본 수익률ROI	
자체 관리 시 수익률(%)	16.7
자산 관리 비용	1,123
관리 위임 시 수익률(%)	10.5
수리 비용(구매가의 5%일 때)	4,140
임대료로 손익분기점 달성 기간(월)	16.5
수리 비용(구매가의 10%일 때)	8,280
임대료로 손익분기점 달성 기간	33

 '매일매일 주말인 삶' 홈페이지 5dayweekend.com에 접속해 '부동산 물건 현금 흐름/투자 자본 수익률' 표 공식에 대해 더 많은 정보를 얻기 바랍니다. **다운로드 비밀번호: P8**

의 ROI는 수익의 최소 기준점으로 손색이 없습니다. ROI가 기준 점인 10퍼센트보다 더 높게 나오고 다음 필터인 임장 및 조사 필터에서 특별한 문제가 발견되지 않는다면 해당 부동산에 대해 매매 제안을 하면 됩니다.

세 번째 필터:
현장 실사 및 구매 제안

현장 실사

괜찮은 물건이라면 망설이지 마십시오. 숫자 분석이 끝나면 빨리 구매 제안을 하십시오. 다만 구매 제안서에 법적 책임이나 예측할 수 없는 손해 같은 만일의 사태에 대비할 수 있도록 긴급 대책 조항Contingency Clause을 삽입하는 것이 좋습니다. 구매 제안서를 제출하고서 어느 정도 계약이 진행되면 현장 실사를 통해 물건의 상태를 확인하고 추가 비용이 들어갈 만한 중요한 사항이 없는지 점검합니다. 가능하면 전문가를 고용해 세밀하게 점검하고 조사하는 것이 좋습니다.

현장 실사에서도 별문제가 발견되지 않으면 계약을 마무리하십시오. 현장 실사에서 당신의 수익성에 영향을 줄 만한 사항이 발견되면 계약을 중지 또는 취소하십시오.

투자 초기에 저는 현장 실사에서 뼈아픈 경험을 했습니다. 10대 때 저는 세 건의 부동산을 구입했는데, 스스로 경험이 풍부하다고 자부하고 있었기에 순진하게 저 자신이 무적이라고 생각했습니다. 투자처를 찾는 데 매우 조바심을 내고 있던 그때 마침 물가에 위치하고 있는 물건을 하나 발견했습니다. 저는 그 부동산에 매우 자신만만해하던 부동산 중개인과 얘기를 나누었습니다. 제 계획은 그곳에 통나무집을 짓는 것이었습니다. 저는 현장 실사 한번 나가보지 않고 1만 6,500달러를 주고 그 물건을 구입했습니다.

넉 달 뒤 그 집을 직접 보러 갔을 때 집은 물에 잠겨 있었습니다. 상습 침수 지역이라 1년에 7개월은 물에 항상 잠기는 곳이었습니다. 저는 5,000달러에 그 부동산을 다시 매각할 수 있었지만 엄청나게 큰 손해를 보고 말았습니다. 그러나 이 경험을 마치 가시관처럼 제 가슴속에 고이 간직하고서 몇십 년 동안 현장 실사를 할 때마다 그날의 기억을 곱씹고 있습니다.

임대 전 수리 비용

매입하자마자 바로 임대를 줄 수 있는 수준의 부동산을 구매하기란 쉽지 않습니다. 대부분의 주택은 어느 정도 수리가 필요합니다.

일단 카펫 청소(교체할 수 있으면 교체하는 것이 낫습니다)와 집 내부 청소부터 시작합니다. 청소는 몇백 달러만 사용하면 충분한 효과를 볼 수 있습니다.

다음은 집의 겉모습을 크게 바꿔줄 몇 가지 공사를 시작할 차례입니다. 저는 밖에서 보이는 집의 풍경, 정문, 새로운 페인트칠,

새로운 가전제품, 부엌과 화장실(개수대, 세면대, 조명, 수납장 등) 등 보이는 것들만 바꿉니다. 보이지 않는 부분은 집을 매각할 때 수리하면 됩니다. 임대의 경우 안 보이는 부분을 수리하는 것은 부동산 가치에 크게 영향을 주지 않습니다.

겉모습이 보기 좋지 않은 부동산을 매입한 경우 배관, 조명, 지붕 등을 새로 하거나 배치 변경과 같은 좀 더 높은 수준의 수리나 수선이 필요합니다.

저는 침실이 임대에 얼마나 큰 영향을 끼치는지에 대한 재미있는 경험이 있습니다. 어느 날 제가 소유한 임대 부동산 중 하나에서 불법 매춘을 운영한 혐의로 경찰이 저를 체포하러 집을 급습했습니다. 저는 무슨 일인지 전혀 모르겠으니 자산 관리 회사와 얘기하라고 말했습니다.

알고 보니 자산 관리 회사 관리자가 임차인을 선별하는 데 실패했고, 또한 임차인들은 매춘 사업을 운영하기는 했으나 제 소유의 부동산을 매춘 사업에 직접적으로 활용한 게 아니라 단지 직원들의 숙소로만 이용한 것으로 밝혀졌습니다. 임차인들은 가벽으로 두 개의 침실을 추가로 만들어놓았습니다. (침실을 그렇게 여러 개 만든 걸 보면 사업은 매우 잘됐던 것으로 보입니다.)

저는 일단 임차인들을 내보내고 매춘 사업을 중지시켰습니다. 침실이 두개였던 집이 졸지에 네 개의 침실을 보유한 집이 됐는데 전화위복으로 늘어난 두 개의 침실에서 매달 600달러의 추가 소득이 발생했습니다. 저는 이 경험을 통해 가능한 한 침실을 많이 만들면 더 많은 임대 수익을 확보할 수 있다는 아주 가치 있는 교훈을 얻었습니다.

부동산을 구매하기 전에 해당 부동산에 대한 임대 준비를 완료하려면 추가 비용이 얼마나 필요한지 미리 분석해야 합니다. 모든 비용과 주택 담보대출 원리금을 상환한 다음 손에 쥐게 되는 순현금 흐름을 토대로 손익분기점을 산정하기 위해서는 위에서 언급한 비용 항목에 속하지는 않지만 추가로 지불한 비용을 파악해야 합니다. 예를 들어 수리 비용으로 3,000달러를 추가로 지출했고 매달 순현금 흐름이 500달러라고 한다면 손익분기점은 6개월 뒤에 달성됩니다. 즉 6개월 뒤에 발생하는 순현금 흐름부터 오롯이 당신의 수익이 됩니다.

저의 법칙은 구매한 부동산을 수리하고 리모델링하는 데 지출하는 비용을 구매가의 15퍼센트 이내로 한정하는 것입니다. 많이 저지르는 실수 중 하나는 너무 많은 현금을 부동산 수리에 사용하는 바람에 손익분기점의 시기가 너무 먼 미래가 돼버리는 것입니다. 더 많이 투자하면 부동산의 가치는 올라가겠지만, '매일매일 주말인 삶'을 위해서는 부동산의 가치 상승보다 현금 흐름 창출이 더 중요합니다. 자산 가치의 상승은 부가적인 이득일 뿐 추구해야 하는 중요한 목표가 아닙니다.

반면에 수리나 리모델링에 너무 옹색하게 굴면서 거의 아무것도 없는 텅 빈 집으로 남겨둔다면 임차인을 구하기도 힘들고 부동산 자체의 가치도 점점 하락합니다.

계약금 마련하기

좋은 현금 흐름을 창출할 수 있는 임대 부동산을 하나 발견했다고 해도 넘어야 할 산은 또 있습니다. 바로 계약금 문제입니다. 계약금은 부동산 투자의 진정한 장애물입니다. 당신은 "계약금처럼 큰 금액을 도대체 어디서 어떻게 확보할 수 있습니까?"라고 물어볼지도 모릅니다. 충분히 돈을 모을 때까지 저축하는 방법은 잠시 제쳐두고 계약금을 마련하는 몇 가지 방법을 살펴보겠습니다.

1. 가족이나 친구에게 대여

당신과 가장 가까운 이들이 당신이 처음으로 부동산을 구입하는 데 필요한 계약금을 빌려주는 경우가 많습니다.

2. 현금 흐름 보험에서 대여

앞에서 상세하게 설명한 현금 흐름 보험에서 돈을 인출해 계약금을 마련할 수 있습니다.

3. 은퇴 저축에서 대여 또는 인출

계약금을 마련하기 위해 은퇴 저축에서 대여 또는 중도 인출할 수 있습니다. 그러나 이 방법은 앞에서 살펴보았듯이 많은 법적 규정들의 적용을 받기 때문에 벌칙이나 벌금을 받지 않도록 주의해야 합니다.

4. 정부 보조 프로그램

미국에서는 연방주택관리청Federal Housing Administration, FHA과 군인 공제회Veteran Administration, VA가 듀플렉스, 트리플렉스, 쿼드플렉스를 최초로 구매하는 사람에게 보조금을 제공합니다.

이 책의 저자 개릿은 19세 때 정부의 주택 구입 보조금 정책인 CHAMPCreating Housing Affordable Mortgage Program를 이용해 방 세 개짜리 집을 구매해 그중 하나의 방에서는 자신이 직접 살고 나머지 두 개는 임대했습니다. 당신이 사는 나라에도 비슷한 정책이 있을 것입니다. 전문가와 관련 정책에 대해 상의해보십시오.

5. 판매자 대여(한국은 전세를 끼고 매입하는 갭 투자 방식이 이와 비슷함-옮긴이)

때때로 집을 팔려는 사람이 사는 사람에게 돈을 빌려주고 계약금을 조금만 받습니다.

6. 공동투자자

투자자들을 모아 공동으로 투자하는 것도 계약금 마련의 좋은 전략입니다. 더구나 여러 사람이 조사하면 아무래도 한 사람이 하는 것보다는 더 나은 경우가 많습니다. 그러나 공동투자자들 상호 간에 반드시 신뢰가 바탕이 돼야 하고, 계약 관계는 무조건 서면으로 작성해두어야 합니다.

7. 사채업자 Hard Money Lending (미국과 캐나다에만 있는 개념이며, 한국에서는 굳이 따지자면 사채업자가 가장 비슷함-옮긴이)

당신이 구입한 자산을 담보로 돈을 빌려주는 개인이나 작은 회사를 통해 계약금을 마련합니다. 이들은 계약금을 빌려주고 등기부에 1순위로 등재됩니다. 당신이 만약 돈을 갚지 못하면 해당 부동산은 그들의 손에 넘어갑니다. 일반적으로 은행 이자보다 많이 비싼 데다 높은 취급 수수료도 요구합니다.

평범한 사람들이 부동산으로 창출해낸 부

저와 개릿은 지금까지 오랜 기간 사람들이 부동산을 통해 부자가 되는 것을 도와줬는데 그동안 경험한 몇 가지 사례는 저희한테 큰 영감을 주었습니다.

엔지니어가 부동산 투자를 시작하다

데일은 엔지니어로 오랫동안 일했습니다. 어느 날 그는 자신이 월급을 위해 일을 하고 있고 불로소득은 전혀 없다는 것을 깨달았습니다. 그는 연금 저축에 최대한도로 적립하고 있었는데 그가 연금을 받아 지금의 소득 수준을 대체하려면 몇 년이 걸리는지 냉철하게 계산해본 다음 바로 부동산에 투자하기 시작했습니다.

이전에 한 번도 해본 적이 없었기에 책을 사고 강좌에 등록했습니다. 그해 9월, 자신의 인생 최초로 3가구가 있는 공동주택을 18만 달러에 구입했습니다. 그 뒤 계속해서 자신이 사는 지역에서 공동주택 위주로 물건을 구입했습니다. 목표가 현금 흐름 창출이었기 때문에 수리나 수선을 전혀 하지 않았습니다.

최초 부동산을 구입한 지 362일 뒤, 그는 6개의 부동산을 보유하게 됐고 생활비와 월급을 능가하는 불로소득을 창출할 수 있게 됐습니다. 그는 그 뒤 자신이 소유한 부동산의 레버리지를 활용해 다른 벤처 사업에 투자하기 시작했습니다. 현재 그의 소득은 엔지니어였을 때보다 무려 7배가 많습니다.

취미 투자자가 한곳에 집중하기로 결정하다

피트는 여러 가지 다양한 투자 방법을 시도해본 창업자이자 강연자입니다. 그의 표현을 빌리자면 그는 이제까지 주식 투자, 석유 투자, 부동산 투자, 기타 여러 투자를 수박 겉 핥기 식으로 어설프게 하고 있었을 뿐 그중 어떤 것에도 집중하지 않았습니다. 지금까지 해왔던 모든 투자를 면밀히 검토해본 그는 부동산 투자가 가장 큰 불로소득 현금 흐름을 창출한다는 사실을 깨달았습니다. 그와 그의 아내는 모든 것을 원점에서 시작하기로 결심했습니다.

그들은 자신들의 고향에서 개인 주거 부동산을 사는 것으로 부동산 투자를 다시 시작했습니다. 몇 년 뒤, 그들은 이사를 하고 살던 집은 임대를 했습니다. 그들은 다음 집도 몇 년 살고 임대하는 똑같은 방식을 적용했습니다. 세 번의 이사 끝에 그들은 자신들의 드림 하우스로 이사할 수 있었습니다.

몇 년 뒤, 하고 있던 사업에서 돈을 마련해 4개의 임대 부동산을 추가로 더 취득했고 총 6개의 부동산을 보유하게 됐습니다. 2015년, 그들은 에어비앤비나 브르보VRBO, Vacation Rental by Owner처럼 홈페이지를 통해 휴가 임대 사업을 시작했습니다. 그들은 자기들이 사는 집을 한 번에 1주일 정도 대여해주었고, 집이 임대된 1주일 동안에는 가족 여행을 떠났습니다. 휴가 임대 사업으로 1주일에 약 6,500달러의 소득이 발생했습니다. 이 정도 금액이면 8주면 연간 대출 상환금액을 전부 감당할 수 있는 수준이었습니다.

자신들의 사업이 성공적임을 알아차리고 그들은 자신들이 살고 있는 마을에 멋진 집을 추가로 구매한 다음 주 거주지로 꾸몄습니다. 그들은 지금 2채의 집으로 휴가 임대 사업을 하고 있으며, 어느 집이 임대되느냐에 따라 이쪽저쪽 옮겨 다니면서 살고 있습니다.

피트 부부는 현재 2채의 휴가 임대 부동산과 6채의 임대 부동산을 보유하고 있으며, 재무 독립을 70퍼센트 정도 달성한 상태입니다.

우유부단한 남편이 아내의 말을 듣다

밥은 좋은 직장을 잡고, 돈을 아끼고, 주식시장에 투자하고, 마지막으로 멋지게 은퇴를 해야 한다는 일반적인 조언을 듣고 자랐습니다. 그의 부모님은 집을 임차하고 부동산에는 전혀 투자하지 않았기 때문에 그는 부동산 투자에 완전히 무지했습니다.

밥은 인쇄업계에서 13년간 일했습니다. 어느 날 그와 그녀의 아내 홀리는 부업으로 네트워크 마케팅을 시작했습니다. 부업이라고 생각했던 사업에서 벌어들이는 소득이 월급의 3배가 넘자 밥은 직장을 그만두었습니다. 그들은 사업으로 벌어들인 여유 자금을 모두 주식시장에 투자한 뒤 무슨 일이 발생하는지도 모른 채 주식 중개인에게 전권을 맡겼습니다. 그들은 주식 투자로 돈을 전혀 벌지 못하고 말 그대로 쪽박을 찼습니다.

홀리는 자신의 부모님이 부동산에 투자해 큰 성공을 거두는 것을 보면서 자랐습니다. 그녀는 남편에게 자기 부모님을 따라 해야 한다고 등 떠밀었지만 밥은 너무 우유부단했습니다. 그래서 그녀는 혼자 시장 조사를 하고 그녀가 구매하기 원했던 소유자 직접 판매 듀플렉스를 하나 발견했습니다. 그녀는 밥에게 "밥, 지금 이걸 사지 않으면 평생 후회하면서 살 것 같아. 당신, 그러길 원해?"라고 말했습니다.

우유부단했지만 어리석지는 않았던 밥은 그녀의 말에 동의했습니다. 그들은 1996년에 그 듀플렉스를 매입했습니다. 그들은 부동산을 매입하면서 엄청나게 즐겁고도 놀라운 경험을 했습니다. 그러나 더 놀라운 일은 그들이 1년 뒤 회계사와 면담을 했을 때 일어났습니다. "회계사가 듀플렉스의 감가상각을 설명하고서 감가

상각에 따른 세금 혜택에 대해 말했습니다. 그걸 듣자마자 저는 머릿속으로 계산한 뒤 생각했습니다. '이거 정말 굉장한걸!' 물론 저희가 꽃길만 걸었다고는 말하지 않겠습니다만, 그래도 저희는 좋은 임차인을 만났고 전문가들을 고용해 많은 문제를 해결했습니다"라고 밥은 그때를 회상했습니다.

밥과 홀리는 더 이상 주식시장에 투자하지 않습니다. 그들은 수백만 달러의 수익을 벌어들이는 많은 사업을 운영하고 있습니다. 그러나 노후의 안정과 은퇴 준비의 일환으로 여전히 그들의 시선은 부동산 투자에 향해 있습니다. 그들은 현재 478만 3,000달러의 평가 가치와 매달 1만 8,500달러의 현금 흐름을 창출하는 단독주택과 듀플렉스를 포함해 11개 부동산을 소유하고 있습니다. 밥은 우유부단했지만 부동산 투자에 대한 아내의 말을 절대 허투루 듣지 않았습니다.

25년간 부동산 투자를 통해 체득한 유용한 조언

명백하게 이 책은 부동산 투자에 대해 집중적으로 다루는 책이 아닙니다. 저의 목표는 기초를 다지기 위한 지식과 정보를 전달해 당신이 자신감을 가지고 계속 전진하도록 만드는 것입니다. 물론 당신을 위해 일하고 있는 부동산에 대해 공부해야 합니다. 그러나 일단 여기에서는 부동산 투자를 시작하기 전에 반드시 알아야 하는 중요한 것들을 살펴보겠습니다.

1. 매입할 때 수익을 발생시켜라

제대로 된 부동산이라면 팔 때가 아니라 살 때 돈을 벌 수 있습니다. 저는 시장가치보다 저평가된 부동산만 구입합니다. 매입한 날 바로 매각해도 수익이 창출될 것이라는 확신이 있을 때만 구매합니다. 또한 저는 가치를 즉시 향상시킬 수 있는 부동산만 매입합니다. 다시 말해 저는 시장가치보다 저평가된 부동산을 사거나 시장 데이터나 수요에 근거해 자산 가치가 엄청나게 상승할 부동산을 구매합니다. 수익은 구매할 때 이미 판가름 납니다. 절대로 부동산의 장기적인 가치 상승에 기대지 마십시오. 가치가 지속적으로 상승한다면 얼마나 좋은 일이겠습니까? 그러나 현실은 그리 호락호락하지 않습니다.

> 자산, 특히 부동산과 사랑에 빠지지 마십시오. 항상 사실에 기반해 냉철하고 이성적으로 판단하십시오.

장기적인 가치 상승에 의지해 수익을 창출하려고 한다면 상당히 오랜 시간 동안 기다려야 할지 모릅니다. 게다가 장기적인 가치 상승에 의지하면 당신은 해당 부동산이나 경제에 부가적인 가치를 창출하지 못합니다. 이것은 당신이 수익을 전혀 통제하지 못하거나 일정 부분만 통제할 수 있다는 의미입니다.

2. 공동주택을 구매하라

저는 절대로 1가구를 위한 단독주택은 사지 않습니다. 제가 하는 모든 투자는 최소 듀플렉스 이상의 공동주택이거나 아파트입니다. 그것들은 매입하기도 쉽거니와 감수해야 하는 위험도 단독주택보다 작습니다. 거기다 단독주택보다 현금 흐름 창출 능력도 훨씬 뛰어납니다.

당신이 직접 사는 집에 너무 많은 돈을 투자하지 마십시오. 그 대신 불로소득을 창출하기 위해 공동주택이나 아파트를 구매해 자본을 늘리십시오. 나중에는 당신이 살 집은 임차하고 임대할 집은 사게 됩니다. 집을 임차해서 살면 주택을 소유한 대가로 지불해야 하는 많은 비용을 절약할 수 있습니다.

3. 조급해하지 말고 감정적이 되지 마라

투자자로서 처음 시작할 때에는 돈이 되는 물건을 찾는 과정을 즐기게 됩니다. 그러나 즐거움을 느낌과 동시에 마음의 여유가 사라지고 손실에 대한 두려움을 느끼게 됩니다. 손실이 발생할까 봐 부동산 구매를 주저합니다. 조급하고 감정적인 단계에 접어들면 정보와 숫자를 충분히 분석하고 확인하지 못합니다. 설령 분석을 한다고 하더라도 감정적으로 결정하고 잘못된 결정에 대해 스스로 합리화하기 시작합니다. 현명한 투자자는 세상은 넓고 구매할 부동산은 많다는 것을 잘 알고 있습니다. 현명한 투자자는 언제나 이성적이며, 감정적으로 어떤 하나의 거래에 목매달지 않습니다.

절대로 부동산 투자를 감정적으로 조급하게 하지 마십시오. 여유를 가지고 천천히 하는 것이 가장 좋습니다. 기회는 무궁무진합니다. 거래에 한 번 실패해도 열 번의 다른 거래 기회가 다시 찾아옵니다. 지금 당장 평범한 거래를 성사시키는 것보다 6개월 동안 기다려 더 좋은 거래를 하는 것이 훨씬 이득입니다.

4. 좋은 입지의 부동산을 구매하라

이미 많이 들어서 식상하겠지만 그래도 이것은 부동산 불변의 진리입니다. 입지는 수익 창출을 위한 핵심 열쇠입니다. 부동산의 가치는 입지와 시장 수요로 결정됩니다. 입지를 분석할 때는 미시적으로 구매하려는 부동산 주변의 환경을 분석하고, 거시적으로 해당 부동산이 위치한 도시 또는 지역을 동시에 분석하는 것이 좋습니다. 수요와 공급을 이해하기 위해 시장 트렌드를 공부해야 합니다.

5. 일정 수준의 작업이 필요한 부동산을 발굴하라

기본적인 개선을 위해 일정 수준의 수리와 수선이 필요한 부동산을 찾아보십시오. 저는 절대로 새로 분양한 집을 사지 않습니다. 당신이 획득할 수 있는 수익을 왜 개발업자에게 가져다 바칩니까? 새로 분양한 집은 증가시킬 수 있는 부가가치가 없습니다. 항상 당신이 부가가치를 증가시킬 수 있는 부동산을 발굴하십시오.

6. 영리하게 리모델링하라

제가 부동산 투자를 처음 시작했을 때 구입한 부동산은 수리와 수선이 필요한 상태였습니다. 저는 기술자들로 구성된 팀을 꾸려 그 집을 수리하기 시작했습니다. 때때로 그들과 같이 일하면서 수리에 대해 많은 것을 배우기 시작했습니다. 시간이 지나면서 우리는 모든 부동산의 내부에 동일하게 적용할 수 있는 쿠키 커터 시스템을 개발했습니다. 우리는 모든 부동산에 페인트, 카펫, 타일, 석조, 나무 바닥재, 햇빛 차양 막 등을 모두 동일하게 적용했습니다.

법칙은 간단합니다. 부엌과 화장실을 리모델링하면 부동산의 가치가 가장 크게 향상됩니다. 집에 대한 첫인상은 입구에서부터 결정되기 때문에 항상 정문을 바꾸거나 새로 칠을 합니다. 나무와 꽃을 새로 심고 우체통도 교체합니다. 이런 것들이 모두 부동산의 가치를 향상시킵니다.

앞에서도 언급했지만, 저는 리모델링 예산을 부동산 구매 가격의 15퍼센트를 절대 넘기지 않습니다. 그 15퍼센트 이내에서 부엌 30퍼센트, 화장실 20퍼센트, 외부 인테리어 20퍼센트, 일반적인 수선 30퍼센트 등과 같이 작업이 필요한 항목에 따라 예산을 분배합니다.

만약 구입하려는 물건이 예산 규정과 맞지 않으면 그 물건은 사지 않습니다. 수익을 위해 리모델링한다는 것이 법칙입니다. 같은 구역의 리모델링이 완료된 부동산의 가치를 비교 분석해보십시오.

7. 임대가 잘되게 인테리어를 구성하라

제가 소유한 모든 임대 부동산에는 냉장고, 오븐, 식기세척기, 전자레인지 등 대부분의 가전제품이 구비돼 있습니다. 와이파이와 케이블 TV도 무료로 제공합니다. 물론 해당 비용은 전부 임대료에 반영돼 있습니다. 이러한 생활 편의 시설을 설치해놓으면 훨씬 더 빠르고 쉽게 임차인을 구할 수 있습니다.

8. 똑똑하게 관리하라

경험이 부족한 투자자들은 매입한 부동산을 제대로 관리하지 못해서 손실을 보거나 부동산 투자에 대한 환상이 깨집니다. 사전 준비가 철저하지 못한 아마추어들은 임차인을 모집하는 기준이나 프로세스가 없습니다. 임차인을 철저하게 검증하지 못하기 때문에 나쁜 계약을 맺는 경우가 많습니다. 임차인이 임대료를 제때 내지 않을 때 경험 없는 투자자들은 나쁜 사람이 되지 않고 '좋은 사람'이 되기 위해 임차인에게 너무 관대하게 행동합니다.

미숙한 투자자들은 돈 관리 또한 허술하게 합니다. 세금이나 공실 같은 추가 비용을 고려하지 않거나 수리 및 유지 보수를 위한 수선충당금을 과도하게 설정해두기도 합니다. 그들은 자산 관리는 소홀히 하면서 불로소득에 대해서는 지나치게 기대합니다. 그 결과, 좋지 않은 경험을 계속하게 되고 결국에는 "부동산 투자는 나쁜 것이야"라는·말로 끝맺습니다.

당신이 부동산 관리에 대해 잘 알고 있고 시간을 충분히 투자할 수 있다면 직접 관리하는 것도 가능합니다. 그러나 대개 부동산 관리 경험이 많지 않기 때문에 자산 관리 전문 회사와 계약을 맺는 것이 불로소득의 취지에도 적합하고 운영 자체도 훨씬 더 효과적입니다. 자산 관리 회사와의 계약을 위해 추가로 사용되는 돈은 당신의 일을 덜어주기에 충분히 가치 있습니다.

9. 심리적 안정을 주는 비상금을 확보하라

급작스러운 유지 보수, 임대료를 제때 내지 않는 임차인, 갑작스러운 공실에 대비해 수중에 현금을 충분히 보유하고 있어야 합니다. 앞에서도 설명했듯이, 최소 6개월 치 대출 상환 원리금은 독립된 개별 통장에 따로 보관하고 있어야 합니다.

현금 흐름 보험을 적절하게 사용하는 것도 좋은 방법입니다.

10. 현금을 보유하라

현금은 현금 흐름을 창출하는 자산을 구매하는 데 사용하기 때문에 매우 소중합니다. 특정 부동산에 돈을 한꺼번에 많이 지불할수록 현금 부족으로 다른 거래를 성사시키기가 더 어려워집니다.

이와 같은 실수는 다방면에서 저지를 수 있습니다. 먼저 너무 비싸게 매입하는 것입니다. 비싸면 비쌀수록 계약금도 더 많이 필요합니다. 또한 단독주택의 경우 비쌀수록 위험은 더 커집니다.

충분한 현금 흐름을 창출하지 못하거나 쉽게 매각하기 힘든 부동산에 모든 돈이 묶여 있으면 유동성 부족으로 곤란한 상황에 빠지게 됩니다.

쉽게 저지르는 또 다른 유형의 실수는 너무 많은 계약금을 이율이 높은 단기 자금을 차입해 지불하는 것입니다. 계약금은 최소로 지불하고 대출 기간은 최대로 설정하십시오. 현금 유동성을 항상 확보하십시오. 자산에 묶여 있는 현금은 유동성이 현저히 떨어집니다.

11. 과도한 레버리지는 지양하라

지난 금융 위기 당시 많은 부동산 투기꾼들 사이에 만연해 있던 투자 전략은 주택 담보대출 비율Loan to Value Ratio, LTV 100퍼센트까지 대출하는 것이었습니다. 당시 은행은 서류나 계약금 없이 신고소득만으로 대출을 해주는 등 대출을 대충대충 취급했습니다.

시장이 최고점이고 주택 담보대출 비율 100퍼센트로 부동산을 구입했다는 것은 사용 가능한 출구 전략이 전혀 없다는 얘기입니다. 자산은 곧 압류되고, 자산의 권리는 은행으로 넘어가게 됩니다. 또한 당신의 신용도는 바닥으로 곤두박질칩니다.

시장 평균가보다 15퍼센트 이상 낮은 가격의 부동산을 20퍼센트 이내의 계약금으로 구입하면 시장 위기에 대응할 수 있는 완충지대를 확보할 수 있습니다. 더구나 임대 소득의 현금 흐름은 시장의 상황에 관계없이 항상 주택 담보대출의 원리금보다 높습니다. 부동산을 매입할 때 출구 전략을 이미 고려해야 하고 통제하지 못하는 위기 상황이 발생했을 때 해당 출구 전략을 시행하려고 노력해야 합니다.

대출을 두려워할 필요는 없지만 최소한 존중은 해야 합니다. 대출은 현명하게 사용하면 정말 환상적인 레버리지 도구입니다. 그렇지만 과도하게 사용하면 당신을 파멸로 몰고 갑니다.

12. 시장 변동성과 출구 전략을 이해하라

시장 변화가 당신의 자산에 어떤 영향을 끼치는지 이해하면 많은 이득이 부수적으로 따라옵니다. 다음 질문들을 스스로에게 해보십시오. "시장이 침체되더라도 담보대출의 원리금을 상환할 수 있습니까?", "해당 부동산을 매각하지 못하더라도 여전히 수익을 창출할 수 있습니까?"

또한 현재 시장 상황에서 어떤 전략이 가장 효과적인지도 파악하고 있어야 합니다. 예를 들어 불황은 종종 임대업에는 최고의 시기이자 기회입니다. 많은 사람의 신용도가 급락하고 신규 대출이 막히지만, 신기하게도 사람들은 여전히 임대료를 낼 형편은 됩니다.

마지막으로 출구 전략입니다. "이 부동산을 평생 보유할 예정입니까?", "부동산 가치가 어느 정도까지 상승하면 미 국세청 1031 교환 조건에 따라 이 부동산을 팔고 더 좋은 부동산을 구입할 예정입니까?", "필요한 경우 수익 창출을 위해 부동산을 매각합니까, 아니면 시장 상황이 안정될 때까지 보유합니까?" 등과 같은 질문을 스스로에게 수시로 해보기 바랍니다. 부동산 투자에 있어 최악의 시나리오는 매달 손해를 보고 있음에도 해당 부동산을 매각하지 못하는 것입니다.

당신은 할 수 있습니다!

저는 지난 20년 이상 부동산 투자 덕을 많이 봤습니다. 솔직히 말하자면 부동산 투자는 제 자신의 '매일매일 주말인 삶'을 구축할 때 가장 많이 사용한 전략 중 하나입니다. 당신도 저처럼 할 수 있습니다.

부동산 투자가 늘 쉬운 것은 아닙니다. 부동산 투자는 어렵고 복잡합니다. 실수를 저지르고 손해를 볼 수도 있습니다. 그럼에도 부동산 투자는 시도해볼 가치가 있습니다. 부동산 투자처럼 레버리지 효과와 투자 수익을 동시에 주는 투자는 극히 드뭅니다. 꾸준히 부동산에 투자하십시오. 사전 조사를 충분히 하고 행동을 취하십시오. 실수를 통해 배우고 계속 앞으로 나가십시오.

나중에 '매일매일 주말인 삶'을 누리게 됐을 때 그동안 이루어낸 것들을 돌아보면 뿌듯한 감정과 성취감이 저절로 생길 것입니다.

❝ 지주들은 일하지 않고서도 잠자는 동안에
아무 위험 없이 더 부자가 됩니다. ❞

존 스튜어트 밀(사회학자이자 철학자, 《자유론》 저자)

18

성장
투자로
돈 불리기

성장 투자 단계에서 당신의 목표는 소득을 불로소득으로 전환하고 기존 현금 흐름 소득을 더욱 안전하게 만드는 것입니다. 성장 투자에 사용하는 돈은 당신의 땀과 눈물이 고스란히 녹아 있는 근로소득에서 주로 창출됩니다. 근로소득에 감정적인 애착이 없다면 그게 더 이상합니다. 근로소득은 절대 투기에 사용하지 마십시오. 다음 기준에 부합하는 경우에만 근로소득을 투자하십시오.

1. 투자의 잠재 수익을 사전에 반드시 알고 있어야 합니다.

2. 투자 위험을 어떻게 관리하고 줄일 것인지 사전에 반드시 알고 있어야 합니다. 최악의 경우에는 어떤 일이 발생하는지도

완벽하게 이해하고 있어야 합니다. 해당 투자는 위험을 철저하게 경감해주는 탄탄한 투자 안전장치를 마련해둬야 합니다.

3.   투자는 시장 침체 또는 불황을 견딜 수 있어야 합니다. 시장 상승에 기대고 있는 투자는 불황을 견디는 투자가 아닙니다. 시장 침체로 가치가 하락하는 좋은 기회에 직면했을 때, 해당 투자의 가치를 주의 깊게 평가해야 합니다.

4.   투자를 관리 및 통제할 수 있어야 합니다. 출구 전략, 유동성, 투자 방식 등을 완벽하게 이해하고 통제해야 합니다. 해당 투자의 성과에 직접적으로 영향을 끼칠 수 있는지, 아니면 당신의 통제를 벗어난 다양한 요소에 따라 투자 성과가 결정되는지도 알아야 합니다.

5.   전 세계 어디서든 투자를 할 수 있어야 합니다. 당신이 어디에 있든지 관계없이 투자를 할 수 있는지 반드시 확인해야 합니다.

부자가 되는 첫 번째 비결은 모든 사람이 금을 찾아 떠날 때 그들에게 삽, 곡괭이, 냄비를 파는 것입니다. 항상 과도한 수요와 투기에 대비하십시오. 다른 사람들이 모두 불확실한 투기의 환상에 젖어 있을 때, 확실성과 여유로움을 바탕으로 투자를 진행해야 합니다. 광부들은 골드러시 때 오직 돈을 벌겠다는 희망으로 금이라는 투기를 좇아갔지만, 투자자들은 시장의 등락에 상관없이 돈을 버는 방법을 잘 알고 있었습니다.

다른 예로 카지노를 살펴봅시다. 당신이 카지노의 주인이라면 당신 마음대로 게임을 조작할 수 있습니다. 당신은 투자수익률이 얼마인지 사전에 전혀 알지 못해도 돈은 당신이 계속 딸 것입니다. 성장 투자 단계에서 투자자는 투자 상품을 구매했을 때 이미 수익을 창출해야 합니다.

기본 투자 전략 두 가지

두 가지 기본 투자 전략이 있습니다. 다음 그림은 두 가지 방법의 차이를 보여줍니다.

보수적인 투자(A)는 성장 투자에서 벌어들인 소득을 위험이 낮은 성장 투자에 계속 투자합니다. 보수적인 투자에서는 불로소득 비율PIR과 불로소득은 계속 일정하게 유지되고 성장 투자로 창출한 현금 흐름은 생활비로 쓰이는 경우가 많습니다. 생활비로 사용되는 금액이 증가하면 불로소득/근로소득 비율도 같이 증가합니다.

공격적인 투자(B)는 위험은 크지만 잠재 수익이 훨씬 큰 모멘텀 투자를 성장 투자에 포함시킵니다. 공격적인 투자를 선택하면 모멘텀 투자와는 별도로 성장 투자를 지금처럼 지속적으로 유지하

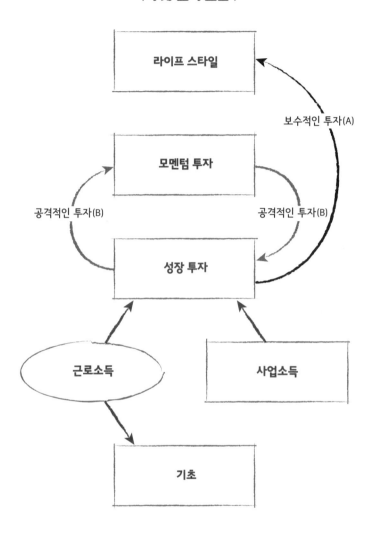

| 투자 소득 흐름 |

라이프 스타일

보수적인 투자(A)

모멘텀 투자

공격적인 투자(B)　　　　공격적인 투자(B)

성장 투자

근로소득　　　사업소득

기초

는 것이 중요합니다. 성장 투자에서 확보하는 현금 흐름은 여전히
생활비로 사용합니다.

성장 투자의 기회를 살펴라

다음에 설명하는 투자 방법들은 제가 수십 년 동안 불로소득을 창출하기 위해 사용해왔던 성장 투자 방법입니다. 저는 이 방법들을 '현금 흐름 최적화 투자'라고 부릅니다. 이 방법들은 주류 미디어에서 잘 다루지 않으며, 전통적인 투자 상품 중에서 가장 높은 수수료의 상품을 주로 판매하는 재무 설계사들도 취급하지 않는 상품이 대부분입니다.

여기에서는 제가 사용한 투자 방법들에 대해 너무 상세하게 설명하지 않고 투자에 참고할 정도의 개략적인 아이디어만 제공했습니다. 또한 설명한 투자 방법 이외에도 많은 성장 투자 방법이 있다는 것도 잊지 마십시오. 앞서 언급했듯이 투자를 고려할 때 최적화된 현금 흐름의 즉각적인 제공과 장기간 현금 축적의 두 가지 요소를 모두 살펴보기 바랍니다.

세금 선취 증권

미국에서는 각 지방정부가 재산세를 징수해 지역사회에 공공서비스를 제공합니다. 재산세는 지방정부의 주요 재원입니다. 자산 소유주가 세금을 내지 못하면 지방정부의 수입이 감소하거나 재정적자가 발생하고, 이는 지역사회에 악영향을 끼칩니다. 자산 소유주가 세금을 미납하면 해당 자산이 위치한 지방정부 또는 시 정부는 해당 자산을 압류하거나 선취특권을 설정할 수 있습니다. 이러한 방식은 미국에서는 매우 일반적이지만, 다른 국가에서는 생소한 방법일 수도 있습니다. 다음 예시를 통해 투자 전략에 따라 현재 거주하는 국가의 세금 선취 증권에 대한 조건과 법규를 어떻게 효과적으로 이용할 것인지를 살펴보겠습니다. 더 자세한 사항은 전문가와 상의하기 바랍니다.

선취 권리는 자산을 대상으로 납부해야 할 세금 금액만큼 요구할 수 있는 법적 권리입니다. 선취 권리가 붙어 있는 자산은 세금이 완납되고 선취 권리가 없어질 때까지 매각이나 재대출이 불가능합니다. 세금 선취 증권(우리나라에는 없는 제도이며 가장 비슷한 것으로는 공매가 있음-옮긴이)은 부동산 압류 중 가장 상위에 위치합니다. 다시 말해 다른 빚을 갚기 전에 재산세를 가장 먼저 납부해야 합니다. 세금 선취 증권은 지방정부가 발행하고, 증권에는 미납된 세금과 연체이자를 합친 금액이 반영됩니다. 주거용, 상업용, 미사용 토지에 대해 세금 선취 증권이 발급됩니다. 선취 증권은 투자자들한테 매각되는데, 작게는 몇백 달러에서 많게는 수천 달러까지 그 금액이 다양합니다. 자산 소유주가 재산권을 행사하고 선취 권리를 제거하기 위해서는 반드시 세금을 납부해야 하기 때문에 투자자들은 세금 선취 증권을 구매합니다. 증권에 대한 이자는 그 증권을 구매한 투자자에게로 지급됩니다. 다시 말해 세금 선취 증권은 수익이 법적으로 보장돼 있습니다. 세금 선취 증권은 적은 금액으로도 안전하게 투자할 수 있으면서 높은 수익률을 보장받을 수 있는 괜찮은 투자 방법 중 하나입니다. 세금 선취 증권은 연 12~18퍼센트의 이자 수익을 보장하며, 어떤 것은 36퍼센트 정도의 이자 수익을 보장합니다. 현재 일반 저축예금의 이자율이 얼마인지 따져보십시오. 세금 선취 증권에 투자하면 금융기관들이 당신에게 주는 쥐꼬리만 한 이자를 받지 않아도 됩니다.

만약 자산 소유주가 세금을 납부하지 못한다면 투자자는 압류 절차를 진행하고 자산의 소유권을 취득합니다. 즉 당신은 안정적이고 높은 이자 수익률을 받거나 또는 합법적으로 주택 담보대출이 없는 아주 깨끗한 자산을 무료로 소유할 수 있습니다. 만약 당신이 그 자산을 취득한다면 미납된 재산세, 연체이자, 압류 비용만 납부하면 해당 부동산은 당신 소유가 됩니다. 이 방법으로 자산을 취득해 시장가격에 되팔거나 임대할 수 있습니다. 통계적으로 매우 극소수의 자산 소유주만이 세금 선취 증권 때문에 소유한 자산이 압류됩니다. 대부분의 소유주는 미납된 세금을 완납해 선취 권리를 제거합니다.

세금 선취 증권의 이자는 매월 또는 연간 지급됩니다. 연간 지급될 경우 증권을 매입한 월부터 해당 월을 포함해 월할 계산해서 지급합니다. 예를 들어 존이 애리조나 마리코파 지역에서 발행된 이자율 16퍼센트의 500달러짜리 세금 선취 증권을 공매에서 구매했다고 가정해보겠습니다. 자산 소유주가 선취 권리를 상환하기 위해서는 원금 500달러, 연체이자 80달러(원금 500달러×이자율

16퍼센트-옮긴이)를 합해 580달러를 갚아야 합니다. 자산 소유주가 해당 금액을 납부하면 지방정부는 존에게 최초 투자액 500달러에 16퍼센트의 이자 80달러를 더한 580달러를 지불합니다.

세금 선취 증권은 사회 안정성을 높여주는 수단입니다. 실제로 세금 선취 증권은 자산 소유주들이 세금을 지불할 시간을 벌어주기 때문에 자산 소유주에게 많은 도움이 됩니다. 자산 소유주가 세금을 완납해야 하는 기간을 상환 기간이라고 합니다. 이 기간은 3개월부터 4년까지 원하는 기간을 설정할 수 있으며, 공매 개시일부터 시작합니다.

매년 100억 달러 이상의 세금 선취 증권이 미국에서 발행됩니다. 세금 선취 증권은 정기적으로 투자자들한테 제공됩니다. 세금 선취 증권을 구매하기 위해 공매에 직접 참가할 필요는 없습니다. 많은 국가가 온라인으로 공매에 참가할 수 있는 시스템을 구축했기 때문에 인터넷만 연결되면 세계 어느 곳에 있더라도 투자를 할 수 있습니다. 당신이 관심을 가진 자산이 있는 지역의 세무서에서 확인해보십시오. 세금 선취 증권 판매 및 기타 여러 가지 정보를 상세하게 제공할 것입니다.

세금 선취 증권에 투자하는 것은 경기 침체와 불황을 견디는 방법 중 하나입니다. 재산세는 경기에 관계없이 반드시 납부해야 합니다. 불황일 때 세금 선취 증권 투자는 가치 있는 부동산을 좀 더 싸게 취득할 가능성이 높아지기 때문에 수익성이 더 좋습니다. 세금 선취 증권 투자는 선투자이며, 수익은 120일 이후부터 발생합

| 세금 선취 증권 투자 절차 |

재산세 미납

↓

지방정부 자산에
세금 선취 권리 발행

↓

투자자 세금
선취 증권 매입

↓

자산 소유주
세금 상환

↓

지방정부 투자자에게
원금과 이자 지급

니다. 세금 선취 증권 투자의 핵심은 자산 조사를 철저히 해서 주변 환경이나 입지를 최대한 잘 알고 있어야 합니다.

다음은 세금 선취 증권 투자의 잠재적 위험성에 대해 잠시 살펴보겠습니다.

- **압류 위험**: 자산이 잔존 대출금을 변제하기 위해 매각된 경우, 다른 채무자들과의 권리 다툼에서 선순위를 확보하지 못하면 투자한 돈을 돌려받지 못할 수도 있습니다. 해당 자산에 가압류나 가처분 같은 다른 권리 사항이 있는지 확인해야 합니다.
- **환금성 제로**: 일단 세금 선취 증권을 구매하면 돈이 거기에 묶이며 중도 인출이 불가능합니다. 자산 소유주가 언제 세금을 상환할 것인지 당신이 알기 어렵습니다.
- **쓸모없는 자산**: 아무도 원하지 않는 자산의 세금 선취 증권을 구매한 경우, 세금은 절대 납부되지 않을 것이고 증권은 휴지 조각이 될 것입니다.

또한 세금 선취 증권 투자의 소득은 엄밀히 말하면 불로소득이 아닙니다. 당신은 투자할 증권을 찾고 구매하고 관리해야 합니다. 그러나 당신을 위해 일할 팀을 만들어 팀에 업무를 위임한다면 아주 쉽게 불로소득으로 전환됩니다. 몇 년 전, 저는 팀원 중 한 명을 교육시켜 세금 선취 증권 투자와 관련한 저의 업무를 모두 위임했습니다. 저에게 위임받은 직원은 엄격한 기준과 체크리스트를 사용해 저 대신 세금 선취 증권을 조사하고 구입했습니다. 저는 창출된 이익의 10퍼센트를 주었습니다. 위임 후 한 달에 3~5시간 정도 소요됐던 근로소득이 완전히 불로소득으로 탈바꿈됐습니다.

글렌다는 자신의 부동산 포트폴리오에 추가적인 현금 흐름을 제공해줄 투자를 찾고 있던 부동산 투자자였습니다. 그녀는 세금 선취 증권에 관한 제 강좌를 듣고 30일도 채 안 돼 첫 번째 세금 선취 증권을 구매했습니다. 그 뒤 세금 선취 증권 5개와 공매 부동산 2건을 추가로 취득했습니다. 그녀는 세금 선취 증권 투자를 통해 18퍼센트의 수익을 창출했습니다. 7개월 동안 글렌다는 2만 7,695.39달러의 순수익을 달성했습니다. 수익 말고도 가장 좋았던 부분은 그녀가 집에서 투자를 하거나 심지어 여행 중에도 시간과 장소에 구애받지 않고 투자할 수 있었다는 점입니다. 그녀는 또한 12만 8,000달러 가치를 지닌 2개의 자산을 시장가치의 8퍼센트로 구매할 수 있었습니다. "저는 안전하고 지속 가능하고 예측 가능한 투자를 원합니다. 그것이 바로 세금 선취 증권입니다"라고 그녀는 말했습니다.

 '매일매일 주말인 삶' 홈페이지 5dayweekend.com에 접속해 '세금 선취 증권 투자'에 대해 더 자세한 정보를 다운로드하기 바랍니다. 다운로드 비밀번호: P9

주식시장에 주식 대여하기

금융시장에서 저는 한 번에 1주에서 3주 사이에 거래가 끝나는 단기 전략 투자를 더 선호합니다. 20년 이상 제가 주로 사용해온 투자 방법은 '주식 주인 전략'입니다. 다시 한번 강조합니다만, 제가 사용하는 전략은 미국 시장에서 사용하는 전략입니다. 당신 국가에서 어떤 전략을 사용하는 것이 좋은지는 전문가와 상의하기 바랍니다.

지주가 임차인에게 자신이 투자한 자산을 임대하듯이, 시카고 옵션시장이 문을 연 1973년부터 주식시장에도 완전히 똑같은 전략이 존재해왔습니다. 투자자들은 옵션시장에서 자기가 보유한 주식을 옵션 거래자들한테 대여하고 대여 수익을 챙깁니다. 주식을 대여하면 옵션 계약의 계약 기간에 따라 투자자에게 매주 또는 매월 현금 흐름이 발생합니다.

이 전략의 본래 이름은 '커버드 콜Covered Call'입니다. 혼동을 줄이고 이 전략에 대해 가장 잘 설명하기 위해 저는 20년 전에 '주식 주인Sharelord'이라고 이름 붙였습니다. 주식은 해당 증서를 보유한 사람이 주식을 발행한 회사의 소유권을 보유하고 있다는 것을 증명하고 보장해주는 증서입니다.

'주식 주인' 전략에서 우리는 주식의 주인으로서 주식 임차인들인 콜 옵션 구매자들과 투기꾼들에게 우리가 보유한 주식을 구매할 권리를 부여합니다. 콜 옵션 구매자들은 주식을 직접적으로 사는 대신 주식 계약을 거래합니다. 그들은 옵션 만기일 전에 수익을 내고 옵션을 팔 수 있기를 희망하면서 옵션 계약을 거래합니다.

주식 주인으로서 우리는 투기를 위한 시장을 만들어 투기적인 구매 수요를 충족시킵니다. 19세기 미국이나 호주의 골드러시처럼 주식 주인들은 일확천금을 꿈꾸는 투기꾼들에게 냄비, 곡괭이, 삽을 팝니다. 우리는 투기 목적으로 주식의 콜 옵션을 구매하는 사람들을 이용합니다. 월 스트리트에서 투기꾼의 95퍼센트는 만들어진 시장에서 거래하고 나머지 5퍼센트는 시장 자체를 창조합니다. 주식 주인으로서 우리는 투기를 위한 시장을 만들어 투기 수요를 충족시킵니다.

우리 주식을 임차하려는 투기적인 콜 옵션 구매자는 주식을 구매할 권리를 확보하기 위해 콜 옵션을 삽니다. 우리는 주식을 팔 가격을 정하고 행사 가격도 결정합니다. 그리고 우리가 만든 콜 옵션에서 옵션 수수료를 징수합니다. 옵션 구매자가 주식을 구매할 권리를 행사한다면 그냥 주식을 넘기기만 하면 됩니다.

옵션 거래에서 콜 옵션 거래 구매자는 특정 가격에 주식을 살 권리를 행사할 수 있습니다. 콜 옵션에서 행사 가격은 주식을 구매할 수 있는 가격입니다. 투기꾼들은 주식의 시장가격이 행사 가격보다 높기를 희망합니다.

투기꾼들이 행사 가격으로 주식을 구입해 주식의 소유권이 넘어가게 되면, 우리는 다음 달에 새로운 주식을 구매해 다시 대여하면 됩니다. 주식 구매 권리가 행사되지 않아 주식의 소유권을 여전히 보유하고 있다면 새로운 계약 기간에 같은 주식을 다시 대여해주면 됩니다.

위 방식이 어떻게 작동되는지 예시를 들어 설명하겠습니다. 제가 XYZ회사의 주식을 100주 가지고 있다고 가정해보겠습니다. 100주는 1계약과 동일합니다. XYZ의 주식을 주당 8.80달러에 100주 사서(총가치=880달러) 콜 옵션 구매자에게 한 달 동안 10달러의 행사 가격으로 대여해줍니다. 그 대가로 주당 0.44달러(총 44달러)를 받는다면 수익률은 5퍼센트입니다. 콜 옵션 구매자가 행사 가격인 10달러에 주식 구매 권리를 행사했다면 우리는 주식 판매 대가로 주당 10달러를 추가로 받게 되고, 수익률은 18.6퍼센트로 급상승합니다. 이 시나리오는 추가적인 현금 흐름을 발생시키는 두 번째 기회를 제공합니다.

주식 주인 투자자는 추가적인 보호를 위해 주식을 대여할 때 '풋 옵션'이라고 알려진 주식시장 보험을 구매할 수 있습니다. 풋 옵션은 주식시장이 급락할 때 주식 포트폴리오를 보호해줍니다. 주식을 대여해줄 때 발생하는 대여 비용의 일부분으로 보험을 구매하면 주식 주인 투자자는 효과적으로 자신의 돈을 한 푼도 쓰지 않게 됩니다.

오늘날 대부분의 주식보유자는 주식을 산 다음 대여비를 받을 생각 없이 그냥 묵혀둡니다. 그들은 수익을 위해 높은 가격에 주식을 팔 수 있기만을 희망합니다. 이는 마치 부동산을 구매한 다음 임대해서 수익을 창출하는 방법이 있다는 것을 모른 채 그냥 빈집으로 놀리면서 가치가 상승하기를 기다리는 것과 다를 게 없습니다. 주식을 구매한 뒤 보유만 하는 사람들 입장에서 주식 거래를 통해 수익을 내는 방법은 오직 주가가 오르는 것밖에 없습니다. 이 경우 그들이 통제할 수 있는 것은 하나도 없습니다. 그들은 자신들의 주식에 대해 콜 옵션을 만들어 주가의 변동에 전혀 관계없이 현금 흐름을 창출할 수 있다는 것을 전혀 이해하지 못하고 있습니다.

주식 대여 전략은 하이 리턴 투자를 생각하고 있지만 무엇을 해야 할지 모르거나 전통적인 주식 투자 방법으로는 자신들이 원하는 수익을 얻지 못한다고 생각하는 주식시장 투자자를 위해 만들어졌습니다. 이 전략은 부동산 투자와 완벽하게 동일합니다. 주식 주인 투자자 전략은 더 많은 자산을 획득할 수 있는 현금 흐름을 창출합니다.

 '매일매일 주말인 삶' 홈페이지 5dayweekend.com에 접속해 '주식 주인 대여 전략'에 대해 더 자세한 정보를 다운로드하기 바랍니다.
다운로드 비밀번호: P10

은행 전략

억만장자 워런 버핏은 세상에서 가장 부자 투자자 중 한 명입니다. 그의 회사 버크셔해서웨이는 수십억 달러의 보험료를 받아 투자에 이용하는 보험 산업의 거대 투자자입니다. 버크셔해서웨이는 지난 10년 동안 미래에 청구될 수 있는 보험금 지급에 대비하기 위해 어마어마한 현금 유보금을 축적해왔습니다. 또한 보유한 엄청난 금액의 현금 유보금을 이용해 곤란을 겪고 있는 사업을 인수해 정상화해왔습니다.

워런 버핏의 현금 흐름 시스템의 핵심인 보험료는 10년 전부터 저의 '은행 전략Bank Strategy'에 큰 영향을 주었습니다. 제가 만든 용어인 '은행 전략'은 금융시장에서 옵션 신용 스프레드를 이용해 보험료를 창출하는 보험을 만드는 것입니다. 신용 스프레드는 만기는 같지만 행사 가격이 다른 옵션 계약을 동시에 사고파는 것을 말합니다.

신용 스프레드는 세계 500대 기업의 주가를 반영하는 S&P 500 지수의 분산 포트폴리오를 이용해 제가 직접 만들었습니다. 전체 S&P 500지수를 이용해 신용 스프레드를 만들었기 때문에 통제도 강화되고 시장 변동성의 영향을 훨씬 적게 받습니다.

신용 스프레드를 사용하는 방법은 다음과 같습니다. S&P 500 성과를 추종하는 보험을 만듭니다. 투기꾼, 주식 중개인, 헤지펀드 운용 매니저는 자신들이 하는 베팅의 위험성을 회피하기 위해 이 보험증권을 구매합니다. 보험을 구매한 사람들은 '걱정하는 황소'입니다. 이들은 주식시장이 상승할 것이라고 생각하지만 위험을 경감하고 싶어 합니다. 주가가 상승하면 그들이 보험 구입 시 지불한 비교적 적은 금액만큼만 손실이 발생합니다. 주가가 심각한 수준으로 하락하면 그들은 돈을 잃기 시작하는데 보험이 그들의 손실을 벌충해줍니다.

보험회사는 자신들에게 유리하게 수학적 확률을 계산합니다. 보험 가입자의 일부분만 보험금을 청구하고 보험회사는 납입된 보험료의 대부분을 자신이 가져갑니다. 한 조사에 따르면, 금융시장에서 대부분의 옵션 계약은 쓸모없이 만기가 되고 옵션 행사 또한 매우 드문 것으로 밝혀졌습니다. 모든 S&P 500 옵션에 관한 시카고 상품 선물시장의 연구에 따르면, 93.9퍼센트의 옵션이 쓸모없이 만기가 된 것으로 조사됐습니다. 은행 전략 역시 똑같은 수학적 방법론을 적용합니다. 저는 은행 전략을 부동산을 구매하거나 다른 투자를 위해 투자 자금을 만드는 현금 흐름 창출 수단으로 이용합니다.

보험회사의 전통적인 보험은 만기일이 최대 12개월이지만, 금융시장에서 은행 전략으로 만든 보험은 시장 위험과 만기를 최소화하기 위해 만기일이 최대 7일입니다. '안전지대'를 설정하고 매 금요일의 S&P 500의 현재 지수보다 낮은 가격의 보험을 설계합니다. 그리고 다음 주 목요일에 보험계약을 종료합니다. S&P 500지수가 '안전지대'보다 높을 때 수익이 발생합니다. 전체 S&P 500지수가 심각한 수준으로 급락해야만 설계한 보험이 위험에 빠집니다.

저는 개인적으로 매주 은행 전략을 실행합니다. 이 전략은 실행하는 데 1분도 안 걸립니다. 매주 금요일 주식 중개인에게 문자 또는 이메일로 계약하기 원하는 보험 수량을 얘기합니다. 은행 전략의 목적은 수취하는 보험료에서 매주 현금 흐름을 창출하고 S&P 500지수에서 수익을 창출하는 것입니다.

수학적 확률이 동반된 이 단순하고 지루한 '머니게임' 전략은 시사하는 것이 아주 많습니다. 자유 시장 경제에서는 누구라도 돈을 벌 수 있고, 벌 수 있는 돈의 크기에는 경계도 한계도 존재하지 않습니다. 돈 버는 데는 인종, 교육 수준, IQ, 이런 것들은 크게 관련이 없습니다.

조엘은 아무것도 모르는 초보 투자자였습니다. 그는 건설 현장에서 일하는 시간을 줄이고 싶은 포부가 있었고, 이제까지 투자를 해서 성공한 적이 단 한 번도 없다는 점에 불만이 가득했습니다. 금융시장이 상승하든 하락하든, 심지어 횡보하든 관계없이 불로소득이 창출되는 로우 리스크 하이 리턴의 투자를 찾고 있었습니다. 그는 은행 전략을 시작했고, 매주 금요일 여러 개의 보험계약을 체결했습니다. 6개월 만에 그가 매주 금요일에 체결하는 계약이 68개로 증가했고, 4만 7,896달러의 순수익이 발생했습니다. 조엘은 "은행 전략이 날마다 온종일 건설 현장에서 일하는 것보다 훨씬 낫습니다"라고 말했습니다. 그는 3년 안에 일을 그만두고 은행 전략을 이용해 유보 현금을 증가시켜 여행을 다니면서 자신이 하고 싶은 일을 하려고 생각 중입니다.

'매일매일 주말인 삶' 홈페이지 5dayweekend.com에 접속해 '은행 전략'에 대해 더 자세한 정보를 다운로드하기 바랍니다.
다운로드 비밀번호: P11

창고 임대업

창고 임대는 상업 부동산 중에서 가장 빠르게 성장하고 있는 분야이기도 합니다. 창고를 짓거나 구매하는 것은 부동산을 이용해 현금 흐름을 창출하는 또 다른 훌륭한 방법입니다. 임대를 통해 현금 흐름을 창출합니다. 임차인이 임대료를 내지 않으면 창고 안에 있는 임차인의 물건을 경매에 넘기고 임차인을 내보냅니다. 창고 임대업은 초기 투자가 많이 들지만 일단 임대를 시작하면 지속적인 현금 흐름을 확보할 수 있습니다. 경기가 불황이면 창고 임대의 수요는 더 많아집니다. 불경기에는 불행히도 자신의 집에서 쫓겨나는 사람이 많아지고 집을 잃은 사람들은 자신들의 물품을 보관할 창고가 필요합니다.

창고 임대를 시작하기 전에 다음 사항을 고려하십시오.

- **지리적 위치**: 창고 임대업이 포화 또는 초과 공급된 지역인지 반드시 확인하십시오.
- **입지**: 경쟁자가 가까이 있습니까? 창고가 눈에 잘 띄는 곳에 있습니까?
- **관리**: 창고 구매는 단순히 부동산의 일부를 구매하는 것이 아닙니다. 당신은 적절한 관리가 필요한 사업을 구매한 것입니다. 적합한 인력을 고용해 가르치십시오. 회사의 관리 시스템 또한 잘 구축해야 합니다.

- **유지 보수**: 기존의 창고를 구매한다면 지붕 누수나 외관 변형과 같이 보수를 해야 하는 곳이 있는지 꼼꼼히 살펴보십시오. 시설물을 항상 최상의 상태로 유지하고 고객들에게 매력적으로 보이도록 적절하게 유지 보수하십시오.

위에서 언급한 예들은 대안 투자의 극히 일부분에 불과합니다. 저의 목적은 당신에게 대안 성장 투자의 상세 목록을 제공하는 것이 아니라 당신이 틀 밖에서 생각하도록 유도하는 것입니다. 배우고 조사하는 과정에서 자칭 전문가들과 〈머니〉지에서 배운 것을 벗어나 드넓은 기회의 세계를 탐험해보십시오.

> ❝ 아무것도 하지 않지만 모든 것을 다 할 수 있을 때까지 일을 자꾸자꾸 줄여나가도록 노력하십시오. ❞
>
> 버크민스터 풀러 (미국의 건축가, 《우주선 지구호 사용설명서》 저자)

19

모멘텀 투자로
돈 크게
불리기

여기까지 왔다면 성장 투자로 현금 흐름이 증가하고 있기 때문에 이제 모멘텀 투자를 한 번쯤 고려해야 할 시간입니다. 당신은 모멘텀 투자에 대해 지금까지 한 번도 생각해보지 않았을 수도 있고, 향후 몇 년 동안에도 모멘텀 투자를 고려할 계획이 없었을 수도 있습니다. 그럼에도 앞으로 다룰 내용은 모멘텀 투자에 대한 명확한 비전을 설정하고 모멘텀 투자를 통해 원하는 것을 얻는 데 도움이 될 것입니다.

한 가지 반드시 명심해야 할 것은 성장 투자의 기초를 확립하기 전에는 모멘텀 투자를 절대 하지 않는 것입니다. 이것은 '학생이 준비되면 선생님이 등장한다'라는 경우와 비슷합니다. 일단 당신이 보수적인 성장 투자로 재무 독립을 달성하면 너무나도 많은 모멘텀 투자 기회를 발견할 수 있다는 사실에 당신은 아마 깜짝 놀랄 것입니다.

모멘텀 투자는 매우 높은 잠재력을 가지고 있습니다. 그러나 손해를 보면 안 되는 자금은 결코 모멘텀 투자에 투자해서는 안 됩니다. 성장 투자의 경우 일관된 현금 흐름을 제공할 가능성이 높은 반면, 기술 창업, 엔젤 투자, 바이오 주식, IPO 투자 등과 같은 모멘텀 투자는 수익이 일반적으로 일시불로 지급되는 경우가 많습니다. 일시불로 수익을 지급받으면 그 수익을 다시 성장 투자로 재투자해 일시불 현금을 장기적인 현금 흐름으로 전환해야 합니다.

원칙은 성장 투자에서 창출된 현금 흐름을 모멘텀 투자에 투자함으로써 투자 방정식에서 감정을 제거하는 것입니다. 당신의 노력으로 피땀 흘려 번 돈을 성장 투자에 투자하기 때문에 성장 투자에 사용되는 돈은 당신과 감정적으로 연결돼 있습니다. 그렇기에 그 돈에 대해서는 상당히 보수적이 될 수밖에 없습니다. 그러나 모멘텀 투자는 당신의 노력에서 한 걸음 떨어져 있고 감정적으로 단절돼 있습니다.

성장 투자로 창출한 현금을 어딘가에 투자했다가 모두 잃게 되더라도 성장 투자의 현금 흐름은 계속 창출됩니다. 모멘텀 투자의 경우 큰 성과를 거둔다면 투자할 자금이 더 많아졌기 때문에 아주 좋은 상황입니다. 그렇지만 투자에 실패한다면 어떻게 되겠습니까? 그래도 아무 문제 없습니다. 성장 투자에서 확보한 자금의 일부분으로 모멘텀 투자를 했기 때문에 투자 실패로 재정적인 위험에 처하지는 않을 것입니다. 당신이 편안하게 느끼는 비율의 금액을 모멘텀 투자 자금으로 활용하는 것이 좋습니다.

모멘텀 투자에 투자한 돈을 모두 잃을 수 있다고 해서, 이 돈으로 도박을 하라는 것이 아닙니다. 도박은 투자 대상에 대한 이해 부족과 강렬한 탐욕에 바탕을 두고 있습니다. 모멘텀 투자를 할 때에는 냉철하고 계산적이며 전략적인 태도를 취해야 합니다.

성장 투자와 마찬가지로, 군중 심리에 휘말려 무턱대고 모든 사람이 투자하고 있는 것에 투자해서는 안 됩니다. 기존의 전통적인 투자보다 더 큰 통제력, 더 많은 세금 혜택, 더 높은 수익 잠재력을 제공하는 대체 투자를 찾아야 합니다.

우발적인 상황에 대처할 수 있고 여러 가지 상황에 완충작용이 가능한 불로소득 비율 2 대 1이 되기 전까지는 모멘텀 투자를 하지 않는 것이 좋습니다. 불로소득 비율 2 대 1 상황에서는 매달 지출하는 비용보다 2배나 더 많은 불로소득과 일을 그만두지 않았다면 근로소득도 계속 창출되기 때문에 안심하고 투자를 진행할 수 있습니다.

앞서 언급한 것처럼 여러 가지 대안 모멘텀 투자들을 살펴보겠습니다. 다시 한번 말하지만, 몇 가지 종류의 모멘텀 투자만 나열했으며, 해당 투자에 대해서도 개략적으로만 설명했습니다.

스타트업

빠르게 성장하는 스타트업 회사들은 재고를 조달하고, 물건을 구매하고, 중요한 인프라를 구축해야 하므로 자본이 많이 필요합니다. 자기 스스로 모든 것을 다 하는 창업자는 자신의 사업이 투자를 유치할 준비가 될 때까지 많은 노력과 헌신을 했습니다. 당신은 이러한 스타트업 회사에 투자함으로써 투자자로서 실제 회사에서 일을 전혀 하지 않고도 사업의 일부분을 획득할 수 있습니다. 사업주는 사업을 성장시키는 데 필요한 자본을 얻고, 회사가 성공적으로 운영되고 수익이 창출된다면 당신은 지분 비율에 기초해 수익을 분배받을 수 있습니다. 제대로 된 사업체를 골라 대박을 터뜨리면 초기 투자금의 5~100배에 이르는 수익률을 낼 수 있습니다.

다른 모든 투자와 마찬가지로 위험을 완화하기 위해 적절한 실사를 수행하는 것이 중요합니다. 실사에는 다음과 같은 항목이 포함됩니다.

잘 알고 있는 것에 투자하기

만약 음식에 열정적이지 않고 식당을 운영하는 것에 대해 아무것도 모른다면 식당에 투자하는 것은 최선의 투자가 아닐 것입니다. 잘 알고 있는 것에 투자함으로써 사업이 직면할 수 있는 잠재적인 함정과 사업주가 알지 못하는 맹점을 훨씬 더 잘 이해할 수

> "무엇을 소유하고 있는지, 왜 그것을 소유하고 있는지 알아야 합니다."
>
> 피터 린치(투자 및 주식 전문가)

있습니다. 게다가 당신의 지식과 통찰을 통해 부가적인 가치를 해당 사업에 추가할 수 있어서 당신은 투자자로서 더 많은 지배력과 통제력을 소유할 수 있습니다.

사람에 투자하기

회사의 직원, 즉 인적 자원은 사업 모델과 시장 잠재력을 포함한 다른 어떤 요소보다 훨씬 더 중요합니다. 당신이 누구에게 투자하고 있는지 알아야 합니다. 회사 직원들의 경험과 업무 관련 이전 기록들을 조사하고, 그들이 창출할 수 있는 가치를 명확하게 이해하고 있어야 합니다.

재무 상태 이해하기

재무 상태를 이해하기 위해 아래 질문을 활용해보십시오.

- 사업은 어떻게 돈을 벌고 있는가?
- 수익성이 있는가?
- 수익성이 낮다면 수익성을 창출할 명확한 방법이 있는가?
- 수익 예상치가 현실적인가?
- 상장사라면 자기 자본 이익률Return on Equity, ROE은 얼마인가?

주당순이익Earning Per Share, EPS에만 너무 집중하지 마십시오. 사업 운영에 대한 더 깊은 이해를 통해 해당 사업의 미래 전망에 대해 실행 가능한 예측을 할 수 있습니다.

주식이 시장에서 저평가돼 있는지 확인하는 데에는 다음 질문이 유용합니다.

- 수익 마진이 상당히 높은가?
- 주식의 실제 가치는 얼마인가?

만약 회사의 주식이 내재 가치보다 낮은 가격에 거래되고 있다면 해당 주식이 시장에서 저평가돼 있음을 나타내며, 이는 해당 주식을 구매할 기회입니다.

시장 분석하기

목표 시장이 해당 기업이 성장할 만큼 충분히 큰지, 운영하려는 사업이 시장의 요구와 문제점을 해결할 수 있는지 면밀히 검토하십시오. 또한 경쟁자와 시장 내 경쟁을 분석해보십시오. 해당 사업이 경쟁 우위를 점하고 있는지, 회사는 고객의 요구에 부응하면서 고객의 기호에 맞추어 신속하게 상품과 서비스를 미세 조정하면서 시장에 잘 적응하고 있는지 확인해야 합니다.

시장 분석 및 연구에 다음 5단계를 활용해보십시오.

1. 당신이 해결할 수 있는 문제를 가진 대규모 인구 통계학

적 집단을 선정하라.

2. 이 집단이 자신들의 문제를 해결하는 데 돈을 지불할 의
   향이 있는지 확인하라.

3. 그들에게 문제를 해결해줄 테니 그에 상응하는 돈을 지불
   하라고 요구하라.

4. 그들의 문제를 해결하는 방법과 과정을 찾아내라.

5. 문제 해결을 위한 확장 가능한 모델을 개발하라.

성장성 확인하기

사업 성장성에 대해 다음 사항을 살펴보기 바랍니다.

- 해당 사업은 확장 가능한가?
- 사업 수익으로 투자금을 갚을 만큼 크고 빠르게 성장할
  수 있는가?
- 만약 성장할 수 있다면 어떤 방법으로 성장할 수 있는가?

자금 사용 조사하기

자금 사용과 관련해 다음 내용을 면밀하게 검토해야 합니다.

- 회사는 당신의 투자를 어떻게 사용할 계획인가?
- 다음 단계로 성장하는 데 해당 투자 계획이 필요한가?
- 창업자의 비전이 당신의 비전과 일치하는가?
- 창업자는 자신의 연봉을 얼마로 책정했는가?
- 창업자의 연봉이 스타트업에 적당한 연봉인가, 아니면 섣불리 욕심을 부리는 것인가?

법률 문서 검토하기

회사의 조직 구성은 어떻게 이루어져 있으며, 누가 관여하고 있는지 이해하기 위해 정관, 부수 정관 및 기타 관련 문서를 살펴보십시오.

사모 펀드 투자

사모 펀드는 기본적으로 스타트업 기업에 투자하지만, 기업 내 소유 지분 취득을 전문으로 하는 기업이나 조직에 의해 운용됩니다. 미국에서는 보통 사모 펀드에 투자하려면 최소 25만 달러가 필요하며, 때로는 100만 달러 이상 요구하기도 합니다. 당신이 거주하고 있는 국가에서는 일반적으로 얼마부터 시작하는지 조사해보기 바랍니다.

사모 펀드 투자는 당신이 직접 회사에 투자할 시간이나 지식이 없을 때 실행할 수 있는 좋은 투자 전략입니다. 잘 훈련되고, 경력과 기술을 모두 갖춘 사모 펀드 매니저들은 회사와 사업 기회에 대한 모든 실사를 당신을 대신해 수행합니다. 그들은 당신의 투자를 이용해 사업 소유권을 획득하고 펀드의 성과에 따라 수익을 분배합니다.

기업공개

기업공개IPO는 기업이 보유하고 있던 주식을 대중 또는 시장에 최초로 매각하는 것을 말합니다. 회사는 기업공개를 통해 주식시장에 공개 상장되고 해당 주식을 주식시장에서 거래할 수 있게 됩니다. 보통주는 주식시장에서 외부 투자자들이 자유롭게 사고팔 수 있습니다. 기업들이 기업공개를 하는 본질적인 이유는 사업 확장, 자산 구입, 부채 상환, 안전 자본 확보 등입니다.

투자자 입장에서 볼 때, 기업공개 시장은 여러 가지가 혼재돼 있습니다. 위험성이 엄청나게 높은 IPO가 있는 반면, 높은 잠재수익이 발생할 가능성이 매우 큰 IPO도 있습니다. 인기 있는 IPO의 첫날 수익률은 투기적 성격과 높은 수요 때문에 대체적으로 높습니다. 일부 IPO는 상장 후 수년간 주식가격이 최초 기업공개 가격보다 한참 밑돌기도 합니다.

2004년 구글의 최초 공개 가격은 85달러였는데, 구글은 IPO 이후 주가가 1,700퍼센트 상승했습니다. 링크드인의 주식은 45달러의 IPO 가격보다 약 109퍼센트 높은 94.25달러에 마감됐고, 페이스북의 IPO 주식은 38.23달러에 마감됐습니다. 페이스북의 경우, 거래 2주 차 마지막 날인 6월 1일 종가는 주당 27.72달러였습니다. 그해 6월 6일까지 기업공개 때 페이스북 주식에 투자했던 투자자들은 총 400억 달러의 손실을 보았습니다. 페이스북의 주식은 IPO 후 15개월 동안 주가가 38달러 이상 올라간 적이 단 한 번도 없었습니다. 그루폰은 여전히 수익성이 없으며, 2011년 11월 IPO 이후 주가가 상당히 하락했습니다.

IPO 투자에 참여하고자 하는 투자자들의 경우 IPO 초기의 구매 과열 양상이 사라질 때까지 기다리는 것이 현명합니다. 보통 거래가 시작된 지 3개월 정도가 지나면 IPO 광풍은 잠잠해지므로 3개월 이후부터 IPO 주식을 매입하는 것이 좋습니다. 보통 IPO 몇 달 뒤 주가는 투기적 히스테리보다 시장 펀더멘털에 따라 더 많이 움직입니다.

일부 투자자들은 IPO가 해당 회사에 처음부터 관여할 수 있는 좋은 기회라고 생각합니다만, 현실은 IPO 이전에 회사는 복수의 투자자 및 투자금을 이미 확보했을 가능성이 높습니다. IPO 기간에 해당 기업의 주식을 취득할 때쯤이면, 초기 민간 기관 투자자들이 이미 기존 주주일 가능성이 높습니다.

사전 IPO 펀드

사전 IPO(IPO, 즉 기업공개 전에 미리 투자자들로부터 일정 자금을 유치하는 것-옮긴이)펀드의 투자 전략은 간단합니다. 인가된 투자자들은 기업공개 및 주식공개 상장 전에 회사의 주식을 구매합니다. 투자자들은 주식공개 상장 이후 보유 주식을 공개적으로 매각해 수익을 챙길 계획을 가지고 있습니다. 엔젤 투자 그룹에 가입하거나 스타트업에 투자하는 헤지 또는 벤처캐피털 펀드에 투자하면 사전 IPO 펀드에 참여할 수 있습니다.

비상장 기업에 대한 투자는 부분적·전체적 자본 손실의 위험성이 매우 높습니다. 해당 기업에 대해 실사를 하고, 해당 기업이 제품 개발의 가장 위험한 단계를 완료했는지 확인해보십시오. 또한 회사가 제품 개발의 기술적·상업적 콘셉트에 대해 필요한 모든 증명(특허 등)을 받았는지 꼼꼼하게 검토하십시오. 제품 판매 시장과 사업 모델을 잘 이해하고 있는 회사에만 투자하십시오. 단기 또는 중기로 사용해야 할 돈은 절대 투자하지 마십시오.

부실기업 구매

사업을 잘 운영하지 못하는 사업주들에게서 기업을 살 기회는 얼마든지 있습니다. 해당 사업 분야에 경험, 지식, 기술이 있다면 사업체를 구매해 가치를 높이고 비교적 빠른 기간 내에 정상화한 뒤 관리자들에게 운영을 맡기거나 팔아서 이익을 볼 수도 있습니다. 대출을 갚을 수 없는 집주인들이 엄청나게 할인된 가격으로 집을 팔려고 하듯이, 고민에 빠진 기업주들도 대출을 갚을 수 없는 집주인들과 똑같이 행동합니다.

가치를 창출하는 것은 사업 인수의 근본적인 목표입니다. 인수 이후에 해당 기업의 가치와 가치 창출 승수가 증가하면 해당 사업의 가치에서 본질적인 부가 창출됩니다. 이 방법론을 적용하면 해당 사업의 이자, 세금, 감가상각, 무형자산 상각 전 순이익EBITDA에 가치 승수를 곱하면 기업의 가치가 산정됩니다. 예를 들어, 어떤 기업이 EBITDA가 200만 달러이고, 다른 유사한 기업체들의 평균 가치 승수가 수익의 3배라고 한다면 이는 해당 기업이 600만 달러의 가치가 있다는 것을 의미합니다.

당신 주변의 실제 이야기

마셜 깁스는 부동산 투자와 건물 임대 사업에 관심이 많은 치과 의사입니다. 지난 몇 년 동안 그는 경영이 부진한 개인 치과 병원을 구입해 정상화하는 데 노력을 집중해왔습니다. 그는 2014년부터 경영이 부진한 개인 치과 병원을 구입하기 시작했습니다. 2014년도에 그가 처음으로 그 병원을 구매했을 때 병원의 연간 총수익은 약 90만 달러였습니다. 약 1년 뒤 그는 병원의 수익을 190만 달러까지 상승시켰습니다. 그는 처음에 병원에서 자신이 직접 의사로 일하면서 경영을 했으나, 얼마 지나지 않아 다른 치과 의사두 명을 데려온 뒤 병원에서 일하는 것은 그만두고 다른 투자처를 물색하기 시작했습니다.

다음에 그가 발견한 물건은 연간 35만 달러를 벌고 있는 저조한 실적의 개인 치과 병원이었습니다. 이 병원도 그 덕분에 1년이 지나지 않아 연수익이 약 80만 달러로 증가했습니다. 2017년에는 세 번째 병원을 구매할 기회가 생겼습니다. 부동산 평가액은 약 90만 달러였지만, 그는 협상을 통해 53만 달러에 구매할 수 있었습니다. 그 병원은 영업을 하지 않고 거의 문을 닫은 상태였기 때문에 그는 완전히 처음부터 다시 시작했습니다. 병원 운영 첫째 달에 그는 3만 달러를 벌었습니다.

실적이 저조한 개인 병원들을 인수한 다음, 마셜은 인수한 병원에 자신의 브랜드명을 사용했습니다. 그는 "저는 병원을 인수한 다음 장기적인 출구 전략을 바탕으로 새로운 의사를 투입했습니다. 그리고 투입된 의사들이 해당 병원의 소유권을 원하면 소유권을 그들에게 넘겼습니다. 저는 소유권을 넘긴 뒤에도 의사들을 계속 지원했습니다. 병원은 급속하게 성장했고 저 또한 불로소득의 소득원을 확보했습니다. 개인적으로 저는 부동산이 좋습니다. 병원이 있는 부동산은 장기 세입자인 병원에 임대를 했기 때문에 팔지 않고 계속 보유할 생각입니다. 저는 부동산 임대 수입과 상표 사용료 수입을 확보할 수 있습니다"라고 말했습니다.

현재 그는 1주일에 3일만 치과 의사로 일하고 있습니다. 또한 그는 지금 이 시간에도 건강 문제로 병원 영업을 그만두려고 하는 또 다른 치과 의사와 네 번째 협상을 진행하고 있습니다. 병원을 판매하려는 치과 의사는 자신의 병원을 인수해준다면 기꺼이 판매자 대출Seller Finance(물건을 판매하는 사람이 구매하는 사람에게 대출해주는 제도. 미국에서 주로 이용하는 제도로, 구매자는 매달 원금과 이자를 판매자에게 지불해야 함—옮긴이)을 해줄 의향도 있다고 그에게 제안했습니다. 마셜은 "저는 치과 의사들이 50만 달러 이상의 학자금 융자를 안고 학교를 졸업한다는 점과 경영에 대해 잘 모른다는 점을 계속 주시했습니다. 이러한 사실은 저에게 많은 사업 기회를 주었고, 의사로서 직접 일하는 것보다 사업적인 측면에서 치과 의사들을 도와주는 것이 돈을 훨씬 더 많이 벌 수 있다고 생각했습니다. 제 생각은 맞아떨어졌고, 그 결과 돈을 벌 수 있는 다른 길을 저에게 열어주었습니다"라고 설명했습니다.

금·은 투기

저는 귀금속 투자를 좋아합니다. 은에 대해서는 투기적인 투자를 기본으로 합니다. 은 투자로 벌어들인 수익이나 앞으로 발생할 잠재 수익으로는 금을 구입해 금 보유량을 지속적으로 늘려나갑니다. 금과 은, 두 금속 모두 인플레이션 대비책으로 사용할 수 있습니다.

저는 1온스(약 28그램)의 금을 사는 데 필요한 은의 양인 금-은 비율에 기초해 금과 은을 매매합니다. 성경에 언급된 기원전 325년에는 금-은의 비율은 12.5 대 1이었습니다. 로마제국의 전성기에는 금-은의 비율이 12 대 1이었습니다. 2,000년 동안 역사적인 평균은 16 대 1입니다. 저는 금-은 비율이 40 대 1 이상이면 은을 구입하고 40 대 1 이하면 은을 팔고 금이나 금화를 삽니다.

금-은 비율을 공식화하려면 간단하게 금의 가격(온스당)을 계산해 은의 가격(온스당)으로 나누면 됩니다. 예를 들어 금이 1온스당 1,343달러이고 은이 1온스당 21.60달러라면 1,343달러(금값)÷21.60달러(은값) = 약 62.18 대 1의 금-은 비율이 됩니다. 이 예시에서는 은이 저평가돼 있으니 은을 구매합니다.

암호 화폐

암호 화폐는 암호화를 이용해 거래의 안전을 확보하는 분산형 디지털 현금 시스템입니다. 미래의 돈으로 여겨지는 암호 화폐는 기술 산업 분야뿐만 아니라 투자 분야에서도 세계적인 현상이 됐습니다.

암호 화폐는 중앙정부나 중앙기관에 의해 발행되지 않으며, 정부의 간섭이나 시장 조작에 영향을 받지 않습니다. 암호 화폐는 자신을 스스로 규제하고 수학 법칙의 지배를 받습니다. 암호 화폐는 거래 당사자들끼리 훨씬 더 쉽게 송금할 수 있고, 최소한의 처리 수수료만 받습니다. 암호 화폐의 범용성을 깨달은 은행, 기업, 정부가 암호 화폐를 사용하는 비중이 점점 높아지고 있습니다.

현재 대표적인 암호 화폐로는 비트코인, 이더리움, 라이트코인,

모네로, 대시, 리플 등이 있습니다. 가장 보편적인 암호 화폐 매매 방법과 자신만의 디지털 통화 '지갑Wallet'을 만드는 방법은 코인베이스닷컴 Coinbase.com이나 비트렉스닷컴 Bittrex.com과 같은 플랫폼을 이용하는 것입니다. 투기적인 투자자들은 사기나 플랫폼 해킹과 같은 암호 화폐 투자 및 사용 관련 위험이 존재함을 인지해야 합니다. 암호 화폐는 전자적으로 도난당할 수 있으며, 개인에 대한 상환청구권도 없습니다. 암호 화폐에 투자하는 또 다른 방법은 암호 화폐를 채굴하거나 암호 화폐 공개 Initial Coin Offering, ICO 같은 새로운 형태의 암호 화폐에 투자하는 것입니다.

현금 흐름을 계속 증가시켜야 한다

결론적으로, 모멘텀 투자로 벌어들인 모든 수익을 안정적인 현금 흐름을 창출하는 성장 투자에 재투자해야 합니다. 모멘텀 투자로 금을 구매하거나 10억 달러 가치의 성장 가능성이 엄청나게 높은 기술 벤처기업에 투자했다면, 해당 투자에서 발생하는 소득을 필요 없는 물건을 사거나 호화로운 휴가에 전부 낭비해서는 절대로 안 됩니다.

모든 부채는 현금 유동성 자산의 튼튼한 기초를 토대로 구입해

---

* 홈페이지 5dayweekend.com에서 '비트코인 정보'를 pdf로 제공하고 있다. 다운로드 비밀번호는 P12 이다. – 편집자

야 합니다. 현금 유동성 자산들은 지속적으로 당신의 은행 계좌에 돈을 채워줍니다. 한 번에 크게 들어오는 목돈을 절대 다 쓰지 말고 지속적으로 재투자해 자산 기반과 현금 흐름을 계속 증가시키십시오.

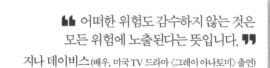

66 어떠한 위험도 감수하지 않는 것은 모든 위험에 노출된다는 뜻입니다. 99

지나 데이비스(배우, 미국 TV 드라마 〈그레이 아나토미〉 출연)

20

왜 전통적인
투자는
실패할까?

투자에 대한 전통적인 생각과 방식은 당신에게 '매일매일 주말인 삶'을 가져다주지 못합니다. 전통적인 방식들은 30~40년 동안 일하고 은퇴하는 것을 기준으로 만들어졌기 때문에 그 방식과 철학이 '매일매일 주말인 삶'에는 적합하지 않습니다. '매일매일 주말인 삶'을 영위하는 사람들은 완전히 다른 전제 조건을 바탕으로 투자를 시행합니다.

우리의 목표는 지금 당장 불로소득을 창출하는 투자를 찾는 것이지, 미래의 현금 흐름을 위해 돈을 모으는 것이 아닙니다. 자신의 운명은 자신이 개척해야 하듯이 자신의 재무 목표 또한 자신의 힘으로 달성해야 합니다.

기준이 전혀 다르다

'매일매일 주말인 삶'을 영위하는 당신	전통적인 투자를 고수하는 당신
유동성을 창출하는 투자 방식	평생 저축
불로소득을 가능한 한 빠르게 창출	주식, 펀드, 연금에 투자
직접 통제할 수 있는 투자 시스템 설계	재무 설계사, 장기 주식시장 변화 등에 의지
기업가 라이프 스타일 개발	고용인 또는 근로자로서 직장에서 일함.
몇 년 안에 자유로운 삶 획득	40년 일한 이후에 자유로운 삶

좀 더 구체적으로 왜 전통적인 투자가 '매일매일 주말인 삶'을 보장해주지 못하는지 살펴보겠습니다.

즉각적인 현금 흐름 창출 불가

주식 중개인을 통해 주식을 매입하는 일명 '간접투자'라고 불리는 전통적인 투자는 기본적으로 '사놓고 잊어버리기'에 근거합니다. 투자한 돈은 당신이 잘 이해하지 못하는 곳에 투자되고, 갑자기 투자했던 것이 생각나 다시 그것을 들여다보지 않는 한 그 상태가 계속됩니다. 다시 봤을 때 운 좋게 이익이 발생해 처음 투자한 금액보다 잔고가 더 많아졌으면 은퇴를 위해 현금을 인출합니다.

금융기관들은 당신의 돈을 노립니다. 그들은 정기적으로 당신에게 돈을 요구하고, 중도에 인출하는 경우 수수료나 페널티를 부과하는 방식으로 가능한 한 오랫동안 당신의 돈을 돌려주지 않으려고 합니다. 즉각적인 현금 흐름을 제공하지 못하는 투자는 금융기관들의 이익을 위한 농간인 경우가 많습니다.

즉각적인 현금 흐름을 창출해 '매일매일 주말인 삶'을 더 빨리 가능하도록 만들어주는 더 좋은 투자 방법은 얼마든지 많습니다.

통제 불가

CBS방송의 〈60분〉에서 미국의 대표적인 근로자 연금 저축 중 하나인 401(k)를 조사한 보고서에는 "연금 수혜자가 은퇴할 때 그들이 평생 연금에 투자한 금액의 50~70퍼센트밖에 수령하지 못하는 사람이 수백만 명이나 되는 연금에는 어떤 것이 있을까?"라는 질문이 있었습니다.

아주 좋은 질문입니다. 그 질문에 대한 답은 바로 401(k)입니다. 손실에 대해 여러 안전장치가 있는 다른 투자들과는 다르게 연금 계좌의 잔고는 주식시장의 등락에 따라 움직여 당신이 통제할 방법이 전혀 없습니다. 주식시장이 당신에게 협조적인지 아닌지 걱정하면서 평생을 살 생각입니까?

401(k)와 같은 연금은 당신이 통제하지 못하는 많은 전통적인 투자의 한 가지 예에 불과합니다. 또 다른 예로 많은 사람이 투자하는 펀드가 있습니다. 펀드의 성과와 수익률은 당신이 통제할 수 없는 변수입니다. 당신이 직접적으로 가치를 증대시키거나 통제할 수 없는 투자는 수익률에 대해 당신이 할 수 있는 일이 전혀 없습니다.

잘못된 계산 방식

재무 설계사나 전문가들은 당신에게 상품을 팔기 위해 일어나지도 않은 가정과 가상 시나리오들을 자유자재로 사용합니다.《나의 백만장자 아저씨》의 저자 리처드 폴 에반스는 이렇게 말했습니다. "기억하십시오. 한 달에 100달러의 여윳돈이 있다면 매달 당신의 투자 바구니에 옮겨 담으십시오. S&P 500 평균 지수 상승률인 10.2퍼센트를 적용했을 때 40년이 지나면 70만 달러가 당신 수중에 있을 것입니다!" 이 말을 한번 생각해보십시오.

여기에는 수많은 다른 전통적인 투자 시나리오가 범하고 있는 문제점이 숨어 있습니다. 현실을 직시했을 때 위의 방법이 효과를 발휘하려면 먼저 10.2퍼센트라는 수익률을 매년 꾸준히 달성해야 합니다. 그러나 이는 시장이 움직이는 방식이 아닙니다. 시장은 등락이 있어서 상승할 때도 있고 하락할 때도 있습니다. 평균 10.2퍼센트 수익이라는 것은 꾸준하게 10.2퍼센트의 수익을 창출하는 것과는 차원이 다른 얘기입니다.

유동성 부족

복잡하고 불분명한 세금 체계의 허점을 이리저리 헤쳐 나갈 능력이 없다면 연금에 투자된 돈을 중도 인출 시 수수료나 세금을 감수해야 합니다. 다시 말해 연금에 묶인 돈은 당신의 삶을 풍요롭게 해줄 큰 기회가 갑자기 찾아왔을 때 그 기회를 잡기 위해 사용하기가 매우 힘들거나 상당한 재무적인 불이익을 감수해야만 사용할 수 있습니다. 미국의 경우, 사용한 돈을 언제까지 다시 갚 겠다는 보증을 한 뒤에야 비로소 401(k) 연금에서 약간의 돈을 대 출할 수 있습니다. 이런 식으로 돈을 대출하게 되면 이중과세 문 제를 포함한 여러 가지 불이익을 받게 됩니다. 최악의 문제는 직 업을 잃거나 소득이 없어지면 대출 조건이 바뀌고, 60일 안에 대 출 금액을 반드시 상환해야 합니다.

연금의 기본 이론은 중도 인출 시 수수료를 부과하는 등의 방식 으로 쉽게 인출하지 못하게 한 다음 30년 정도 차곡차곡 적립해 은퇴 후 충분히 쓸 수 있는 정도의 금액을 마련하는 것입니다. 그 러나 앞서 우리는 이 이론이 가지는 문제점에 대해 충분히 살펴봤 습니다.

또 다른 문제도 있습니다. 30년 동안 열심히 모은 돈이지만 오 늘을 위해 어떠한 현금 흐름도 창출해낼 수 없는 죽은 돈입니다. 당신의 돈이 연금 계좌에서 30년 동안 깊은 잠에 빠져 있을 때 엄 청나게 좋은 기회가 지금 바로 당신 옆을 지나가고 있을지도 모릅 니다. 30일 안에 3만 달러를 벌 수 있는 부동산 거래를 발견했는 데 자금이 전부 연금 계좌에 묶여 있어서 그것을 살 수 없다면 당 신은 어떤 기분이 들겠습니까?

세금 문제

연금 설계자, 세금에 민감한 투자자, 전문가 등은 연금의 세금 혜택을 강조합니다. 그러나 대부분의 전통적인 투자 방식에는 세금 이연 규정이 적용됩니다. 세금 이연이란 세금을 내지 않는 것이 아니라 지금 내야 할 세금을 나중에 내는 것을 말합니다. 현재 대부분 국가의 세금은 역사적으로 봤을 때는 비교적 낮은 수준입니다. 그러나 세금은 앞으로 시간이 갈수록 지속적으로 상승할 가능성이 큽니다. 특히 많은 국가 부채에 시달리는 국가일수록 그 확률이 더욱 커집니다. 오늘 당장 세금 납부하기를 꺼리면서 왜 나중에 더 높은 세율로 세금을 납부하는 것은 당연하게 받아들입니까?

연금이 잘 운용돼 수익을 더 많이 올리길 바라면서 세금은 더 적게 내고 싶어 하는 것은 아이러니입니다. 연금에서 더 많은 수익을 올리면 당연히 세금을 더 많이 내야 합니다. 그러나 대부분의 투자 전문가는 반대로 연금에서 더 많은 수익이 날수록 절세에 도움이 된다고 말합니다. 좀 더 심각한 상황은 미래에는 지금보다 더 높은 세율이 더 엄격하게 적용될 수 있다는 점입니다.

연금의 가장 큰 혜택으로 거론되는 세금 이연은 실제로 은퇴자들이 연금을 사용하지 않는 가장 큰 이유 중 하나입니다. 은퇴 시기가 돼 연금을 받기 시작하면 은퇴자들은 그때부터 머리 아픈 세금 문제에 시달리기 시작합니다. 은퇴 후 인생을 즐기려고 꾸준히 적립해왔던 연금이 은퇴 후 더욱 돈 문제에 매달리게 만드는 상황을 연출하는 아이러니가 발생하는 것입니다. 미국에서는 펀드와 같은 전통적인 투자 방식은 세금 혜택이 전혀 없기 때문에 발생한 수익에 대해 무조건 세금이 부과됩니다(한국의 경우 주식 거래를 통한 주가 차익에 대해서는 세금이 부과되지 않음—옮긴이). 당신 주변에는 제한 없이 세금 이연 방식을 활용하고, 세금이 전혀 없는 수익을 창출하고, 수수료 없이 중도 인출이 가능한 더 현명한 투자 방법이 많이 있습니다.

분산투자 vs. 집중투자

분산투자는 가장 훌륭한 리스크 관리 수단으로 칭송되고 있습니다. 투자금을 여러 투자 바구니에 분산해 투자하면 어떤 곳에는 손실이, 어떤 곳에는 수익이 발생할 테지만 평균적으로는 시장 수익률에 근접하게 된다는 것이 분산투자의 이론입니다. 운이 좋으면 모든 바구니에서 수익이 발생할 수도 있습니다.

그러나 분산투자의 가장 큰 문제는 투자 기회에 대한 무지입니다. 분산투자의 다른 이름은 '무지의 인정'입니다. 사람들이 분산투자를 하는 이유는 어떤 투자를 통해 수익을 창출할 수 있는지, 어떻게 하면 투자가치를 더 키울 수 있는지 모르기 때문입니다. 이것은 투자가 아니라 도박입니다. 또한 분산투자의 경우 투자자는 투자에 대해 전혀 생각하지 않습니다. 스스로 투자자라고 말하는 그들은 자신의 돈을 투자하고서 심지어 어디에 투자하는 것인지도 잘 모른 채 단순히 좋은 일이 생기기만을 기원합니다. 이것이야말로 전형적인 무지의 철학입니다. 아이러니하게도 투자기관들은 당신을 포함한 일반적인 투자자들에게 투자자의 위험을 감소시키는 방법이 아닌 투자기관 자신들의 위험을 최소화하는 방식을 믿고 따르도록 가르칩니다. 우리가 더 많은 위험을 부담할수록 금융기관은 더 적은 위험을 부담합니다.

당신의 돈이 어디에 투자되고 있는지 반드시 알아야 합니다. 어떻게 하면 투자 수익을 증대시키고 투자 성과를 통제할 수 있는지 명확하게 파악해야 합니다. 아는 것이 힘이고, 지식을 통해 수익을 창출할 수 있습니다.

올바르게 투자하는 유일한 방법은 집중하는 것입니다.

'매일매일 주말인 삶'을 위한 순차적인 과정은 전통적인 분산투자를 쓸모없고 진부한 것으로 만듭니다. 사람들은 기초 과정을 건너뛰고 바로 펀드 투자와 같은 분산투자에 돌입합니다. '매일매일 주말인 삶'을 추구하는 당신은 그렇게 해서는 안 됩니다. 먼저 당신의 재무 기초를 탄탄히 하십시오. 만일에 대비하고, 유동성을 구축하고, 부자 되기 계좌를 만들고, 창업이나 기업가적 활동을 통한 수입을 창출하십시오. 그런 다음 성장 투자에 초점을 맞추고 성장 투자에서 획득하는 소득의 일부분을 모멘텀 투자에 활용하십시오.

전형적인 분산투자의 특성은 실제로는 투기에 매우 가깝습니다. 분산투자는 당신이 보상받을 수 있는 것에 대해 명확하게 얘기해줄 수 없습니다. 주류 언론들과 자칭 전문가들이 전가의 보도처럼 주장하는 분산투자를 맹신해 아무 생각 없이 따라 하면 당신은 위험을 줄이기는커녕 더 많은 위험을 부담하게 되고, 모든 것이 당신의 통제에서 벗어나게 됩니다. 다시 말해, 재무적인 기초가 잡히기도 전에 벌써 투기판에 뛰어드는 상황이 발생합니다.

인플레이션 방어 불가

중앙은행이 화폐를 더 발행할수록 화폐가치가 하락하는 것을 인플레이션이라고 합니다. 미국의 인플레이션은 매년 3퍼센트 정도이고, 이는 미국 달러의 가치가 지속적으로 하락한다는 의미입니다.

전통적인 투자는 인플레이션 방어가 불가능합니다. 심지어 펀드가 매년 10퍼센트씩 수익을 낸다고 해도, 그 수익은 수익에 대한 세금과 인플레이션 때문에 생각하는 것보다 훨씬 작습니다.

인플레이션 방어의 좋은 예는 부동산 임대입니다. 인플레이션이 발생하면 임대료를 같이 올리면 됩니다. 임대료는 당신이 직접적으로 통제할 수 있으며, 시장의 성과가 인플레이션을 보상해줄 만큼 충분하기를 기도할 필요가 전혀 없습니다.

또 다른 인플레이션 방어의 예는 회사 보유입니다. 인플레이션이 발생하면 인플레이션을 상쇄할 만큼 제품 가격을 상승시킬 수 있습니다.

인플레이션은 경제 건전성과 연관이 있는 복합적인 현상입니다. 정부는 정보를 왜곡해 인플레이션을 과소 계상하는 경우가 많습니다. 예를 들어 정부가 발표하는 미국 소비자물가지수는 지난 10년 동안 계속 한 자릿수였습니다만, 실제 경제 데이터들은 다른 얘기를 하고 있습니다. 돈의 가치 하락, 높은 세금, 대학 등록금 인상, 집값 및 임대료 상승, 생활비 증가, 터무니없는 의료보험료 등은 실제로는 물가 상승률이 매년 최소 7퍼센트 이상임을 암시합니다.

인플레이션은 마치 암살자와 같이 보거나 느낄 수 없습니다. 보이지 않는 이 무시무시한 괴물은 당신이 힘들게 번 세후 소득의 구매력을 무자비하게 감소시킵니다. 실제로 당신의 계좌에 있는 돈은 동일한데 매일매일 당신의 구매력은 감소하기 때문에 인플레이션은 위험합니다. 예를 들면 1913년의 1달러는 오늘날 3센트에 불과합니다. 금본위제가 폐지된 1971년의 10만 달러는 오늘날 현재 가치로 약 1만 6,667달러에 불과합니다. 또한 인플레이션 상황에서는 당신의 구매력을 감소시키는 다음과 같은 또 다른 요소들이 도사리고 있습니다.

- **제품 교체 주기**: 사용하는 제품을 지속적으로 교체해야 합니다.
- **기술 진보**: 오늘 존재하지 않는 물건이 미래에는 필수품이 될 수 있습니다.

인플레이션에 대응하려면 최소한 1년에 7퍼센트 이상 수익을 창출해야 합니다. 7퍼센트 미만의 수익은 인플레이션하에서는 손실이 발생하고 있다는 뜻입니다. 대부분의 투자 전문가들이 수익률을 계산할 때 인플레이션을 고려하지 않는다는 것을 반드시 인지하십시오.

틀 밖에서 생각하라

'매일매일 주말인 삶'을 추구한다면 TV나 대중매체에서 자주 접하
는 돈에 대한 당신의 통제권이 상실되도록 설계된 전통적인 투자
와는 상당히 다른 투자 방식을 고수해야 합니다. 전문가라는 사람
을 아무 생각 없이 신뢰한다면 희생과 연기된 행복이라는 미명하
에 당신은 '매일매일 주말인 삶'을 영영 달성하지 못합니다. 간접
투자Retail Investment는 투자자들에게는 악몽과 같은 수익률만 안겨
줄 뿐입니다.

피 같은 돈을 금융기관에 맡기고서 당신이 무엇을 하고 있는지
도 모른 채 금융기관들이 높은 수익을 내주기만
을 기원해서는 안 됩니다. 시시각각 변하는 시
장 상황에 삶의 자유를 맡겨서도 안 됩니다. 당
신의 운명은 당신 손으로 직접 개척해야 합니다.
30~40년 뒤가 아니라 5~10년 안에 당신은 자유
로운 삶을 누려야 합니다.

> 대부분의 사람은 '단기간
> 에 부자 되는 법'이나 '장기
> 투자로 부자 되는 법'을 주
> 창하는 금융 전문가들에게
> 세뇌되어 있습니다.

'매일매일 주말인 삶'을 영위하기 위해서는 '구매, 보유, 기도'의
전통적인 투자 사고방식에서 벗어나야 합니다. 세금 이연 계좌에
돈을 적립해 그것을 불려나가는 것과 같은 전통적인 투자 방식은

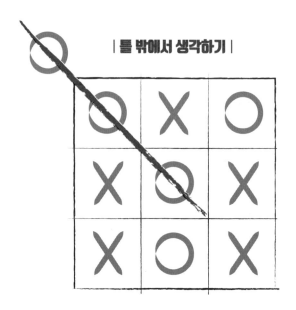

| 틀 밖에서 생각하기 |

'매일매일 주말인 삶'에는 적합하지 않습니다. 그 대신 지금까지 배워왔던 방식과는 다른 현금 흐름을 창출하는 다른 투자 대안을 생각해보십시오. 현금 흐름에 초점을 맞추는 것은 진정한 재무 자유의 첫걸음이자 과정입니다.

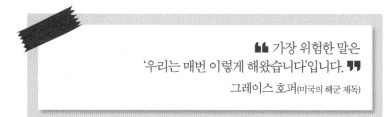

❝ 가장 위험한 말은
'우리는 매번 이렇게 해왔습니다'입니다. ❞

그레이스 호퍼(미국의 해군 제독)

21

투자 사계절, 경제 사이클에 주목하라

농부는 계절에 대해 낱낱이 알고 있습니다. 봄에 씨를 뿌리고, 여름에 작물을 성장시키고, 가을에 수확하며, 겨울에는 땅을 놀려 휴지기를 가집니다.

경제학 역시 계절과 비슷한 특성과 순환 사이클이 있습니다. 경제학적 활동에는 자연스럽고 측정 가능하며 예측 가능한 움직임이 있습니다. 대부분의 순환 사이클은 주로 두려움, 탐욕, 우유부단 같은 인간의 감정에 따라 결정됩니다. 이 사이클을 이해할 수 있으면 더 큰 자신감과 확신을 바탕으로 투자할 수 있습니다. 당신의 감정을 다스려 감정에 휩쓸린 다른 투자자들과는 반대로 행동할 수 있습니다.

지난 20년 동안 저는 경제 사이클을 기후의 계절 변화에 빗대어 설명해왔고, 경기를 정확히 예측할 수 있는 다양한 측정 요소들에 대한 방법론을 개발해 사용해왔습니다. 저는 이러한 경제 사이클의 특성들을 반영해 1시부터 12시로 이뤄진 '경제 시계'를 만들었습니다. 경제 시계에 표현된 경제 계절별 특성과 관련 지식을 '경기 체감온도'를 재는 데 사용했고, 어떤 시즌에는 어떤 투자가 가장 적합한지 판단하는 데 이 경제 시계를 적절하게 이용했습니다.

아래 그림을 살펴봅시다.

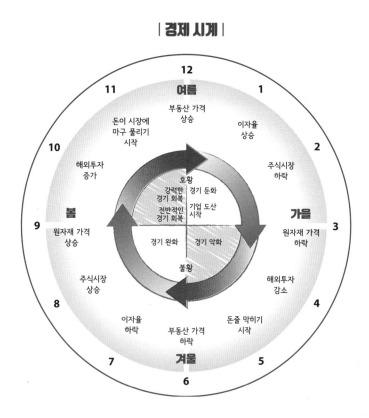

| 경제 시계 |

경제 여름의 최고점인 12시부터 시작해보겠습니다. 경기 체감 온도는 용광로처럼 뜨겁습니다. 호황의 절정이며, 전반적인 소비 심리는 계속 상승합니다. 마치 여름에 햇빛을 받을 수 있는 낮이 더 길듯이 돈이 계속 시장에 풀리고 인플레이션은 지속적으로 발생합니다. 이 시기는 공식적으로 경기 호황의 최고점입니다.

3시부터는 여름에서 겨울로 향하는 과정이자 기온이 내려가기 시작하는 가을입니다. 가을에 낙엽이 떨어지듯 주식, 원자재, 해외투자 금액이 동시다발적으로 하락합니다. 정부가 돈줄을 죄기 시작해 시장에 돈줄이 막힙니다.

6시가 되면 가장 추운 겨울로 접어듭니다. 경제에 대한 확신이 사라지면서 소비 심리가 급격히 얼어붙습니다. 투자자들은 한발 물러서서 시장을 관망하며 경기가 회복될 때까지 투자를 보류합니다. 겨울은 불황의 최정점입니다. 이 시기는 자산 압류와 회사 도산이 급격히 증가하는 불모의 시간입니다. 2008년 금융시장 붕괴로 미국에서만 연금, 부동산, 저축, 채권 등에서 약 5조 달러 이상의 자산 가치가 순식간에 증발했습니다. 미국인 800만 명이 실직했고 600만 명이 집을 잃고 거리에 나앉았습니다.

9시부터는 따뜻한 봄입니다. 주식, 원자재 등의 가격이 상승하고, 세계경제가 전반적으로 회복되기 시작합니다. 봄은 소비 심리가 서서히 회복되고 정부가 죄었던 돈줄을 풀면서 돈이 시장에 조금씩 풀리기 시작합니다. 겨울 동안 팔리지 않던 부동산을 포함한 많은 재고자산들이 시장에서 소비되는 것도 이 시점입니다.

경제 사이클이 12시부터 12시까지 한 바퀴 도는 데 보통 8년에서 11년 정도 걸립니다. 호황에서 거품이 꺼지는 상황은 12시(호경기의 최고 정점)부터 6시(불경기의 최고 정점)까지이며, 일반적으로 3년에서 4년 정도 소요됩니다. 감정적인 측면에서 봤을 때 인간은 손실에 대한 두려움이 이익에 대한 탐욕보다 훨씬 더 크고 강력합니다. 그렇기에 경기가 둔화되기 시작하면 시장은 순식간에 공포에 휩싸이고 사람들은 패닉에 빠집니다. 너도나도 보유한 자산을 팔려고 하고 투매 현상까지 시작돼 경기는 엘리베이터처럼 순식간에 바닥으로 곤두박질치기 시작합니다.

지속적으로 주시해야 할 경기 지표들

경제 시계에서 시기별로 자주 발생하는 지표들을 정리해둔 다음 표를 자세히 살펴보기 바랍니다.

- **12:00~3:00** 부동산 가치 하락, 경제 성장세 둔화
- **5:00** 자산 압류 및 중소기업 도산 증가
- **3:00~6:00** 실업, 세계경제 둔화, 불황
- **4:00~6:00** 주식시장 침체, 임대료 인상
- **6:00** 불황의 최정점
- **6:00~9:00** 경제 회복 단계

- **7:00** 현금 유동성 증가, 은행 대출 확대
- **8:00** 신용 대출 용이, 유동성 확대
- **10:00** 건설 경기 활황, 비어 있는 대지 개발 붐
- **9:00~12:00** 경제 호황

시간	경제 상황	경제 결과
1:00	이자율 상승	꾸준한 성장 및 인플레이션
2:00	주식시장 하락	수익 감소 및 시장 비관론 등장
3:00	원자재 가격 하락	건설 경기 후퇴
4:00	해외투자 감소	중앙은행 간 자금 이동
5:00	돈줄 막힘.	신용 대출 감소
6:00	부동산 가격 폭락	자산 가치 감소 및 불황
7:00	이자율 하락	경제 회복 조짐
8:00	주식시장 상승	수익 증가 및 시장 낙관론 대두
9:00	원자재 가격 상승	건설 경기 상승
10:00	해외투자 증가	중앙은행 간 자금 이동
11:00	돈이 시장에 많이 풀림.	대출이 점점 더 용이해짐.
12:00	부동산 가격 상승	경기 호황의 최정점

경제 사이클을 움직이는 요소들

저는 10대 시절 투자를 막 시작했을 때부터 경제 사이클을 창조하

는 경제학적 감정과 인간 행동과의 관계에 대해 꾸준히 연구해왔습니다. 그 결과, 인간의 몇 가지 감정이 수요와 공급, 거품과 거품 붕괴와 같은 경제학적 현상을 좌지우지하는 촉매제이자 중요한 요소임을 발견했습니다. 탐욕, 두려움, 우유부단함, 이 세 가지의 가장 원초적인 감정이 다른 어떤 인간 감정보다 경제 사이클에 영향을 끼칩니다.

8:00~1:00 구간은 탐욕이 지배합니다.

경제 시계의 8시에서 1시 사이의 구간에서는 탐욕이 주로 활동합니다. 시중에 돈도 많이 풀리고 경기도 서서히 회복되고 있어서 은행권에서는 돈을 서로 빌려주려고 합니다. 이 시기에는 많은 사람이 대출을 통해 레버리지 효과를 발생시켜 수익을 창출하려 하기 때문에 금액의 거의 100퍼센트까지 대출을 받을 수 있습니다. 사람들은 활용 가능한 모든 대출을 다 이용하려 하기 때문에 대출 수준이 최고 정점을 찍는 12시 언저리까지는 대출 잔액이 꾸준히 늘어납니다.

은행에서는 8시에서 11시 사이에 대출을 적극적으로 제공합니다. 은행 입장에서는 이 시기에 예대 마진의 차이를 이용해 돈을 버는 것은 정말로 식은 죽 먹기이며, 실제로 이 기간 동안 은행은 막대한 수익을 창출합니다. 12시가 되면 투기꾼들은 광란의 모닥불에 기름을 들이붓습니다. 12시가 넘어가면 호황의 파티는 서서히 막을 내리기 시작하지만 여전히 많은 사람은 부동산에 터무니

없는 가격을 지불해야 합니다. 얼마 뒤 3시가 되면 그들은 보유한 자산의 가치보다 더 많은 빚을 지고 있다는 사실을 깨닫습니다. 엄청난 양의 자산 압류가 시장을 강타하기 시작합니다.

1:00~6:00 구간은 두려움의 활동 무대입니다.

두려움의 법칙에 따르면 경기 둔화의 첫 번째 신호가 나타날 때 불황은 저 멀리 지평선에 모습을 드러냅니다. 기업 도산이 증가하고 주식시장에는 경기 둔화에 대한 우려가 나타납니다. 주식시장은 침체되기 시작합니다. 불황의 사전 지표인 주식 투매와 그에 따른 주식시장 하락은 실물경제, 특히 자산시장을 강타합니다.

| 두려움과 탐욕 |

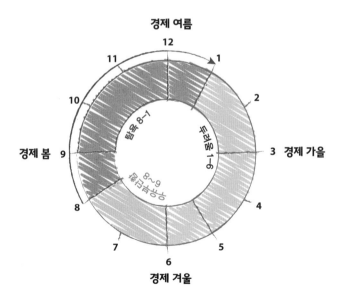

호황일 때 무분별하고 과도하게 진행됐던 투기의 역풍이 시장을 집어삼키기 시작합니다. 은행은 5시 무렵부터 대출을 회수하고 돈줄을 하나둘씩 막기 시작합니다. 시장을 원활하게 돌아가게 해주는 윤활유 역할을 하는 현금 흐름이 정체되기 시작하며, 6시에는 높은 실업률, 파산, 공황 상태로 정의되는 불황의 최정점에 도달합니다.

6:00~8:00 구간은 우유부단함이 특세합니다.

이 시기에는 경기가 조금씩 회복되기 시작합니다. 저 개인적으로는 7시까지 투자를 보류합니다. 7시가 되면 은행권에서 수익을 창출하고 시장 유동성을 높이기 위해 돈을 풀기 시작합니다. 사람들 대부분은 기존에 입은 재무적인 내상을 완벽히 회복하지 못했기 때문에 이때 섣불리 나서지 못하고 우유부단하게 머뭇거립니다.

언론 매체들은 소비자들이 듣고 싶어 하는 밝은 전망을 앞다투어 보도하고, 은행권은 관망하고 있는 투자자들을 유인하기 위해 이자율을 낮추기 시작합니다. 8시가 되면 신용으로 대출을 받기가 더욱 쉬워지며, 경기회복이 바로 코앞으로 다가옵니다.

경제 계절별 투자 방법

경제가 어떤 식으로 돌아가는지 이해하면 다음에 무슨 일이 일어날 것인지 예측 가능하고 투자를 통해 수익을 창출할 수 있습니다. 계절별로 무엇을 해야 하는지 알아보겠습니다.

경제 여름

여름에는 가을을 대비해 현금을 넉넉히 보유해야 합니다. 경제 여름에서는 시장이 현금과 신용 대출로 부드럽게 돌아가고, 회사는 덩치를 자꾸 키웁니다. 모든 항목에서 소비는 매우 활발하며, 무절제한 소비가 판을 칩니다. 만약 당신이 농부라고 가정하면 계절에 따라 필요한 행동을 준비하는 것처럼 겨울을 나기 위해 창고에 건초 더미를 쌓아두어야 합니다. 경제적 행동도 이와 마찬가지입니다.

> "투자에서 가장 위험한 말은 '이번에는 다릅니다'입니다." 존 템플턴 경(투자 및 주식 전문가)

사업주

경제 여름에는 가을을 대비해 불필요한 부분을 정리하십시오. 지출을 줄이고 신용카드 사용을 적절하게 통제하십시오. 사업에 문제가 생겼을 때 완충장치로 활용할 수 있는 비상금을 확보하십시오. 겨울이 닥쳤을 때 그제야 무엇인가를 해보려고 하지 말고 여름부터 차근차근 준비해야 합니다.

자산 투자자

여름에는 자산을 취득하지 마십시오. 여름은 자산을 팔기에 가장 좋은 시기이지 자산을 구매하기 좋은 시기가 아닙니다. 파티의 끝이 금방입니다. 투기와 광란이 자산시장에 만연해 있습니다. 경매 낙찰률은 사상 최고를 기록하고 모든 자산의 가치가 계속 상승할 것이라는 생각이 시장에 퍼져 있습니다. 수요는 공급을 훨씬 초과한 상태입니다. 은행은 시장에 대해 불안하게 생각하기 시작하고 시장의 열기를 조정하기 위해 이자율을 서서히 올립니다. 주택 담보대출을 100퍼센트 받고 계약금 없이 부동산을 사는 거래가 시장에 만연해 있습니다.

결혼식이나 파티에 참석하면 사람들이 전부 투자 얘기만 합니다. 이는 이제 발을 빼야 한다는 강력한 신호입니다. 또한 이제 파티의 끝이 머지않았고 경제 시계의 1시에 도달하고 있다는 증거입니다. 공항에서 택시를 탔을 때 택시 기사가 투자 조언을 구한다면 이제 2시입니다. 주변에서 투자에 대한 얘기는 엄청나게 하지만 그 성과는 별로인 사람들을 조금씩 찾아볼 수 있습니다. 사람들은 서서히 두려움을 느끼기 시작하고 그것을 잊기 위해 다른 사람들을 비판합니다. 또한 사람들은 수익이 별로 나지 않은 것을 스스로 정당화하기 시작합니다.

경제 겨울

경제는 파탄 나고 세계경제가 동시다발적으로 악화되기 시작합니다. 은행은 투기가 만연하던 여름에 빌려주었던 대출의 상환 여부를 걱정합니다. 소비 지수는 완전히 바닥이고 높은 실업률이 시장을 습격합니다. 재무나 투자에 대해 잘 알지 못하는 사람들에게서 투자에 대해 잘 아는 사람들에게로 많은 부가 이동해 부자가더 부자가 되는 시기입니다. 공급과잉은 전염병처럼 시장을 잠식하고 현명한 개인 투자자들은 투자 기회를 포착합니다. 똑똑한 사냥꾼들은 이 시기에 사냥을 시작합니다.

사업주

여름을 위한 계획을 겨울에 세워야 합니다. 3시(경제 가을)에서 6시(경제 겨울) 사이에 경쟁사를 인수 합병합니다. 경쟁사의 제품을사는 것이 아니라 경쟁사의 고객과 데이터베이스를 보유하기 위한 구매입니다. 당신이 사들인 회사는 여름에 현금 흐름을 충분히창출하지 못했기 때문에 경제 겨울을 버티지 못합니다.

사업의 건전성은 겨울에 판명이 납니다. 경제 겨울의 소비자들은 부족한 가용 현금 때문에 여름하고는 완전히 다른 소비 행태를보입니다. 일단 그들은 소비하기를 주저합니다. 파는 물건이나 서비스를 변경하거나 할인을 제공하기에는 겨울이 적격입니다.

자산 투자자

겨울에 취득할 수 있는 한도만큼 자산을 취득해야 합니다. 경제겨울에는 여름부터 차곡차곡 모아두었던 여유 현금을 바탕으로엄청나게 좋은 조건으로 자산을 구매할 수 있습니다.

경매 낙찰률은 최저로 떨어지고 경제 불황에 대한 생각이 시장을 지배합니다. 자산시장에는 수요보다 공급이 넘쳐 납니다. 불황의 최고 정점이자 시장 상황은 바닥이기 때문에 구매자 우위의 시장이 됩니다. 부동산 개발업자들은 막대한 재고를 떠안고 파산하기 시작합니다. 소유자가 대출을 상환하지 못하거나 세금을 제때 납부하지 못하기 때문에 자산 압류는 다시 급격히 증가합니다.

현금을 지속적으로 창출하는 자산을 보유한 투자자만이 이 어려운 상황을 극복할 수 있습니다. 위기가 있는 곳에는 항상 기회가 있습니다.

다음 그림을 통해 경제 시계의 특정 시기에 자산 투자자로서 실행해야 하는 구체적인 행동들을 살펴보십시오.

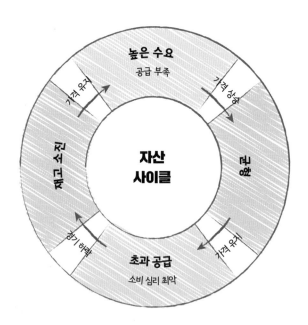

- **6:30** 주식 보유 증가

- **9:00** 자산 보유 증가 및 채권 보유 감소

- **12:00** 주식 보유 감소, 여유 자금 확보

- **3:30** 자산 보유 증가 및 채권 보유 증가

- **3:00~6:00** 기업사냥 및 인수 합병, 11시에 이미 계획해둔 출구 전략을 통해 수익 창출

  투기가 판치는 여름은 판매자 시장입니다. 11시에는 시장에 돈이 넘치고 사람들이 웃돈을 주고서라도 자산을 구입하려고 합니다. 11시에 빠른 수익 창출이 가능한 자산을 매각해 자금을 확보한 다음 잘못된 경영으로 회사들이 도산하기 시작하는 3시에 해당 자금을 사용할 계획을 세워야 합니다.

- **9:00~11:00** 일반적으로 12시부터 1시 사이에 이자율이 상승하기 때문에 이 시기에 은행 이자를 최소 5년간 고정 금리로 설정합니다. 이자율이 상승하기 전에 고정 금리 대출로 갈아타거나 이자율을 고정 금리로 변경해 이자율 상승 시기에 수익을 창출합니다.

- **11:00** 자산 가치를 재평가하고 은행 신용거래를 시작하십시오. 11시의 자산시장은 매우 뜨겁게 달궈진 투기시장이기 때문에 자산평가액은 사상 최고액을 계속 갱신합니다. 여름에 보유 자산의 높은 평가액을 이용해 다양한 이득을 취해야 합니다. 가을과 겨울에 할인된 가격으로 매

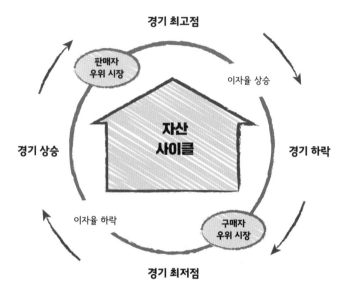

| 경기 사이클 |

경기 최고점

판매자
우위 시장

이자율 상승

자산
사이클

경기 상승

경기 하락

이자율 하락

구매자
우위 시장

경기 최저점

물로 나오는 자산을 예측 또는 분석해 은행에서 우대금
리로 대출을 받을 수 있도록 미리 조치를 취해놓아야 합
니다.

> 시장 변동성을 적으로 삼지 말고
> 친구라고 생각하십시오. 어리석은 행동에 부화뇌동하지 말고
> 어리석은 행동에서 수익을 창출하십시오.
>
> 워런 버핏

투자 계획

현재 어떤 경제 계절에 속해 있습니까?

현재 경제 시계의 시간은 몇 시입니까?

당신에게 가장 높은 수익을 가져다줄 세 가지 성장 투자는 무엇입니까?

위에서 언급한 세 가지 아이디어를 어떻게 조사하고 실행할 계획입니까?

위의 아이디어를 실행할 때 당신의 인생에서 누가 도움을 줄 수 있습니까? 생각나는 이름을 모두 적어보십시오.

위에서 이름을 적은 사람들과 어떻게 관계를 맺겠습니까? 구체적으로 적어보십시오.

당신의 다음 계획은 무엇입니까?

'매일매일 주말인 삶' 홈페이지 5dayweekend.com에 접속해 위 내용에 대한 정보와 자료를 다운로드하기 바랍니다.
다운로드 비밀번호: P13

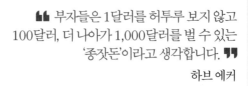

❝ 부자들은 1달러를 허투루 보지 않고
100달러, 더 나아가 1,000달러를 벌 수 있는
'종잣돈'이라고 생각합니다. ❞

하브 에커

끊임없이 도전하라

5Day
Weekend

솔직히 말해, 오늘의 당신과 내일의 당신이 아무런 차이가 없다면 당신은 '매일매일 주말인 삶'을 달성하지 못할 것입니다. '매일매일 주말인 삶'을 달성하기 위해서는 내부의 변화도 외부의 변화만큼이나 중요합니다.

당신 자신에 대해 솔직해지십시오. 스스로에게 솔직해지면 잘 모르고 지나쳤던 부분이 밝혀집니다. 약점이 정확하게 파악되고 앞으로 개선됩니다. 드러나지 않은 강점이 발견되고 계발됩니다. 당신이 현재 가지고 있는 것 이상을 얻을 수 있습니다.

'매일매일 주말인 삶'을 살아가는 사람은 항상 자신의 내면에 있는 최선을 끄집어냅니다. 다음에 살펴볼 내용은 당신의 잠재력을 발견하는 데 많은 도움이 될 것입니다.

22

마음가짐을
굳건히
유지하라

사업은 실패할 수 있습니다. 손실이 발생하고 다른 사람들의 웃음거리로 전락할 수도 있습니다.

　모든 것을 당신 마음대로 통제할 수는 없습니다. 그러나 가장 중요한 요소 중 하나인 마음가짐은 당신이 통제할 수 있습니다. 성공은 내부에서 외부로 발현되는 것입니다. 모든 것이 가망성 없어 보이고 희망이라고는 찾아볼 수 없는 상황에서 우리를 계속 전진하게 만드는 것은 다름 아닌 마음가짐입니다. 마음가짐은 우리가 현실에 안주하지 않고 끊임없이 자기 계발을 하도록 유도하며, 직면하는 여러 어려움을 극복하도록 만듭니다.

　건전하고 올바른 마음가짐은 모든 성공의 초석입니다.

굳건한 마음가짐을 위한 필수 요소

1. 몰입과 끈기

많은 사람이 지식과 기술의 부족 때문에 성공하지 못한다고 생각합니다. 그러나 지식, 기술, 경험 부족은 몰입과 끈기로 충분히 만회할 수 있습니다. 많은 창업자가 이 사실을 실제 사례로 수도 없이 증명했습니다.

헨리 포드는 자동차회사 운영에 대한 지식이 전무했지만 결국 자신만의 자동차 왕국을 구축했습니다. 크리스 가드너는 자신이 주식 중개인이 될 거라고 상상도 못 했지만, 끊임없이 노력한 결과 〈행복을 찾아서〉라는 그의 일대기를 다룬 영화까지 제작됐습니다. 오프라 윈프리는 지역 라디오 방송국에 아나운서로 취직하기 전까지 방송에 대해 아무것도 몰랐습니다. 이렇듯 성공한 사람들은 지식이나 기술이 아닌 몰입과 끈기를 통해 정상에 도달하는 자신만의 방법을 구축했습니다.

> "생각날 때 한 번씩 해서는 절대 성공할 수 없습니다. 꾸준하게 지속해야 성공할 수 있습니다."
>
> 마리 폴레오(라이프 코치, 동기부여 전문가)

2. 자신에 대한 믿음과 신념

의심은 본 것만을 믿지만 신념은 자신이 믿는 것을 봅니다. 성공한 사람들은 신념을 가지고 항상 자기 자신을 변함없이 신뢰했습니다. 어려움에 직면하거나 실패로 좌절할 때에도 그들은 자신들의 성공을 굳게 믿었습니다.

　스스로를 의심하는 것은 실패를 조장하고 꿈을 말살하는 지름길입니다. 성공하기 위해서는 자신이 성공할 자격이 있고 그럴 능력이 된다는 것을 확신해야 합니다. 먼저 믿은 다음 믿는 것을 그대로 실천하십시오. 신념이 바뀌면 육체적·정신적 변화가 자연스럽게 따라옵니다. 삶이 요구하는 것을 지속적으로 고민하고 내면의 목소리를 경청할 때 스스로에 대한 믿음과 신념은 더욱 커질 것입니다.

마음가짐 다지기

1. 마음가짐 강화하기

　우리는 가족, 친구, 사회의 부정적인 불평과 비판에 늘 노출돼 있어 정신적으로 점점 피폐해집니다. 이러한 정신적 피폐함을 방지하기 위해 긍정적이고 생동감 있고 영감을 불러일으키는 교육적인 내용으로 당신의 마음을 지속적으로 채워야 합니다. 마음가짐은 근육과 같아서 꾸준히 단련해야 합니다. 돈을 벌고 부자가 되는 방법을 제공하는 책에 고액의 지폐를 책갈피로 끼워 넣은 다음 그것을 볼 때마다 해당 내용을 상기하는 방법처럼 지속적이고 꾸준하게 마음가짐을 강화해야

> "스스로를 과소평가하면 다른 사람들도 당신을 과소평가합니다."
>
> 일레인 던디(소설가, 저널리스트)

합니다.

2. 두려움 극복하기

두려움을 극복하는 유일한 방법은 정면으로 맞서는 것입니다.

두려움에 굴복하지 않고 오랜 시간 계속 실행하면 어느 순간 그 두려움을 전혀 신경 쓰지 않는 자신을 발견하게 됩니다. 일어나지도 않은 일을 미리 두려워하지 마십시오.

3. 스트레스 이용하기

스트레스를 효과적으로 이용할 경우, 스트레스는 적이 아니라 아주 유용한 도구이자 친구가 됩니다. 감당하기 힘든 문제나 촉박한 마감 시간에 직면할 때 집중도와 능력은 오히려 향상됩니다. 스트레스는 다가올 도전이나 어려움에 우리 신체가 대비하도록 만들어줍니다. 스트레스와 싸우지 말고 스트레스를 있는 그대로 받아들이고 포용하십시오. 스트레스가 어떤 식으로 도움을 주고 에너지를 공급하는지 객관적으로 관찰해보기 바랍니다.

일시적인 스트레스와 만성적인 스트레스의 차이를 명확하게 인지하십시오. 만성적인 스트레스에 시달리고 있다면 지금의 삶에 큰 변화가 필요한 시기일 수도 있으며, 지속적인 스트레스는 만성 피로 증후군의 원인이 되기도 합니다. 그러나 일시적인 스트레스를 효과적으로 활용한다면 단언컨대 스트레스는 당신의 정신과 신체를 재충전해주는 둘도 없는 친구가 될 수 있습니다.

결국 당신의 선택이다

"한계는 당신 마음속에 있습니다." 진부한 인용구일 수 있으나 반박할 수 없는 사실입니다. '할 수 있다' 또는 '할 수 없다'는 오롯이 당신의 선택입니다. 한계는 마음가짐의 산물이며, 마음가짐에 따라 극복할 수 있습니다. 자유는 올바른 마음가짐을 통해 구현될 수 있습니다.

> ❝ 당신은 외부의 일은 마음대로 통제할 수 없지만, 당신의 내면은 통제할 수 있습니다. 이 사실을 깨달으면 진정한 강인함을 발견하게 될 것입니다. ❞
> 마르쿠스 아우렐리우스 (로마 제16대 황제, 《명상록》 저자)

23

이너 서클을
구축하라

부담 없이 서로 조언을 구할 수 있는 사람들로 이너 서클Inner Circle
을 구축하고, 그들과 많은 시간을 함께 보내는 것은 성공의 필수
요소 중 하나입니다.

건전한 이너 서클의 힘

1. 좋은 친구는 한계를 극복하도록 독려합니다.

나쁜 친구는 현실에 안주하게 만듭니다. 나쁜 친구는 편안한 상
태로 있을 수 있는 안전지대Comport Zone를 벗어나지 않으려 합니
다. 나쁜 친구는 항상 "현재를 있는 그대로 인정하고 받아들여"라

고 말하지만, 사실 그것은 진정한 우정이 아닙니다. 나쁜 친구는 평범함을 통해 스스로를 정당화합니다.

반면에 좋은 친구는 우리의 현재 상태와 앞으로 성취 가능한 미래의 모습을 고려해 더 나은 미래를 위한 영감을 지속적으로 불러일으키고 한계를 극복하도록 자극합니다.

2. 좋은 친구는 책임감 있는 사람이 되도록 도와줍니다.

나쁜 친구는 변명과 자기 합리화를 수시로 사용하고, 심지어 그것들을 '권장'하기도 합니다. 이는 거짓 도움이며, 더 정확히 말하자면 방임입니다.

진실한 친구는 우리를 위해 기꺼이 사랑의 매를 듭니다. 꿈과 목표 앞에서 좌절하고 포기하려 할 때 사랑의 매로 우리가 포기하지 않고 최선을 다할 수 있도록 이끌어줍니다. 또한 진실한 친구는 하루하루를 최선을 다해 살아갈 수 있는 용기를

> "같이 있으면 편한 사람을 친구로 사귀지 말고 더 나은 당신이 되도록 계속 독려하는 사람을 친구로 사귀십시오."
>
> 토머스 왓슨(IBM 전 회장이자 CEO)

북돋아줍니다. 이러한 도움이야말로 가장 가까운 친구들에게 받아야 하는 진실한 도움입니다.

3. 좋은 친구는 노력하는 사람이자 성취하는 사람입니다.

나쁜 친구를 골라내는 것은 매우 쉬운 일입니다. 나쁜 친구는 지난 몇 년 동안 아무 변화 없이 정체돼 있으면서 어떠한 성취도

이루어내지 못합니다.

더 나은 삶과 더 높은 목표를 위해 끊임없이 노력하는 사람을 찾아 친구가 돼야 합니다. 이루어낸 성과, 새로 시작한 일, 실패 경험 등 지난 몇 년 동안의 그들의 삶을 살펴보십시오. 실패를 하지 않았다는 것은 다양한 시도를 하지 않았다는 방증입니다.

제대로 된 이너 서클을 만들고 싶다면

1. 해로운 사람을 멀리해야 합니다.

해로운 사람Toxic People은 매사에 불만이 많고 회의적입니다. 그들은 타인의 일에 사사건건 참견하고 말을 이리저리 옮기기를 좋아합니다. 싸구려 가십 기사에 시간을 허비하면서 '부정'이라는 감옥에 갇혀서 서서히 죽어갑니다. 그들은 죽을 때까지 자기가 부정적인 사람이라는 것을 인정하지 않습니다.

이러한 사람들에게 시간을 허비하기에는 당신의 삶은 너무나 소중합니다. 이러한 친구가 주변에 있다면 즉시 정리하십시오. 당신의 삶에는 그런 친구들을 만나는 것보다 훨씬 더 가치 있는 일이 많이 있습니다. 그들이 당신의 소중한 인생을 망치게 방치하지 마십시오. 이런 부류의 사람들은 성공으로 가는 길의 가장 큰 걸림돌 중 하나입니다. 단 한 명의 유해한 사람이 10명과의 좋은 인간관계에서 얻는 장점들을 단번에 망칠 수 있습니다.

2. 중요한 소수와 끈끈한 친분 관계를 구축해야 합니다.

앞서 언급한 좋은 친구의 요건을 갖추고 있는 사람을 찾아 그들과 가까워지기 위해 최선을 다하십시오.

어떤 사람의 순자산과 수입은 그 사람이 가장 자주 만나는 다섯 명의 평균에 수렴한다는 말이 있습니다. 믿기 힘들겠지만, 이 말은 진실에 가깝습니다. 성공한 사람, 현실에 안주하지 않고 도전을 즐기는 사람, 안전지대를 벗어나 무언가를 하도록 계속 독려하는 사람을 친구로 만들기 바랍니다. 더 나은 목표와 성취를 꿈꾸고 그것을 실천하는 사람을 찾으십시오. 그들과 깊은 유대감을 조성한 다음 그들에게서 배워야 합니다.

3. 정기적인 협력 모임을 만들어야 합니다.

나폴레온 힐은 자신의 명저 《생각하라! 그러면 부자가 되리라》에서 '협력 원칙'을 설파하면서 "협력 모임이란 공통의 목적을 달성하기 위해 서로 완벽하게 협업하는 두 명 또는 그 이상으로 이루어진 집단이자 상호 연합"이라고 정의했습니다. 협력 모임을 구성한 다음 정기적인 모임을 통해 어려움을 함께 극복하고 목표를 달성하기 위해 상호 협조하는 시스템을 구축해야 합니다.

4. 멘토를 곁에 둬야 합니다.

목표를 달성하는 가장 빠르고 쉬운 방법 중 하나는 당신이 가보고자 하는 길을 먼저 경험해본 사람에게서 배우는 것입니다. 멘토는 당신이 원하는 것을 잘 이해하며, 어떤 위험과 함정이 도사리고 있는지 압니다. 멘토는 당신이 스스로 알기 힘든 강점과 약점을 잘 파악하고 있습니다. 현재의 당신 모습은 지금까지 살아오면서 내린 결정의 결과입니다. 지금까지 멘토가 없었다면 당신이 내린 결정의 가장 최고의 결과가 지금 당신의 모습입니다.

더 나은 미래를 꿈꾸면서 어려운 목표를 성취하기 위해 노력하는 사람들 곁에는 항상 멘토가 존재합니다. 멘토를 찾는 일을 미루지 말고, 적합한 멘토를 찾았다면 친분 관계를 맺는 것을 주저하지 마십시오. 정기적으로 멘토를 만나 직면한 도전과 어려움에 대해 조언을 구하고 새로운 통찰을 얻으십시오. 멘토의 시간을 가치 없는 것으로 만들지 말고 멘토의 말을 항상 경청하십시오.

5. 당신 먼저 친해지고 싶은 사람이 돼야 합니다.

마지막으로 제대로 된 친구를 찾기 위해서는 먼저 당신 스스로가 친해지고 싶은 사람이 돼야 합니다. '유유상종'이라는 말처럼 비슷한 사람은 서로 더 끌리기 마련입니다.

당신을 더욱 발전시켜주는 무언가를 가지고 있는 친구처럼 당신 자신도 당신의 친구들을 계발시켜줄 무언가를 가지고 있어야 합니다. 지금까지의 성과에 안주하지 말고 항상 목표를 세우고 그 목표를 달성하기 위해 최선을 다하십시오. 두려움을 극복하고 긍정적이고 협조적인 사람이 되십시오. 상대를 무시하거나 깔아뭉개지 말고 항상 다른 사람들을 더욱 발전시킬 수 있는 방법을 찾으십시오. 이와 같은 방법을 통해 좋은 친구들로 구성된 당신 자신만의 신뢰할 만한 이너 서클을 구축할 수 있습니다.

자신의 라이프 보드를 만들라

인생의 중요한 목표들을 한눈에 볼 수 있게 적어놓은 '비전 보드'를 많은 사람이 활용하고 있습니다. 그러나 인생의 방향을 결정하고, 장애물을 극복하고, 궁극적으로 인생의 목표를 달성하는 것을 도와주는 유용한 지침들을 적어놓은 '라이프 보드'에 대해서는 아주 극소수의 사람만이 알고 있습니다. 많은 부분에서 '비전 보드'보다는 '라이프 보드'가 훨씬 중요합니다.

인생에 도움을 주는 사람들과 같이 시간을 보낸다면 당신의 인생은 자연히 좋아질 것입니다. 누구와 얼마나 시간을 보내야 하는지를 의미하는 사회 영향 지수에 대한 간단한 가이드라인은 아래와 같습니다.

- 시간의 20퍼센트를 다른 사람의 멘토가 되는 데 사용하십시오. 멘토가 되면 해당 지식에 대해 더 잘 이해할 수 있

고 더 깊이 있게 알게 됩니다. 다른 사람들을 진심으로 가르치십시오. 이 시간은 감정적으로 가장 충실한 시간이 될 것입니다.

- 시간의 30퍼센트를 당신과 생각이 비슷하면서 당신과 잘 통하는 사람들과 보내십시오.

- 시간의 50퍼센트를 당신보다 더 경험 많고 똑똑하며 훨씬 성공한 사람들과 보내십시오. 그들은 당신보다 최소 몇 년 이상은 앞서 나가고 있는 사람이기에 당신과 당신 사업에 많은 영감을 줄 것입니다. 그들은 사업의 노예가 아니라 주인으로서 당신이 성장할 수 있게 도움을 주며, 사업이 당신을 위해 일하게 하고 사업을 더욱 발전시킬 수 있는 법칙과 조언들을 제공할 것입니다.

- 더 높은 목표를 달성하기 위해 노력하고 있다면 높은 전문성을 가지고 당신보다 큰물에서 노는 사람들로 주변을 채우기 바랍니다. 가장 수준 높은 지혜와 조언을 얻을 수 있는 사람들 주위를 맴도십시오. 아무 생각 없이 50/50/0의 비율로 사람들을 만나면서 영감, 경험, 지혜 같이 정말 가치 있는 것들에 대해 무지한 사람이 되지 마십시오.

자신만의 이너 서클을 만드는 것은 관계를 넓게 확장하는 것이 아니라 더 깊고 공고한 관계를 맺는 것입니다. 이너 서클의 경우

무조건 양보다는 질입니다. 공고하고 가치 있는 관계로 이루어진 끈끈한 이너 서클을 만든다고 해서 반드시 성공하는 것은 아니지만, 이러한 이너 서클 없이 성공하기는 정말 힘듭니다.

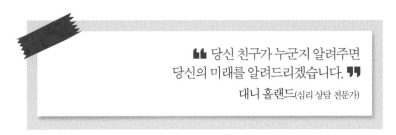

❝ 당신 친구가 누군지 알려주면 당신의 미래를 알려드리겠습니다. ❞

대니 홀랜드(심리 상담 전문가)

24

좋은 습관을
만들라

습관은 양날의 검입니다. 습관은 개선과 진보를 위한 믿을 수 없을 만큼 강력한 도구입니다. 반면에 습관은 행동을 자동화해 당신의 자유의지를 박탈하고 집중력을 흐트러뜨립니다. 그러므로 습관 형성에 대해 항상 주의를 기울이는 것이 매우 중요합니다.

찰스 두히그는 자신의 책 《습관의 힘》에서 습관 형성과 습관 변화의 뒤에 숨겨져 있는 과학적 원리를 밝혀냈습니다. 그에 따르면, 우리 뇌 정중앙에서 멀지 않은 곳에 '기저핵'이라고 불리는 골프공 크기만 한 세포들의 집합체가 있습니다. 기저핵의 역할은 뇌의 다른 부분이 모두 잠자고 있는 동안에도 습관을 저장하는 것입니다. 반복적인 습관은 기저핵에 평생 깊이 새겨진다는 사실이 과학자들에 의해 증명됐습니다. 우리의 뇌는 노력을 아낄 수 있는 새로운 방법을 끊임없이 찾도록 프로그래밍돼 있습니다. 찰스 두 히그는 자신의 책에 "뇌에게만 맡겨두면 뇌는 어떻게든 모든 반복 적인 행위를 전부 습관으로 만들려고 합니다. 왜냐하면 습관화되 면 우리는 신경을 덜 써도 되기 때문입니다"라고 썼습니다.

습관은 다음 3단계 과정을 거쳐 만들어집니다. 먼저 당신의 뇌 가 자동화 모드로 전환되도록 하는 정신적인 유발 인자인 단서Cue 입니다. 그다음이 반복Routine입니다. 마지막으로 반복적인 행위에 대한 보상Reward입니다. 단서, 반복, 보상의 과정이 지속적으로 반 복되면 자동화가 되고 습관이 됩니다.

한번 습관이 되면 절대 없어지지 않습니다. MIT의 앤 그레이비 엘은 "습관은 절대 없어지지 않습니다. 그것들은 뇌 속에 깊이 새 겨집니다. 실제로 습관은 우리에게 매우 큰 도움이 됩니다. 만약 매년 휴가를 다녀온 뒤에 운전하는 법을 다시 배운다고 생각하면 정말로 끔찍할 것입니다. 문제는 당신의 뇌는 좋은 습관 과 나쁜 습관을 구분하지 못한다는 것입 니다. 그래서 나쁜 습관이 한번 형성되면 어딘가에 숨어 있으면서 단서와 보상을 기다립니다"라고 말했습니다.

> "생각은 행동을 만들고, 행동은 습관을 만들고, 습 관은 성격을 만들고, 성격 은 운명을 만듭니다."
>
> 스티븐 코비(《성공하는 사람들의 7가지 습관》저자)

올바른 습관을 가지고 있지 않거나 나쁜 습관에 물들어 있으면 '매일매일 주말인 삶'을 달성할 수 없습니다.

좋은 습관을
만들어야 하는 이유

1. 건강한 습관은 의식적으로 만들어집니다.

무의식적인 습관은 늦잠 자기, 패스트푸드 먹기, TV 많이 보기, 과소비 등과 같이 우리한테는 좋지 않지만 저항을 거의 받지 않는 것들이 대부분입니다. 올바른 습관은 건강하게 먹기, 매일 운동하기, 목표 설정 및 계획같이 의식적으로 창조하고 지속적으로 길러온 것들입니다. 의식적인 습관은 노력이 더 많이 들지만 장기적으로 보면 노력에 대한 대가를 확실히 지불합니다.

2. 건강한 습관은 목표 달성에 도움이 됩니다.

자기 계발서 읽기, 팟캐스트로 정보 습득하기, 교육 비디오 시청하기 등과 같은 긍정적인 일상 습관은 당신을 더욱 긍정적으로 만들고 더 많은 지식을 습득하게 해줍니다. 운동, 명상, 자원봉사, 친구 돕기 등은 삶을 풍요롭게 만들어주고 목표를 달성하는 데 도움을 줍니다.

스마트폰과 컴퓨터 계속하기, 페이스북이나 다른 소셜 미디어로 쓸데없이 시간 낭비하기, 부정적인 말하기, 기분 전환을 위해 쇼핑하기 등과 같은 부정적인 일상 습관은 목표 달성을 방해하는 큰 장애물입니다. 긍정적인 습관을 더 자주 하고, 부정적인 습관은 줄이기 바랍니다.

3. 올바른 습관은 건강과 웰빙에 도움이 됩니다.

올바른 습관은 단지 당신의 목표 달성에만 도움이 되는 것이 아니라 당신의 건강과 웰빙에도 일반적으로 많은 도움이 됩니다. 요약하면 건강한 습관은 당신에게 좋습니다. 건강한 습관은 당신을 더 똑똑하고 더 건강하고 더 생산적이고 더 행복하게 만들어줍니다.

당신의 정신적·감정적·육체적 건강을 해치는 습관은 즉시 버리십시오.

좋은 습관을 만드는 세 가지 방법

1. 아침 루틴을 만드십시오.

당신의 인생을 극적으로 바꿀 수 있는 가장 중요한 것 중 하나는 바로 의식적인 아침 루틴을 만드는 것입니다. 아침 루틴을 당신의 열정에 불을 지피는 도구로 사용하십시오.

항상 일어나는 시간보다 한 시간 일찍 일어나는 것을 습관으로 만드십시오. 당신의 하루를 가벼운 운동이나 명상으로 시작하십시오. 아침 햇살 아래서 산책을 하십시오. 책을 읽고 팟캐스트를 청취하십시오. 당신의 목표를 시각화하고 개인적으로 엄청나게 하고 싶은 일을 이 시간에 하십시오. 당신이 긍정적인 생각을 바탕으로 의식적으로 꾸준히만 한다면 무엇을 하든지 상관없습니다. 디지털 세계가 당신 하루의 첫 시간을 방해하지 못하게 하십시오. 그날 일정을 우선순위로 두지 마시고, 당신의 우선순위를 중심으로 일정을 세우십시오.

2. 주변 사람들에게 도움을 요청하십시오.

그룹의 일원으로 습관 변화에 동참할 때, 습관을 변화시킬 확률이 극적으로 증가합니다. 습관이 바뀌려면 당사자가 변화를 확신해야 하는데 그룹의 일원이 되면 변화에 대한 확신이 더욱 강화되기 때문입니다.

당신을 도와주려는 그룹은 당신이 어떤 습관을 바꾸고 싶어 하고 어떤 습관을 새로 만들고 싶어 하는지 잘 알고 있어야 합니다. 그들을 당신의 변화 과정에 참여시키십시오. 당신이 더 잘할 수 있도록 동기부여를 하기 위해 아주 간단한 신뢰와 믿음의 행동 하나면 충분한 경우가 많습니다.

> "일상의 변화 없이는 인생을 절대 바꿀 수 없습니다. 성공의 비밀은 일상생활의 습관에 달려 있습니다."
> 존 맥스웰(목사, 작가)

3. 핵심 습관에 초점을 맞추십시오.

핵심 습관이란 아주 미미한 습관처럼 보이지만 그 효과가 물결처럼 널리 퍼지고 당신 삶의 모든 측면에 지대한 영향을 끼치는 습관을 말합니다. 핵심 습관의 좋은 예는 바로 운동입니다. 운동을 한 그룹은 더 잘 먹고, 일의 생산성도 더 높고, 담배도 덜 피우고, 직장 동료와 가족들에게 참을성도 더 많고, 신용카드도 더 적게 사용하고, 스트레스도 덜 받는다는 연구 결과가 있습니다.

다른 핵심 습관으로는 TV 안 보기, 잠 충분히 자기, 부정적인 말 삼가기, 돈 저축하기 등이 있습니다. 또는 한 달에 며칠 정도 명상 여행을 떠나거나 새로운 사업 아이디어를 얻기 위해 집에서 300킬로미터 떨어진 곳으로 여행을 가는 것도 있습니다.

습관의 힘 이용하기

습관은 당신에게 유리하게 작용할 수도 있고 불리하게 작용할 수도 있습니다. 습관은 당신이 목표를 달성하기 위해 계속 노력하도록 만들어주거나, 목표 달성을 방해할 수도 있습니다. 습관을 무의식적으로 아무 생각 없이 형성한다면 그 습관은 당신의 목표 달성을 방해하는 커다란 장애물이자 방해꾼이 될 것입니다.

의식적으로 당신이 형성하고 싶은 습관을 선택하십시오. 올바른 습관 형성을 위해 부지런히 쉬지 않고 노력하십시오. 습관은 단순히 일상생활의 선택이 아니라 삶의 근본 뼈대를 구성하는 중요한 것입니다.

❝ 동기는 무엇인가를 시작하게 만들고,
습관은 그것을 지속하도록 만듭니다. ❞

짐 론(사업가, 동기부여 전문가)

25

에너지 관리,
활기찬
하루의 기적

1980년대와 1990년대에는 시간 관리가 크게 유행했습니다. 플래너와 블랙베리를 비롯해 다양한 시간 관리 도구가 아주 많았습니다. 그러나 요즘 행해진 연구들은 시간 관리를 진부한 것으로 만들었고, 새로운 패러다임하에서는 시간 관리보다 에너지 관리가 훨씬 더 중요합니다.

성과에 대한 이 혁신적인 접근법은 짐 로허와 토니 슈워츠가 쓴 역작 《몸과 영혼의 에너지 발전소》에 자세하게 나와 있습니다. 그들은 "가장 부유하고 가장 행복하고 가장 생산적인 삶은 당면 과제에 완전하게 몰입하고, 몰입 후에는 주기적으로 해방감을 만끽하고 그런 다음 다시 새로운 것을 모색할 수 있는 삶이다. 많은 사람이 인생을 즐기는 수준을 훨씬 넘어선 마라톤을 끝없이 달리는 것처럼 살아가고 있지만 사실 우리는 스프린트의 연속으로 삶을 사는 법을 배워야 한다"라고 말했습니다.

다시 말해, '매일매일 주말인 삶'을 달성하기 위해서는 무턱대고 열심히 일하는 것이 아니라 현명하게 일해야 합니다. 시간은 관리하는 것이 아니라 창조하는 것입니다.

에너지를 효과적으로 관리하라

1. 신체의 자연스러운 리듬에 맞춰 일하기

심리학자 페레츠 라비Peretz Lavie는 에너지 관리에 관한 새로운 연구의 초기 개척자 중 한 명입니다. 그는 실험을 통해 우리가 사용하는 에너지가 하루 동안의 자연적인 순환, 즉 '초일주기 리듬Ultradian Rhythm(24시간 주기 리듬인 일주기 리듬Circardian Rhythm보다 짧은 리듬─옮긴이)'에 따라 작용한다는 것을 증명했습니다. 아침에는 90분마다 에너지가 바닥나고 오후와 밤에는 오후 4시 30분과 밤 11시 30분에 에너지가 가장 바닥으로 떨어집니다. 이러한 90분 순환 주기는 인체의 초일주기 리듬이며, 리듬에 따라 더욱 집중할 수 있고 더욱 생산적이 될 수 있는 시간이 있습니다.

연구에 따르면, 자연적인 초일주기 리듬에 따라 일을 할 때 더욱 높은 성과를 내는 것으로 밝혀졌습니다. 하루 일정을 계획하고 계획된 일정을 엄격히 고수하는 것보다 더 효과적인 방법은 하루 중에 초일주기 리듬에 맞춰 짧은 시간 동안 집중적으로 일을 하는 것입니다.

2. 당신의 리듬에 맞춰 일하기

비록 많은 연구가 초일주기 리듬에 일반적인 패턴이 있다고 밝혀냈지만, 연구자들은 또한 신체 시계가 매우 다양하다는 점도 인정합니다. 시간 관리 패러다임과는 달리, 에너지 관리 패러다임에서는 개인적인 신체 리듬에 맞게 일정과 계획을 조정하는 것이 가장 효과적이라고 인식합니다.

우리의 신체는 자연적으로 최적화된 신체 리듬에 따라 작동되도록 유기적으로 연결돼 있습니다. 당신의 신체 리듬에 맞춰 일정을 조절하고 융통성 있게 삶을 살아가십시오. 예를 들어, 당신에게 있어 최고의 창조적인 시간이 오전 7~9시라면 그 시간에는 스마트폰과 모든 알림 기능을 끄고, 이메일 및 소셜 미디어를 확인하지 않고, 가장 중요한 작업에 집중하는 것입니다.

> 당신의 가장 큰 에너지원은 자신의 삶을 즐기고 미래에 대한 강력한 비전을 갖는 것입니다.

3. 에너지의 네 가지 원천 모두 관리하기

에너지에는 '에너지 사분면'이라 불리는 신체, 감정, 정신, 영혼의 네 가지 원천이 있습니다. 각 에너지의 원천은 쉽게 고갈되고 각자의 방식대로 보충되기 때문에 개별적으로 주의를 기울여야 합니다. 신체 에너지를 잘 관리해도 영적 에너지를 소홀히 하면 당신은 최적화 능력을 발휘하지 못할 것입니다.

에너지를 증폭시키는
다섯 가지 방법

1. 작업 시간을 90분 단위로 설정하기

일반적인 9~6시 시스템은 기억에서 지워버리십시오. 당신의 자연스러운 신체 리듬을 파악한 다음 가장 중요하고 생산적인 일을 90분 간격으로 계획하고 실행하십시오. 90분이 지나면 신체적·정신적 에너지를 모두 다시 채워야 합니다.

90분 동안에는 주의력을 분산시키는 것은 모두 제거하고 오직 해야 할 일에만 집중하십시오. 90분이 모두 지나면 25분 동안 휴식을 취하십시오. 산책하거나 개와 놀아주거나 간식을 먹거나 그냥 누워 있어도 괜찮습니다. 신선한 공기를 마시기 위해 휴식 시간에 걸으면서 회의를 하는 것도 고려할 수 있습니다. 조금만 있으면 쉴 수 있다는 것을 알게 되면 녹초가 되는 것도 방지할 수 있습니다.

2. 재충전 의식 만들기

네 가지 에너지원 각각에 재충전 의식을 만드십시오. 예를 들면 다음과 같습니다.

- **신체 재충전**: 규칙적인 산책, 일정한 시간에 식사하기, 정해진 시간에 자기, 운동하기
- **감정 재충전**: 유머와 웃음, 타인에게 감사 표현, 친구들과 시간 보내기
- **정신 재충전**: 특정 시간에 스마트폰 끄기, 독서, TED 강연 듣기, 새로운 기술 연습
- **영혼 재충전**: 명상, 기도, 경전 읽기

3. 수면 최적화하기

수면은 일하는 데 있어 필요악이 절대 아닙니다. 수면은 생산성의 필수 요소이자 자연적인 재충전 방법입니다.

당신의 몸에 귀 기울여서 적절한 수면 시간을 결정하십시오. 표준 수면 시간은 '하루 8시간'이며, 개인적인 성향 또는 특징에 따라 더 많이 필요할 수도, 또는 더 적게 필요할 수도 있습니다. 저는 하루에 6시간 자고, 일어난 지 7시간 뒤에 25분 정도 제가 '파워 시에스타'라고 부르는 낮잠을 즐깁니다. 밤에 자는 잠과 낮잠을 합친 6시간 25분의 수면 패턴은 제가 가장 이상적이라고 생각하는 수면 방식입니다. 오후에 몸이 나른할 때 커피나 에너지 드

"잠은 최고의 치유제입니다."
달라이 라마(티베트의 불교 승려, 노벨 평화상 수상자)

링크를 마시면서 몰려드는 피로와 싸우지 말고 당신 신체의 컨디션에 신경 쓰면서 조금이라도 낮잠을 자도록 합니다. 낮잠을 너무 많이 자면 밤잠에 영향을 주니 주의하기 바랍니다. 짧은 낮잠은 집중력과 기억력을 향상시키고 저녁 시간 동안 생산성을 높입니다.

정해진 시간에 잠자리에 드십시오. 잠자기 한 시간 전에 모든 전자 기기를 끄고 카페인과 알코올 같은 것을 피하는 것이 수면 전 몸과 마음의 긴장이 푸는 데 도움이 됩니다. 또한 당신의 뇌를 과대평가하지 말고 뇌도 푹 쉴 수 있게 해주는 것이 좋습니다. 자기 직전에 TV, 스마트폰, 태블릿 등을 보면 뇌가 계속 깨어 있게 되어 생체리듬이 흐트러집니다. 그 결과, 잠드는 데 더 오래 걸리고, 숙면에 방해를 받고, 휴식의 질이 떨어지고, 잠을 자도 피로가 가시지 않는 상태로 깨어나게 됩니다. 잠들기 전에 스마트폰이나 TV를 보지 말고, 5분 동안 당신이 내일 해야 할 일들을 머릿속에 나열해보십시오.

4. 매일 운동하기

연구 결과에 따르면, 운동은 당신의 에너지를 증가시켜줍니다. 더 많이 움직일수록 더 기운이 솟습니다. 또 다른 연구에 따르면, 피로를 자주 호소하는 비활동적인 사람들이 규칙적인 저강도 운동을 하면 에너지가 20퍼센트 증가하고 피로가 65퍼센트까지 감소하는 것으로 밝혀졌습니다.[15] 운동을 하는 것이 카페인 같은 각성제를 사용하는 것보다 에너지가 훨씬 더 많이 증가한다는 것을 보여준 연구 결과도 있습니다.

5. 건강하게 먹고 알칼리성 물 충분히 마시기

음식은 신체의 연료입니다. 고품질 연료를 넣을수록 성능은 더 좋아집니다. 설탕이나 설탕이 든 음료(콜라, 아이스티 등) 및 가공식품을 멀리하고 채소와 과일을 더 많이 드십시오.

알칼리성 물은 산성화된 몸을 중화하고 산소 수치를 증가시킵니다. PH 수치가 최소 8.0인 알칼리성 물을 하루에 몸무게 1킬로그램당 약 30~60밀리리터씩마시는 것이 좋습니다. 저는 하루에 최소 2.7리터의 물을 마시고, 아침에 잠에서 깨어나자마자 몸과 마음을 활기차게 하기 위해 600밀리리터의 차가운 알칼리성 물을 마십니다.

가장 중요한 것에 집중하기

사람들 대부분은 하루에 최소 8시간 일하며, 출퇴근 시간까지 고려한다면 업무 시간은 10~12시간까지 증가합니다. 진실은 위대한 일을 성취하기 위해 그렇게 오래 일할 필요는 없다는 것입니

> 바쁜 일을 하는 바쁜 사람은 돈을 벌지 못합니다. 생산적인 일을 하는 생산적인 사람은 돈을 법니다.

다. 앞에서도 언급했듯이, 일해서 돈을 버는 사람은 생각해서 돈을 버는 사람을 위해 일을 해야 합니다. 즉 아무 생각 없이 일하면 생각하면서 일하는 사람의 생각대로 일을 해야 합니다.

'매일매일 주말인 삶'을 추구하는 사람들은 짧은 시간 동안 생산성을 극대화하는 방식으로 일을 합니다. 어떤 일이든 시작하면 마무리까지 필요한 시간이 계획보다 점점 더 늘어납니다. 일에 충분히 많은 시간을 할애하면 충분했던 시간은 어느새 충분하지 않게 됩니다. 처음부터 시간을 빠듯하게 할당하면 당신의 생산성은 더욱 향상될 것입니다.

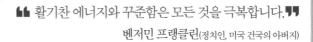

❝ 활기찬 에너지와 꾸준함은 모든 것을 극복합니다.❞

벤저민 프랭클린(정치인, 미국 건국의 아버지)

이제 시작해볼거예요?
끊임없이 도전하기 계획

마음가짐 굳건히 유지하기
앞으로 읽을 책 다섯 권과 청취할 오디오북 다섯 권을 선정하십시오. 또한 '마음가짐 강화' 관련 팟캐스트나 동영상도 찾아서 보십시오.

비전 보드
시각적인 이미지를 이용해 비전 보드를 만든 다음 매일 볼 수 있는 곳에 붙여두십시오.

이너 서클 구축하기
당신의 창의성을 떨어뜨리고 스트레스만 주는 해로운 친구 다섯 명을 나열해보십시오. 그 친구들과의 관계를 정리할 당신의 계획은 무엇입니까?

당신에게 영감을 주고 당신의 능력을 극대화해주는 최고의 친구 다섯 명을 나열해보십시오. 그 친구들과의 관계를 더욱 공고하게 만들 당신의 계획은 무엇입니까?

당신과 공통 목표를 공유하는 친구 다섯 명을 나열해보십시오. 공통 목표를 공유하는 그룹에 초대하고 싶은 사람들을 나열해보십시오. 당신의 목표를 공유하는 그룹을 만들 당신의 계획은 무엇입니까?

당신이 멘토로 삼고 싶은 사람 세 명을 나열해보십시오. 그들과 관계를 맺기 위한 당신의 계획은 무엇입니까?

좋은 습관 강화하기
당신이 진심으로 하고 싶어 하는 것(독서, 명상, 기도, 운동, 계획 세우기 등)으로 30분에서 한 시간 동안 할 수 있는 당신만의 이상적인 아침 루틴을 만드십시오.

활기찬 하루 보내기

하루 중 언제 가장 당신의 생산성이 높습니까?

가장 생산성이 높은 시간에 반드시 해야 할 가장 중요한 일은 무엇입니까?

생산성이 가장 높은 시간을 효과적으로 이용할 최적화된 계획이 있습니까?

생산성 재충전 방법과 실행 루틴은 무엇입니까?

생산성 재충전 방법과 실행 루틴을 하루 동안 어떤 식으로 운영할 계획입니까?

당신에게 가장 적합하고 효과적인 수면 방법은 무엇입니까?

적합한 수면 방법을 찾았다면 그것을 유지할 방법은 무엇입니까?

운동을 지속적으로 하기 위해 바꿔야 하는 것은 무엇입니까?

고쳐야 할 식습관은 무엇입니까?

 '매일매일 주말인 삶' 홈페이지 5dayweekend.com에 접속해 관련 자료를 다운로드하기 바랍니다.
다운로드 비밀번호: P14

목적 있는
삶을 살라

5Day
Weekend

'매일매일 주말인 삶'은 아메리칸드림을 새로운 관점에서 바라보는 것입니다.

오랫동안 아메리칸드림은 물질적인 기준으로 정의됐습니다. 크고 멋진 집, 반짝거리는 비싼 스포츠카, 수영장, 사륜구동 자동차, 또는 다른 멋진 '장난감' 등을 소유하게 되면 당신은 아메리칸드림을 이룩한 것입니다. 그러나 과도한 소비 지향 라이프 스타일은 실제 자유와는 거리가 먼 경우가 많습니다. 많은 사람이 빚에 허덕이고 있으며, 할부로 구입한 '장난감'의 노예로 살아가고 있습니다. 사람들은 많은 부채를 자신이 지고 있다고 생각하지만 실제로 부채가 그들을 소유하고 있습니다.

수준 높은 삶을 누리는 것은 '매일매일 주말인 삶'에서 추구하는

자유로운 삶과 동일하지 않습니다. '매일매일 주말인 삶'에서 말하는 자유란 청구서 납부나 가족 부양에 대한 걱정 없이 매 순간을 즐기거나, 잊지 못할 추억을 만들기 위해 모험을 한다거나, 삶의 중요한 목적이나 성취를 위해 노력하거나, 일상에서 벗어나 마음 내키는 대로 세계를 여행하는 등 자기가 원하는 것을 하고 싶을 때 할 수 있는 자유를 말합니다. 사회가 당신에게 요구하는 것에서 벗어나 당신이 선택한 삶을 살아가십시오.

당신이 '매일매일 주말인 삶'을 통해 자유를 성취하고 원하는 것을 마음껏 누릴 때 당신의 이웃은 여전히 '장난감'과 부채의 늪에서 허우적대면서 당신이 누리고 있는 자유를 그저 바라볼 수밖에 없을 것입니다.

26

머뭇거림에서
벗어나
목적을 창조하라

서른두 살의 버키는 실직을 해서 커다란 우울감에 빠져 있었습니다. 그는 명확한 목적의식 없이 인생을 대충대충 살았습니다. 학교에서 두 번이나 제적당했고 무의미하게 이리저리 직장을 옮겨다녔습니다. 가족들의 도움이 없었다면 그는 빚에 깔려 숨조차 못 쉬는 그런 암울한 삶을 살았을 것입니다.

버키는 술을 심하게 마시고 시카고 거리를 목적 없이 배회하기 시작했습니다. 어느 날 그는 무작정 걷다가 미시간호에 도착하게 됐습니다. 그는 호수의 물을 물끄러미 바라보며 기진맥진할 때까지 호수 속에서 헤엄치는 것을 심각하게 고민했습니다. 그가 가입한 보험에 따르면 그는 살아 있을 때보다 죽었을 때 가치가 더 컸습니다. 그가 우두커니 호숫가에 서 있을 때, 그의 인생을 변화시킬 사건이 일어났습니다. 버키는 훗날 그때 자신의 내면에서 어떤 목소리가 "너한테는 자살할 권리가 없어. 너라는 존재는 너의 소유물이 아니라 우주에 속하는 존재야. 네 존재의 중요성을 지금 너는 잘 모르고 있고, 앞으로도 영원히 네 존재의 중요성을 깨닫지 못할지도 몰라. 하지만 너의 능력과 경험을 활용해 다른 사람들에게 도움을 줄 수 있다면 너는 네 존재 가치를 증명하고 너에게 주어진 역할을 완수할 수 있을 거야"라고 말하는 것을 들었다고 고백했습니다.[16]

이 놀라운 경험 이후에 그는 자살 대신 '한 개인이 세계를 바꾸는 데 기여하고 전 인류에게 혜택을 주는 방법을 찾기 위한 실험'을 해보기로 마음먹었습니다.[17] 그는 나중에 건축가, 사회학자, 디자이너, 발명가, 30권 이상 책을 쓴 작가가 됐고 '이 시대의 가장 위대한 영적 스승 중 한 명'으로 추앙받게 됐습니다.

명확한 목적의식이 당신의 위대함을 깨운다

버크민스터 풀러의 말처럼, 당신이 머뭇거리고 있고 당신의 인생이 잘 안 풀리는 것은 목적의식이 없기 때문입니다. 명확한 목적의식은 최선을 다하게 만들고, 방황, 지루함, 평범함에서 벗어나도록 도와줍니다.

'매일매일 주말인 삶'을 누리고 있는 사람들은 목적이 분명합니다. 그들은 자신이 어떤 사람인지 잘 알고 있습니다. 그들은 자신들이 하려고 하는 것을 분명하게 알고 있으며, 어떤 성과가 자신들에게 성공인지도 명확하게 인지하고 있습니다. 그들은 항상 목적에 집중합니다. 실행 계획은 상황에 따라 변하지만 달성하고자 하는 목표는 항상 변하지 않고 명확합니다. '매일매일 주말인 삶'은 매일 TV를 원 없이 볼 수 있는 시간이 늘어나는 것이 아니라 자신과 다른 사람들에게 더 큰 기여와 긍정적인 영향을 줄 수 있는 시간이 증가한다는 의미입니다.

"세상이 당신에게 원하는 것은 신경 쓰지 마십시오. 당신이 살아 있다고 느끼게 해주는 것을 찾아 그것을 하십시오. 세상이 원하는 것은 언제나 살아 있는 사람입니다." 질 베일리(작가)

현재 삶에 절대 만족하지 말고 더 나은 삶을 달성하기 위해 끊임없이 노력하십시오. 그런 사람만이 매 순간 만족스러운 삶을 살아갈 수 있습니다. 당신 자신의 삶을 최우선으로 고려하지 않으면 다른 사람의 삶을 당신의 우선순위에 두고 살아가야 합니다.

목적 있는 삶을 사는 법

1. 목적을 찾지 말고 '창조'하라

'목적'이란 말의 근원을 살펴보면 '자신의 의도나 의사를 앞쪽으로 배치한다'라는 뜻입니다. 마치 오직 하나만의 올바른 목적이 있고 어떤 운명이 당신을 기다리고 있는 것처럼 목적을 찾으려는 노력은 이제 그만하십시오. 당신은 당신의 재능으로 무엇을 하고 싶습니까? 목적을 스스로 창조하고 그것을 끊임없이 추구하십시오.

2. 재능을 발견하고 행복을 추구하라

하고 싶은 것을 할 때 기쁨과 성취감을 가장 크게 맛볼 수 있으니 당신의 목적은 '당신이 하고 싶은 것'이라고 정의할 수 있습니다. 더 이상 "어떻게 제 목표를 찾을 수 있을까요?"라고 묻지 말고 '어떤 목적이 나에게 가장 큰 행복감을 주고, 그런 목적을 어떻게 하면 만들 수 있을지'를 따져보십시오.

목적을 찾는 것을 그만두고 무엇이 당신을 움직이게 만드는지 찾아보십시오. 무엇을 좋아하며, 어떤 것을 할 때 시간 가는 줄 모르고 몰입합니까?

3. 아마추어가 아니라 프로처럼 살라

아마추어들은 최선의 노력을 하지 않은 이유에 대해 항상 변명만 일삼습니다. 프로들은 변명 대신 그들의 재능과 능력을 최대한 계발합니다. 타고난 소질과 재능은 계발하지 않으면 무용지물입니다. 때때로 행복을 추구하는 것은 매일매일 피나는 노력으로 스스로를 계발하고 타고난 능력을 갈고닦는 것처럼 자기 의지로 험난한 길을 걷는 것입니다.

4. 당신이 두려워하는 것을 하라

목적에 대한 가장 위대한 힌트 중 하나는 당신이 가장 두려워하는 것입니다. 여기서 말하는 두려움이란 고소공포증이나 뱀 공포증 같은 원초적 두려움이 아니라 새로운 환경에서 이제까지 단 한 번도 해본 적 없는 무엇인가를 하는 것에 대한 두려움을 의미합니다. 삶에서 당신이 원하는 모든 것은 당신이 가지고 있는 두려움의 뒤편에 있습니다. 편안함을 느끼는 안전지대에서 벗어나 성장을 추구하십시오. 누군가가 말했던 것처럼 "삶이란 호흡의 수로 결정되는 것이 아니라 우리가 숨을 멈추는 그 순간에 결정"됩니다.

> "당신이 두려워하는 것을 매일매일 하십시오."
>
> 엘리너 루스벨트(미국 프랭클린 루스벨트 대통령 영부인)

"당신이 두려워하는 것을 매일매일 하십시오."

5. 돈 버는 것을 목적으로 추구하지 말라

주변을 둘러보면 돈을 벌 수 있는 수백수천 가지 방법이 있습니다. 돈을 버는 것은 목적이 아니라 목적의 부산물입니다. 돈을 좇지 말고 당신이 하고 싶은 것을 찾으십시오. 당신의 재능을 발견하고 계발하고 연마하십시오. 좋아하는 것을 찾고 다른 사람들에게 필요한 가치를 창출하면서 돈을 버십시오.

돈은 가치의 교환이기 때문에 당신이 제공하는 서비스의 가치를 높여야 합니다. 다른 사람의 삶에 부가가치를 창출하는 방식으로 돈을 버는 일반적인 법칙과 철학은 다음의 예시가 가장 잘 설명해줍니다. 10달러를 벌기 원한다면 100달러의 가치를 창출하십시오. 다른 사람들을 위해 창출한 가치의 10퍼센트를 돌려받을 수 있습니다. 100만 달러를 벌고 싶으면 1억 달러의 가치를 창출하면 됩니다.

6. 목표를 종이에 써라

1979년 하버드대학교 MBA 프로그램에서 대학원생을 상대로 연구를 진행하며 "명확하게 서면으로 미래 목표를 작성한 적이 있으며, 그 목표를 달성하기 위해 계획을 세워본 적이 있습니까?"라고 질문했을 때 84퍼센트의 학생들은 목표 자체가 아예 없었고 13퍼센트의 학생들은 목표는 있었으나 서면으로 작성한 적은 없다고 답했습니다. 오직 3퍼센트의 학생만이 서면으로 작성된 목표와 계획이 있었습니다.

10년 뒤 해당 학생들을 다시 인터뷰했을 때 그 결과는 매우 놀라웠습니다. 목표는 있으나 서면으로 작성하지 않은 13퍼센트는 목표가 아예 없었던 84퍼센트보다 소득이 2배 더 많았습니다. 더 놀라운 사실은 목표와 계획을 서면으로 작성한 3퍼센트는 나머지 두 집단을 합한 97퍼센트보다 소득이 평균적으로 10배나 더 높았습니다.

7. 꿈은 크게, 실행은 작게

당신이 일반적으로 성취할 수 있는 것보다 훨씬 더 크고 영감을 불러일으키는 비전을 만드십시오. 그런 다음 오늘의 작은 한 걸음부터 앞으로 몇 년 동안 꾸준히 해당 비전을 달성하기 위해 조금씩 나아가십시오. 작지만 지속적인 실행과 행동은 당신의 위대함과 능력을 촉발하는 핵심입니다. 과거의 일은 당신의 미래를 결정할 수 없습니다. 중요한 것은 바로 오늘입니다. 당신의 문제점과 불평보다 더 큰 비전을 만드십시오.

> "저는 그림 그리는 것을 매일 꿈꾸었습니다. 그랬더니 제 꿈을 그릴 수 있게 됐습니다."
>
> 빈센트 반 고흐(화가)

　당신의 목적을 달성하는 꿈을 꾸십시오. 당신의 재능을 바탕으로 당신이 정말로 하고 싶은 일을 선택하십시오. 목표와 실행 계획을 종이에 써본 다음 그 목표를 달성하기 위해 최선을 다하십시오. 목적 있는 삶을 살면서 살아 있음을 가슴 깊이 느껴보십시오.

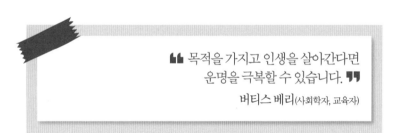

❝ 목적을 가지고 인생을 살아간다면 운명을 극복할 수 있습니다. ❞

버티스 베리(사회학자, 교육자)

27

예스맨에서 벗어나 스스로 선택하라

우리는 무궁무진한 기회가 주어지는 세상에서 살고 있습니다. 그래서 많은 사람이 다양한 기회에 수시로 뛰어들고 있습니다. 우리는 항상 다음에 오는 좋은 기회를 기다리고 있습니다. 많은 사람이 'FOMO Fear Of Missing Out', 즉 기회를 놓치는 것에 대한 두려움에 사로잡혀 있습니다. 여기에 영감을 주는 명언이 하나 있습니다. "재미는 항상 '예 Yes'의 반대편에 있다".

시도 자체에 대한 두려움에 사로잡힌 사람들이 '예'라고 말하는 법을 배우는 것은 놀랍고도 중요한 진보입니다. 그러나 '매일매일 주말인 삶'을 살아가는 사람들에게는 '아니요'라고 말하는 방법을 배우는 것이 더 중요합니다. '예'는 쓸데없는 것으로 당신의 발목을 붙잡고 당신이 한계를 극복하는 것을 집요하게 방해합니다.

'예'라는 폭군은 모든 기회를 다 잡으려고 하고, 당신의 주의를 여러 곳으로 분산시킵니다. 또한 '예'라는 악마는 당신이 스스로 세운 목적에 집중하지 못하게 만들고, 너무나 좋은 기회들을 동시다발적으로 제공해 당신을 정신적·육체적으로 극심한 피로와 무기력에 시달리게 합니다.

당신을 틀에 가두는 '예'에서 벗어나라

목적 지향적인 사람에게 '아니요'는 '예'보다 훨씬 더 강력합니다. '아니요'는 당신이 자신의 의견을 자유롭게 피력할 수 있게 만들고 나중에 '예'라고 할 수 있는 기회도 제공합니다. 또한 '아니요'는 당신의 목적, 열정, 재능에 부합하는 기회를 선별해 그 기회에 집중할 수 있도록 도와줍니다. '아니요'는 당신의 삶에 도움이 안 되는 것들을 과감히 정리해 주며, 당신이 '예'라고 할 때 그 의견을 훨씬 더 강력하고 돋보이게 하고 사람들이 더욱 집중하도록 만들어 줍니다. '예'라고 말하면 말할수록 당신의 선택권은 자꾸자꾸 줄어듭니다.

당신을 방해하는 것들을 파악하고, 방해 요소에 아랑곳 않고 원하는 것을 이루기 위해 계속 노력하고, 당신 자신에게 진실하면 성공은 저절로 찾아옵니다. 당신이 이루고자 하는 목표와 전혀 관계가 없는 것에 대해 '아니요'라고 말하지 못하면, 감정적으로는 자유롭지 못하다는 느낌을 받게 되고 업무적으로는 다른 사람들의 요구 사항을 충족시켜야 하는 부담감에 시달리게 됩니다.

> "모든 것에 '예'라고 대답하는 것은 당신을 천천히 조용하게 죽음에 이르게 합니다."
>
> 스테파니 멜리쉬(강연가, 작가)

'매일매일 주말인 삶'을 누리기 위해서는 '예'라는 폭군의 지배에서 벗어나 자유로이 선택할 수 있는 능력을 키워야 합니다. 방해하는 것들을 제거하고 주의가 분산되는 것을 방지합니다. 그 대신 충분한 시간을 투자해 당신이 하고 싶은 것과 이루고 싶은 목표를 집중적으로 끊임없이 시도합니다.

주의를 분산시키는 것들에 대해 '아니요'라고 말하라

1. 확실하고 명확한 이유일 때 '예' 하기

라틴어 '인시도Incido'는 '자르다'라는 의미이고 영어 단어 '절개, 삭제, 결정'의 어원입니다(절개Incision, 절제Excision, 결정Decision 모두 영어로 Cision이라는 어미를 가지고 있음-옮긴이). 절개는 무엇을 안쪽으로 자른다는 뜻이고 절제는 무엇을 밖에서 자른다는 뜻입니다. 그리고 우리가 자주 쓰는 결정이라는 말의 뜻은 무엇인가를 잘라

> '아니요'라고 말하는 순간 당신은 자유로워집니다.

제거한다는 뜻입니다. 결정을 내릴 때는 항상 가능한 옵션들을 제거해야 하는데, 이것이 사람들이 결정을 내리기 어려운 이유이기도 합니다.

결정의 어려움을 극복하기 위해서는 당신의 목적이나 '예'에 대해 분명하고 명확한 자세를 견지해야 합니다. 모든 것에 '아니요'라고 말하는 것이 부정적인 것이 아니라 당신의 목적을 분명하게 하기 위한 수단임을 반드시 이해해야 합니다.

2. 여유로운 마음 갖기

우리는 정신적 결핍, 기회를 잡지 못하는 것에 대한 두려움, 가난에 대한 걱정 속에서 살아가고 있습니다. 항상 남들과 자신을 비교하고 다른 사람이 성공하면 질투하고 질시합니다. "사촌이 땅을 사면 배가 아프다"라는 속담은 만국 공통입니다. 이런 마음가짐에서는 기회가 있을 때마다, 심지어 그 기회가 좋지 않은 기회라고 하더라도 '예'라고 말하고 싶은 함정에 빠집니다.

'아니요'라고 할 수 있는 여유로운 마음을 가지십시오. 당신의 목적을 믿고 그것에 집중하면 반드시 보상을 받을 것임을 확신하십시오.

3. '어머, 이건 무조건 해야 해' 철학 기억하기

유명한 TED 강연자 데릭 시버스가 설파하는 아주 간단한 철학입니다. 어떤 것에 대해 '어머, 이건 무조건 해야 해'라고 말하지

못한다면 그냥 '아니요'라고 하십시오. '어머, 이건 무조건 해야 해'
가 저절로 나오는 것이 아니면 절대로 발을 담그지 말고, 관심이
조금 있거나 '한번 해볼까?'라는 생각이 드는 것은 무조건 '아니요'
라고 하십시오.

4. 시간가치 소중히 여기기

당신을 당신 인생에서 가장 소중하다고 생각하십시오. 시간이
라는 한정되고 가장 소중한 자원을 가장 먼저 당신을 위해 사용하
십시오. 인생의 우선순위 1번이 당신이 되면, 당신의 이상적인 삶
을 방해하는 것들에 대해 '아니요'라고 말하는 것이 좀 더 강력해
집니다.

이는 이기적인 것이 아닙니다. 단지 한정된 시간 속에서 당신
자신을 최우선으로 생각하고 당신의 축복받은 능력과 재능을 계
발해 최선의 가치를 창출하고 그 가치를 다른 사람들을 위해 사
용하기 위함입니다. 지구상에 살고 있는 그 누군가에게 당신이
줄 수 있는 가치를 통해 당신의 존재 이유를 더욱 두드러지게 하
십시오.

5. 방해 요소 제거하기

오늘날 우리는 스마트폰, 컴퓨터, 이메일, SNS 등을 통해 24시
간 내내 모든 것들에 즉각적으로 대응하도록 강요받고 있습니다.
하루 중 일정 시간에는 모든 전자 기기들을 꺼버립시오. 당신을

방해하는 사람들에게 '아니요'라고 말하는 법을 배우십시오. 그들이 자기들이 편할 때 당신을 찾고 자기들이 하고 싶을 때 당신에게 말 걸도록 내버려두지 말고, 일정을 잡고 약속을 한 뒤에 그 사람들을 만나십시오.

6. 생산성 향상을 위한 일상적인 절차 만들기

제가 직접 사용하고 있으며 당신에게도 추천하는 몇 가지 일상적인 절차를 소개하겠습니다.

- 발신자 표시 서비스를 사용하십시오. 당신이 아는 사람에게서 걸려 온 전화만 받으십시오. 휴대전화는 디지털 목줄입니다. 휴대전화로 자신을 스스로 속박하지 마십시오. 쓸데없는 메시지를 확인하는 데 시간을 소모하는 자동 응답 기능과 보이스 메일 기능은 아예 설치하지 마십시오. 당신을 잘 아는 사람은 문자 또는 이메일을 보낼 것입니다.
- 받은 메일함에서 벗어나십시오. 이메일도 자주 쓰지 마십시오. 이메일을 자주 많이 쓰면 이메일 답장을 자주 많이 받게 됩니다. 확인만 하기 위해 이메일을 열지 마십시오. 답장을 반드시 할 경우에만 이메일에 접속하십시오. 전화로 해결할 수 있는 것은 전화로 해결하고 긴 내용의 이메일을 보내지 마십시오. 스팸 필터를 사용하십시오.

하루에 이메일을 2~4번 정도만 확인하고 확인했으면 답장을 하십시오. 이메일은 주도적인 수단이 아니라 반응적인 수단이기 때문에 상대편 페이스에 쉽게 휩쓸릴 수 있습니다. 아침에 출근하자마자 이메일을 확인하지 마십시오. 당신의 우선순위를 뒤죽박죽으로 만들어버릴 수 있습니다. 마찬가지로 잠자기 한 시간 전에는 이메일을 확인하지 마십시오. 당신의 수면을 방해하는 안 좋은 내용의 이메일이 있을 수도 있습니다. 일요일에는 이메일을 아예 확인하지 말고 당신의 몸과 마음을 재충전하는 데 중점을 두는 게 좋습니다.

> "성공한 사람과 엄청나게 성공한 사람의 차이점은 엄청나게 성공한 사람들은 거의 모든 것에 대해 '아니요'라고 말한다는 것입니다."
>
> 워런 버핏

- 쓸데없는 TV 시청을 삼가고 필요할 때만 보십시오. 아무 짝에도 쓸모없는 TV 프로그램을 보느라 낭비한 시간은 되돌릴 수 없습니다.

- 운전하는 시간을 영감을 얻고 사업 관련 지식을 습득하는 시간으로 활용하십시오. 팟캐스트나 오디오북을 들으십시오. 운동을 할 때도 마찬가지입니다. 장거리 비행을 할 때에는 2~3개의 오디오북을 스마트폰에 저장해서 가십시오.

- 활동이 아닌 결과에 중점을 두고 당신의 생산성을 점검하십시오. 해야 할 일 리스트를 절대 만들지 마십시오.

- 365일 365시간 룰을 적용하십시오. 1년 동안 평소보다 한 시간씩 일찍 일어나 그 시간을 당신이 가장 하고 싶은 일에 투자하십시오. 이렇게 만들어진 365시간은 당신에게 엄청난 결과를 안겨줄 것입니다.

7. 착한 사람 콤플렉스를 주의하기

우리는 종종 상대편을 기쁘게 하거나 실망시키지 않기 위해 '예'라고 말합니다. 상대편의 의견에 '예'라고 하면 할수록, 당신 자신에 대해서는 더 많이 '아니요'라고 해야 합니다. 상대편의 의견에 감정적으로 과도하게 공감하지 마십시오. 상대편의 요구보다 당신 자신에게 더 초점을 맞추시기 바랍니다.

> 당신의 가장 소중한 순간을 망치는 쓸데없는 삶의 잡음들을 멀리하십시오.

그냥 '아니요'라고 하라!

상대편의 요구와 잘못된 기회에 대해 '아니요'라고 답하고, 당신에게 영감을 주는 것에 대해서만 '예'라고 하는 것은 당신만의 이상적인 라이프 스타일을 누리기 위한 공간을 확보하는 것입니다. 이렇게 하지 않으면 당신은 상대편의 요구에 따라 이리저리 움직이는 꼭두각시에 불과합니다. 인생은 짧습니다. 당신을 방해하는 것들에 단호히 '아니요'라고 말하십시오.

" 시간은 한정적입니다. 그러니 다른 사람의 인생을
살아주면서 그것을 낭비하지 마십시오. **"**

스티브 잡스

28

완벽함에서 벗어나
지금 당장
시작하라

1970년대 초 방글라데시 치타공대학교에 무함마드라는 경제학자가 있었습니다. 재앙적인 사이클론, 파키스탄과의 독립 전쟁, 심각한 기근을 겪은 방글라데시는 그 당시에 엄청나게 고통을 받고 있었습니다. 무함마드는 직접 목격한 가난의 참상에 크게 낙담했고, 자기가 공부한 경제학이라는 학문이 현 상황에서는 무용지물임을 깨달았습니다.

1974년 그는 가난한 사람들을 어떻게 도울 것인지 직접 알아보기 위해 한 마을을 방문했습니다.

그곳에서 무함마드는 수공예 제품을 만들어 파는 여인들이 그지역의 대부업자에게 1주일에 10퍼센트의 높은 이자를 상환하고 있는 것을 발견했습니다. 그는 그 자리에서 여인들에게 자신의 돈

27달러를 빌려주었습니다.

그때 건네진 27달러라는 보잘것없어 보이는 작은 시작에서 현재 8만 1,397개 마을에 2,565개의 지점, 2만 2,124명의 직원, 97퍼센트 이상이 여성인 835만 명의 대출자를 보유한 노벨상 수상자 무함마드 유누스의 그라민은행이 탄생했습니다. '무담보 소액 대출'이라 불리는 마이크로크레디트의 선구자는 건당 평균 200달러 미만의 대출로 1년에 수십억 달러씩 돈을 빌려주고 있습니다.[18] 그라민은행은 소액 대출을 통해 가난한 사람들이 적지만 지속적인 수익을 창출할 수 있는 사업을 운영하도록 하는 단순한 방법을 바탕으로 수백만 명의 극빈자가 지독한 가난에서 탈출할 수 있도록 도와주었습니다.

> "모든 준비가 다 될 때까지 기다린다면 죽을 때까지 기다려야 합니다."
>
> 레모니 스니켓(작가, 《레모니 스니캣의 위험한 대결》 시리즈 저자)

만약 무함마드가 그곳에서 27달러를 빌려주는 행동을 바로 하지 않았다면, 어떤 일이 일어났을지 상상해보십시오. 만약 그가 일반적인 경제학자들이 그러하듯이 사업에 대해 과도하게 분석하고, 사업 계획을 세우느라 허송세월을 하고, 투자자들을 모을 때까지 아무것도 하지 않거나, 모든 것이 완벽하게 준비될 때까지 아무것도 하지 않고 기다렸다고 생각해보십시오. 그랬다면 그라민은행은 탄생하지 못했을 것이고, 여전히 수백만 명의 극빈자는 가난의 고통에 시달리고 있을 것입니다.

완벽함이라는 함정에
빠지지 않기

창업자나 사업자가 되려는 사람들의 발목을 잡는 것은 대부분 완벽함에 대한 잘못된 이해와 망상입니다. 단순한 진실은 창업이 정돈된 것이 아니라 언제나 엉망진창이라는 것입니다. 조건은 절대로 완벽하지 않습니다. 당신이 제공하는 상품이나 서비스도 마찬가지이고, 사업 시스템도 지속적으로 개선해야 합니다.

굉장한 아이디어가 있을 때 말로만 얘기하고 핑곗거리를 만들어 어떠한 행동도 하지 않는 사람은 '매일매일 주말인 삶'을 절대 누릴 수 없습니다. '매일매일 주말인 삶'을 사는 사람들은 직접 행동하고 움직이면서 뭔가를 만들어냅니다. 지속적이고 반복적으로 무엇인가를 생산해냅니다. 그들은 완벽하지 않은 상태와 미완성인 상태를 견디고 참아내는 법을 계속 배워나갑니다. 그들은 실패란 오직 포기했을 때 확정되는 것이며, 실패는 더 나은 발전을 위한 과정에 불과하다는 사실을 너무나도 잘 알고 있습니다. 그들은 문제라는 것이 비전 달성 과정에서 자신들에게 교훈과 시사점을 준다는 것도 명확하게 이해하고 있습니다. 생산성은 무엇인가를 시작하고 현장에서 열심히 뛰어다닐 때 창출되는 것이지, 사무실에 앉아 트집을 잡고 험담이나 하는 상황에서는 절대 만들어지지 않습니다. 인생에서 우리는 승리자가 되거나 실패를 통해 무언가 가치 있는 것을 배울 뿐입니다. 실패자라는 것은 인생의 선택지에 아예 존재하지 않습니다.

완벽주의를 극복하고
생산성을 극대화하려면

1. 실패 받아들이기

성공을 가로막는 가장 큰 장애물은 실패에 대한 두려움입니다. 성공한 창업가는 자주 실패하지만 실패를 통해 자신이 원하는 성공에 점점 더 가까워지고 있다는 것을 아주 잘 압니다. 잦은 실패는 당신이 행동하고 있다는 것을 의미합니다. 실패에 기죽지 않고 계속 시도하고, 실패를 통해 올바른 교훈을 얻는다면 성공은 따놓은 당상

> "실패에 기죽지 않고 실패를 딛고 올라설 때 성공할 수 있습니다."
> 윈스턴 처칠(전 영국 수상)

입니다. 실패는 단지 잠시 쉬어 가는 구간일 뿐이며, 좀 더 현명하게 다시 시작할 수 있는 아주 좋은 기회입니다.

2. 마감 기한을 설정하고 반드시 지키기

사업 아이디어와 기회는 말 그대로 무궁무진합니다. 한 가지 기회를 선택해 거기에 매진하십시오. 아이디어를 실행하는 데 필요한 단계를 명확히 파악하십시오. 그런 다음 단계별로 마감 기한을 정해 하나씩 달성해나가십시오. 가장 중요한 마감 시한은 당신이

상품을 출시하거나 성과물을 시장에 소개하거나 사업을 시작하는 일자입니다.

3. 주변 사람들 활용하기

주변 사람들에게 당신이 마감 기한을 지킬 수 있도록 감시하고 독려해달라고 부탁하십시오. 마감 기한을 지키지 못했거나 지키지 못하는 상황이 생길 때 벌금이나 다른 벌칙을 부과하는 것도 마감 기한을 지키도록 도와주는 아주 효과적인 방법입니다. 심지어 사업이 완벽하지 않더라도 마감 기한에 따라 해당 사업을 시작하십시오. 완벽하지 않은 것은 사업을 하는 도중 수정할 수 있지만 시작하지 않으면 아무 일도 일어나지 않습니다.

4. 재빨리 수정하는 법 배우기

사업이 뭔가 잘 운영되지 않으면 어디가 잘못됐는지 파악하기 위해 사업 시스템과 프로세스를 꼼꼼하게 들여다봐야 합니다. 열심히 일하는 것보다 현명하고 똑똑하게 일하는 것이 더 중요하고 더 필요합니다. 자주, 그리고 빨리 시장에 출시하고, 시장의 반응에 따라 수정할 것은 그때그때 수정하십시오. 시도하고 시험해보고 성과를 측정해보십시오. 실제 사업 활동을 제공하는 상품이나 서비스 및 사업 시스템을 점진적으로 미세하게 조정하십시오.

5. 완벽함 대신 탁월함 추구하기

최고로 품질 좋은 상품을 생산하려고 노력하는 것은 매우 좋은 생각입니다. 그러나 완벽함을 기준으로 삼는 것은 득보다는 실이 훨씬 많습니다. 완벽함 대신 탁월함을 추구하십시오. 지속적으로 개선하고, 완벽하지 않다는 이유로 하지 않거나 내치지 마십시오. 무언가를 하는 것이 완벽함을 추구하기 위해 아무것도 하지 않는 것보다 훨씬 낫습니다.

> "완벽함은 행동의 적입니다." 안드레아 셰어(예술가, 라이프 코치)

지금 당장 시작하라!

'매일매일 주말인 삶'을 원하지만 언제 시작해야 할지 잘 몰라 머뭇거리는 사람들에게 해줄 수 있는 최고의 조언은 다음과 같습니다.

"머뭇거리지 말고 그게 '무엇이든' 지금 당장 뭐라도 시작하십시오."

지식과 정보, 능력과 재능, 확신과 완벽함은 언제나 부족합니다. 지금 당장보다 더 시작하기 좋은 순간은 없습니다.

준비될 때까지 기다리거나 완벽하다고 생각될 때까지 아무것도 하지 않는 것은 당신이 아무런 진보나 개선 없이 정체돼 있다는 강력한 증거입니다. 지금의 당신은 이미 준비가 됐습니다. 지금 바로 시작하십시오. 무엇인가를 시작하는 사람이 항상 완벽함을 추구하며 머뭇거리는 사람을 누르고 승리의 달콤함을 쟁취할 수 있습니다.

> ❝ 완벽함을 추구하는 것은 가장 큰 장애물입니다.
> 완벽함의 추구는 아무것도 하지 않는 것에 대한
> 아주 좋은 변명입니다.
> 완벽함을 추구하지 말고 탁월함을 추구하십시오.
> 탁월함을 추구하면 항상 최선을 다하게 됩니다. ❞
>
> 로렌스 올리비에(배우, 프로듀서, 영화제작자)

29

물질에서 벗어나 단순함을 창조하라

헨리는 매사추세츠주의 평범한 가정에서 태어났습니다. 그의 아버지는 연필 공장을 운영하고 있었고 그의 어머니는 하숙을 운영했습니다. 매우 똑똑했던 헨리는 하버드대학교에 진학했습니다. 졸업할 때까지 수준 높은 교육을 받은 그는 매우 영리하고 의욕이 넘쳤습니다. 그의 아버지는 성공한 사업가였습니다. 그는 아버지의 사업체를 물려받거나, 아니면 전공을 살려 변호사나 의사가 될 수도 있었습니다. 그가 호화롭고 '멋진 삶'을 누리게 될 것은 너무나도 자명한 사실이었습니다.

그러나 그의 내면에서는 계속 다른 목소리가 들려왔습니다. 자연스럽게 따라가고 있던 일반적인 삶보다 뭔가 더 특별한 게 있다는 것을 그는 자연스럽게 느꼈습니다. 그는 대중들이 가는 길을 따라가지 않았습니다. 집으로 돌아와 아버지의 회사에서 일하면서 그는 자신이 가고자 하는 길에 대해 계속 생각했습니다. 시간이 지남에 따라 초조함이 점점 그를 좀먹기 시작했습니다.

아버지의 회사에서 일한 지 2년쯤 지났을 때 그는 숲에서 혼자 사는 실험을 해보기로 마침내 마음을 굳혔습니다. 헨리는 "저는 숲으로 들어갔습니다. 의도적으로 삶의 가장 원초적인 사실만을 직면하고 싶었기 때문입니다. 그리고 죽음을 마주했을 때 제가 그냥 의미 없이 삶을 살아왔는지, 아니면 삶의 가장 원초적인 것들이 저한테 가르쳐준 것을 배우면서 살아왔는지 알고 싶었습니다"라고 설명했습니다.

헨리 데이비드 소로는 보장받은 삶을 버리고 월든 호숫가에서 혼자 살았습니다. 2년에 걸친 그의 실험은 미국 문학사에서 가장 위대한 작품 중 하나이자 단순한 삶을 살고 싶은 사람들에게는 성경과도 같은 그의 에세이 《월든》에 잘 표현돼 있습니다.

그는 부자로 태어나는 '불운'을 타고나서 관리해야 할 너무 많은 영지와 자산 때문에 망가진 사람들을 관찰했습니다. 그리고 그는 "부를 포함해 삶을 편안하게 만들어주는 많은 것은 불필요할 뿐만 아니라 인간의 성장을 방해하는 요소"라고 결론 내렸습니다.

저는 이 말에 무조건 동의합니다.

물질주의는 행복을 만들지 못한다

부가 당신에게 멋진 물건을 살 수 있는 자유를 부여한다는 것은 엄연한 사실입니다. 그러나 이 사실이 당신에게 '좋은 삶'을 가져다줄 것이라는 생각은 재고의 여지가 있습니다. '매일매일 주말인 삶'을 달성했다 하더라도 당신이 여전히 부채, 스트레스, 번거로움에 시달린다면 그것은 '좋은 삶'이 아닙니다.

'좋은 삶'은 단순함에서 찾을 수 있습니다. 단순함이란 의미 있는 관계나 잊지 못할 추억을 의미할 수도 있고, 청구서나 일에 대한 걱정 없이 지금 이 순간 자유로울 수 있는 것을 의미하기도 합니다.

단순함과 행복을
더 많이 창조하라

1. 소유한 물건과 자신을 동일시하지 않기

1988년에 행해진 연구에서 '소유한 물건을 의도치 않게 분실하거나 도난당했을 때 나타나는 자의식 하락'에 대해 놀랄 만한 사실이 밝혀졌습니다.[19] 당신은 당신이 소유한 물건들의 집합체가 아닙니다. 소유한 물건은 전부 분실할 수 있지만 당신의 근본적인 부분은 절대 없어지지 않습니다.

2. 남과 비교하지 않기

한 연구 결과에서 사람들은 돈이 사회적 지위를 높여줄 때 더 행복해진다고 나타났습니다. 해당 연구에 따르면, 사람들은 단순히 월급을 많이 받는 것으로는 행복감을 느끼지 못했던 반면, 친구나 직장 동료보다 자신이 월급을 더 많이 받고 있다고 인식할 때 행복감을 느꼈습니다. 연봉 100만 달러를 받아도 당신 친구의 연봉이 200만 달러라면 연봉 100만 달러로는 행복하지 않다는 것입니다.[20]

> "비교는 즐거움의 도둑입니다."
>
> 시어도어 루스벨트(미국 제26대 대통령)

당신의 존재 자체와 현재 소유하고 있는 것에서 행복을 찾으십시오.

3. 다른 사람에게 자랑하지 않기

대부분의 물질주의는 다른 사람에게 자랑하고자 하는 마음에서 출발합니다. 물질로 당신을 포장하는 것을 그만두고 당신 자신을 있는 그대로 보여주십시오. 다른 사람들이 당신을 어떻게 생각하든지 신경 쓰지 말고 자신만의 독특한 삶을 누리십시오.

4. 당신을 행복하게 만드는 것 찾기

일반적으로 실패는 원하는 목표를 이루지 못한 것을 의미합니다. 그러나 실패의 의미를 좀 더 깊이 탐구해보면 잘못된 이유 때문에 가짜 목표를 달성하는 것도 실패입니다. 당신이 부자가 되고 싶은 이유가 전 세계에 당신이 얼마나 멋진 사람인지 증명하기 위해서입니까? 아니면 몸과 마음이 자유로운 상태에서 긍정적인 변화를 만들기 위해서입니까?

당신이 생각하는 진정한 성공과 이상적인 삶은 무엇입니까? 무엇이 당신을 행복하게 만들어줍니까? 다른 사람의 말이나 다른 사람들이 추구하는 목표 따위는 신경 쓰지 마십시오. 당신 자신만을 위한 진짜 성공을 달성하십시오.

> "'미국주의'란 좋아하지도 않는 사람들에게 감명을 주기 위해 수중에 있지도 않은 돈을 사용해 필요 없는 물건을 구입하는 것입니다."
>
> 로버트 퀼른(저널리스트)

5. 감사하는 마음으로 현재에 충실하기

"인생에서 가장 값진 것은 자유다"라는 속담이 있는데 이것이야말로 진실입니다. 집, 차, 다른 소유물이 없어도 바닷가에서 복숭아를 먹으며 일몰을 즐길 수 있습니다. 항상 감사하는 자세를 가지십시오. 보장된 것은 아무것도 없습니다. 매 순간을 즐기십시오. 당신 주위에 있는 모든 것의 아름다움을 느껴보십시오.

6. 광고 멀리하기

광고를 만드는 사람들은 일반 사람들이 그들의 정체성 강화를 위해 물건을 사도록 유도하는 데 천재적인 재능을 가지고 있습니다. 우리는 다른 사람이 가지고 있지 않은 것을 소유하고 있을 때 우월감을 느끼고, 그 반대의 경우에는 열등감에 빠집니다. 광고에서 지속적으로 당신에게 주입하는 '당신은 아직 부족하다'라는 메시지에 빠져 무엇인가를 자꾸 사는 것을 그만두십시오. 당신이 누구인지 증명하기 위해 무엇인가를 사는 것을 멈추십시오. 지금보다 나은 당신을 만들어줄 상품은 세상 어디에도 없습니다.

'지름신'이 강림해 자꾸 무언가를 사지 않도록 미리 미디어나 광고에 노출되는 횟수를 스스로 제한하십시오. TV를 덜 시청하고 넷플릭스, 훌루Hulu 또는 아마존같이 당신이 보고 싶은 프로그램을 광고 없이 볼 수 있는 서비스를 이용하십시오. 운전하면서 재미없는 라디오를 듣는 대신 오디오북을 들으십시오. 만족할 줄 모르는 당신의 욕망을 절제하는 법을 배우십시오. 당신의 머릿속에 새로운 소프트웨어를 다운로드하는 것처럼 영감을 주는 책을 많이 읽으십시오.

> "더 감사해야 한다는 사실에 더 감사할 필요는 없습니다." 카를로스 카스타네다(작가)

7. 6개월마다 잡동사니 싹 치우기

6개월마다 집 안을 대청소하고 쓰지 않거나 더 이상 필요 없는 물건들을 싹 치워버리십시오. 작은 것부터 치우고 한 번에 방 하나씩 정리하십시오. 차고도 마찬가지입니다. 차처럼 보이지 않는 것은 전부 버리거나 자선단체에 기부하십시오.

빠르고 무자비하게 결정하십시오. 버려야 할지 말아야 할지 모를 때는 버리십시오. 무언가를 버리기 힘들다면 왜 그런지 찬찬히

되짚어보십시오. 당신이 물건을 버리지 못하는 원인을 찾았습니까? 무슨 이유인 가요?

> "많은 부자는 그들의 가정부보다 물건을 더 적게 소유하고 있습니다."
>
> 프랭크 로이드 라이트(건축가)

참견쟁이는 무시하라

당신 이웃은 당신만큼 행복하지 않습니다. 이건 불변의 진실입니다. 그들을 닮아가려 하지 말고 당신만의 진정한 삶을 누리십시오.

돈은 당신을 행복하게 만들어주지 않습니다. 돈이 없어 비참하다는 생각이 든다면, 돈이 생기면 당신은 더 비참해집니다. 당신이 가진 부를 다른 사람들에게 자랑하거나 물건을 사는 데 사용하지 말고 당신 자신의 자유나 다른 사람들의 변화에 사용하십시오.

> **❝** 우리의 가장 큰 두려움은 성공하지 못하는 것이 아니라 중요하지 않은 곳에서 성공을 거두는 것입니다. **❞**
>
> D. L. 무디(목회자, 미국 복음주의 운동의 선구자)

30

지루함에서
벗어나
모험을 창조하라

래리는 정원의 접이식 의자에 앉아 맥주를 마시고 있었습니다. 그는 자신의 직업인 트럭 운전이 너무 지겨웠고, 나쁜 시력 때문에 그의 꿈이었던 공군 조종사가 되지 못한 것을 두고두고 아쉬워했습니다.

그때 갑자기 래리는 하늘을 날아보기로 마음먹었습니다. 그는 헬륨 탱크와 기상관측 풍선 45개를 구해 왔습니다. 그는 풍선에 헬륨을 채워 접이식 의자에 매달았습니다. 그러고는 권총, 낙하산, 무전기, 샌드위치, 맥주를 챙겼습니다. 자신의 창작품에 '인스퍼레이션 1호'라는 근사한 별명도 붙인 다음 자기 몸을 의자에 단단히 묶고서 의자를 지상에 붙들어두고 있던 줄을 풀었습니다.

래리는 빠르게 하늘로 날아올랐습니다. 그는 10미터쯤 올라갈 것이라고 예상했는데 분당 90미터의 속도로 4,500미터 상공까지 계속 올라갔습니다. 그의 계획은 권총으로 풍선을 쏴서 땅으로 내려가는 것이었지만, 4,500미터 상공에 도달하자 덜컥 겁이 났습니다. 그는 캘리포니아의 롱비치 공항으로 진입하려는 비행기들을 이리저리 피하느라 긴장을 늦출 수 없었습니다. 너무 무서워진 그는 무전기로 구조 요청을 하기 시작했습니다. 항공 관제 요원이 그의 무전을 수신했고, 그와 통신하기 시작했습니다.

래리는 계속 비행기들을 피하면서 무전을 했습니다. 그는 마침내 풍선 몇 개를 총으로 쏘는 데 성공해 천천히 하강하기 시작했습니다. 하늘로 날아오른 지 90분 만에 그는 지상에서 경찰을 만날 수 있었습니다. 기자가 래리에게 왜 그런 바보 같은 짓을 했는지 물었을

> "영원히 살 것처럼 꿈을 꾸고, 오늘 죽을 것처럼 살아가십시오."
>
> 제임스 딘(배우)

때, 그의 대답은 이랬습니다. "우리는 무엇인가를 하기 위해 태어났어요."

이것은 1982년 7월 2일에 일어난 실화입니다. 그리고 그가 말한 것도 사실입니다. 풍선에 헬륨을 채워 의자에 앉아 하늘을 날아보라고 권하지는 않겠지만, 당신의 삶을 모험으로 가득 채우는 것은 적극적으로 권장합니다.

부는 도전의 산물이다

2003년 국가약물중독및남용센터National Center on Addiction and Substance Abuse가 북미 청소년들을 조사했을 때 응답자의 91퍼센트가 정기적으로 지루함을 느낀다고 답했습니다.[21]

세상에서 가장 부유하고 기회로 가득 찬 국가에 살고 있는데, 그렇게 많은 사람이 지루함을 느끼는 것이 가능할까요? 이 질문에 대한 답은 다른 조사에서 찾을 수 있습니다. 조사에 따르면, 지루함은 도전과 의미의 부재 때문에 생겨납니다. 거의 모든 사람이 단지 편안하고 안정적인 삶을 위해 부자가 되고 싶어 합니다. 그러나 막상 부자가 되고 삶이 평탄하게 흘러가면 그들은 삶의 활력과 재미를 잃고 맙니다.

'매일매일 주말인 삶'은 부에 대한 접근 방식이 완전히 다릅니다. '매일매일 주말인 삶'은 단지 편안함만을 추구하지 않고 모험과 도전을 갈망합니다. 그러한 모험과 도전이 자신에게 어떤 의미가 있는지는 크게 상관하지 않습니다. 그들은 인생의 역경과 고난을 잘 받아들입니다. 부자가 되는 과정은 그들에게 커다란 도전입니다. 부자가 되고 나면 자신의 부를 또 다른 모험의 연료로 사용합니다. 새로운 경험을 위해 부를 사용하면 행복은 부와 함께 점점 더 커집니다.

과학적인 방법으로 돈을 벌 수 있지만, 성취감은 과학의 분야가 아니라 예술의 분야입니다. 성취감 없는 성공은 궁극적으로 봤을 때 성공이 아니라 실패입니다. '매일매일 주말인 삶'을 달성한 사람들은 절대 과거의 성공에 안주하지 않고 평생 계속 도전하고 성취합니다. 그들은 무덤 속 세상에서 가장 돈 많은 사람이 되길 원하지 않습니다.

> "항구에 정박해 있는 배는 안전합니다만, 그것은 배가 만들어진 본래 목적이 아닙니다." 존 A. 셰드(작가, 교수)

지루함과 싸우고 모험을 시작하라

1. 옳은 방향으로 부 사용하기

미국 심리학협회의 보고서에 따르면, 인생의 목적이 돈이 되면 행복감은 감소합니다. 돈, 명예, 인기 등이 자신의 삶에서 매우 중요하다고 말한 사람들은 삶의 만족감과 즐거움에 대한 경험이 현저히 낮았고 우울함과 불안감은 훨씬 높았습니다.[22]

'매일매일 주말인 삶'은 자기 자신을 위해 단순히 돈을 많이 벌어 부자가 되는 것이 목적이 아니라 다른 사람이나 사회를 위해 공헌하고 짧은 인생에 다양한 모험을 즐기는 것입니다.

2. 버킷 리스트 작성하기

죽기 전에 달성하고 싶은 모든 목표, 이루고 싶은 꿈을 모두 종이에 적어보십시오. 버킷 리스트를 만드는 일은 당신에게 많은 영감을 불러일으킬 것입니다. 꿈을 크게 가지십시오. 이상한 것은 아무것도 없습니다. 당신 자신만의 기준으로 당신이 원하는 것을 꿈꾸십시오. 감동적이면서 사회에 공헌할 수 있는 목표를 세워보십시오. 당신의 목표를 아주 세세하게 들여다보십시오. 주변 사람들에게 당신의 꿈과 목표를 알리고 당신이 포기하지 않고 성공을 향해 꾸준히 달려갈 수 있도록 그들에게 도움을 요청하십시오. 꿈을 이루기 위해 최선을 다하십시오. 최선을 다하지 않으면 실패하는 것이 습관이 돼 남은 인생에 걸쳐 당신을 괴롭힐 것입니다.

3. 목표를 계속 설정하기

하나의 목표를 달성하면 바로 다음 목표를 설정하십시오. 성공의 사다리를 오르는 것을 절대 멈추지 마십시오.

4. 취미와 기술 확장하기

기타, 춤, 애플리케이션 만들기 등을 배워보려고 했던 적이 있습니까? 그런데 왜 꾸물거리고 있습니까?

5. 마음 챙기기

서양에서 가장 유명한 마음 챙김 강사인 존 카밧 진Jon Kabat-Zinn(마음 챙김 프로그램의 창시자—옮긴이)은 마음 챙김이란 "비판적인 의식 없이 목적을 가지고 지금 바로 이 순간에 집중하는 것"이라고 정의했습니다. 마음 챙김은 명상을 통해 주로 수련합니다. 마음 챙김을 통해 정신적·육체적 건강과 전체적인 삶의 질이 높아진다는 것이 수많은 연구 결과로 밝혀졌습니다. 마음 챙김은 당신에게 삶에 대한 더 큰 기쁨과 만족감을 주고, 매 순간 당신에게 잊지 못할 감동과 아름다움을 선사합니다. 다시 말해, 마음 챙김은 지루함을 극복하는 아주 효과적인 방법입니다.

> "당신의 인생 목표가 당신이 살아 있는 동안 달성된다는 것은 목표 자체를 너무 작게 잡은 것입니다."
>
> 웨스 잭슨(농부, 사회운동가, 국제 지속 가능 농업 운동 창시자)

6. 친구 정리하기

친한 친구들의 우선순위를 한번 생각해보십시오. 당신의 친구들은 물질적인 부, 편안함과 안정감만을 추구합니까? 아니면 진정한 삶의 의미를 찾기 위해 노력하고 있습니까? 이제 친구들을 정리할 시간이라고 생각합니까? 누구를 당신의 인생으로 초대할 것인지 곰곰이 생각해보십시오.

7. 비합리적으로 생각하기

우리는 합리적이고 보수적인 경향이 있습니다. 그 틀을 이제 깨야 할 때가 됐습니다. 다른 나라에서 살아보십시오. 자전거를 타고 국토 종주를 한번 해보십시오. 두 달 동안 숲속에서 혼자 살아보십시오. 지루함을 느끼면서 불평만 하고 있지 말고 뭐라도 하십시오.

카르페디엠,
현재를 즐기자!

온 세계를 정복했던 과거 역사 속의 왕들도 꿈조차 꾸지 못했던 많은 기회가 지금 바로 이 순간 당신 앞에 펼쳐져 있습니다. 인생은 단 한 번뿐입니다. 다시 한번 해보는 건 없습니다. 삶을 충실하게 살면서 당신의 안전지대 밖에서 펼쳐지는 마법 같은 일을 경험해보십시오. 단순 반복적이고, 변화 없고 예측 가능한 삶을 선택하지 마십시오. 확정되고 보장된 것은 없습니다. 오늘을 즐기며 당신의 인생을 모험으로 가득 채우십시오. 소파에 앉아 있으면서 당신의 미래가 재미있을 것이라고 생각하지 마십시오. 당신의 인생을 즐기면서 하루하루 최선을 다하십시오.

> **6 6** 삶은 무덤까지 건강하고 안전하게 도달하는 것이 아니라 여기저기 찢긴 채 완전히 탈진한 상태로 구름이 가득 낀 비탈을 미끄러져 내려오면서 큰 소리로 '와, 이거 진짜 멋진걸!'이라고 외치는 것이다. **9 9**
>
> 헌터 톰슨(저널리스트, 작가)

31

후회에서 벗어나
마음의 평화를
찾아라

칼 필레머는 경험이 노인들을 어떻게 변화시키는지 연구하는 미국의 학자입니다. 브로니 웨어는 살날이 얼마 남지 않는 환자들을 돌보는 호주의 간호사입니다. 칼과 브로니는 자신들이 다양한 경험을 한 사람들에게서 많은 것을 배울 수 있는 지식의 황금 광산에 있다는 것을 깨달았습니다. 그들은 서로 다른 방법으로 어마어마한 경험의 보고를 탐방하기 시작했고, 그들의 연구 결과는 놀라울 정도로 대단했습니다.

칼은 1,200명이 넘는 노인들에게 질문했습니다. "이제까지 살아본 결과, 당신이 젊은 세대에게 전하고 싶은 가장 중요한 교훈은 무엇입니까?" 이 질문에 대한 대답을 바탕으로 그는 《내가 알고 있는 걸 당신도 알게 된다면》을 펴냈습니다. 위 질문에 대한 상위 10가지 대답은 다음과 같습니다.

1. 돈이 아니라 본질적인 보상을 주는 경력을 선택하라.

2. 지금 당장 행동하라.

3. 기회가 문을 두드릴 때 위험을 감수하고 운명을 뛰어넘어라.

4. 친구를 신중하게 선택하라.

5. 여행을 더 많이 다녀라.

6. '미안합니다', '감사합니다', '사랑합니다' 같은 말을 하는 것을 주저하지 마라.

7. 시간을 소중히 여겨라. 인생이 짧은 것처럼 살아가라. 실제로 인생은 매우 짧다.

8. 행복은 선택이며, 조건이 아니다.

9. 걱정은 시간 낭비다. 걱정하는 것을 그만둬라.

10. 크게 이루려면 작게 생각하라. 매일 소소한 즐거움을 음미하라.

브로니는 자신이 돌보는 환자들에게 인생에서 가장 후회하는 것이 무엇인지 물어보았습니다. 그녀의 책 《내가 원하는 삶을 살았더라면》에 따르면 가장 많이 한 대답은 다음과 같습니다.

1. 다른 사람이 나에게 원하는 삶이 아니라 내가 진정 원하는 삶을 살았어야 했다.

2. 일을 너무 열심히 하지 말았어야 했다.

3. 내 기분을 더 적극적으로 표현했어야 했다.

4. 친구들과 더 자주 연락하고 많은 시간을 보냈어야 했다.

5. 더 행복하게 인생을 살았어야 했다.

위 대답들은 깊이 음미해볼 가치가 충분히 있습니다.

후회 없이 살기

죽기 전에 자신이 하고 싶었던 것을 원 없이 다 해봤으니 후회가 없다고 말하는 사람은 단 한 사람도 없습니다. 슬프게도 우리 모두는 영생을 누리듯이 살아가고 있습니다. 그러면서 우리 자신들이 안 해도 되는 일, 사소한 방해 요소들, 의미 없는 오락 등으로 시간을 보내면서 죽어가고 있다는 냉엄한 현실에서 눈을 돌리고 있습니다. 죽음은 피할 수 없지만 당신 삶의 질은 당신 손에 달려 있습니다. 어떤 식으로 살아가고 어떻게 시간을 보낼 것인지는 오롯이 당신의 결정에 달려 있습니다. 당신만의 삶의 방식을 창조하십시오. 당신의 삶을 위해 지금 당장 결정하십시오.

'매일매일 주말인 삶'을 누리기 위해서는 삶을 좀먹는 나쁜 습관들을 중요한 공헌, 목적의식 있는 모험, 의미 있는 활동 등으로 대체해야 합니다. 위험을 감수하면서 용감하고 과감하게 바꿔나가야 합니다. 이것은 당신의 개인적인 과업, 영적 여행, 재탄생의 과정입니다.

마음의 평화를 얻는 일곱 가지 지혜

1. 죽음 생각하기

당신의 장례식에 참석했다고 가정해보십시오. 장례식 참석자들에게 당신에 대해 어떤 것을 말하고 싶습니까? 어떤 꿈을 이루고 싶으며, 사람들에게 어떻게 기억되길 원합니까?

당신이 되고 싶은 것이나 이루고 싶은 것, 하고 싶은 것 등을 명확하게 정의한, 성공을 위한 계획인 '미션 선언문'을 만들어보십시오.

2. 당신 자신을 위해 살기

절대 다른 사람의 꿈을 위해 살아가지 마십시오. 당신의 성격, 좋아하고 싫어하는 것, 이루고 싶은 꿈 등 당신 자신에 대해 명확하게 파악하십시오. 스스로에게 반드시 진실해야 합니다. 아무 생각 없이 살지 말고 계획에 따라 살아가십시오. 아무 생각 없이 살아가는 사람들이 모여 있는 곳을 지옥이라고 부릅니다.

3. '가상 죽음'을 결정에 이용하기

중요한 결정을 내려야 할 때, 죽기 직전에 어느 것을 하지 않으면 더 후회할 것인지 자문해보십시오. 그런 다음 후회하지 않을 결정을 내리십시오.

> "올라가고자 하는 벽이 아닌 다른 벽에 사다리가 설치돼 있으면, 한 발 한 발 올라갈 때마다 우리는 잘못된 곳으로 빠르게 이동하게 됩니다."
>
> 스티븐 코비(강연가, 《성공하는 사람들의 7가지 습관》 저자)

4. 적극적으로 행동하기

삶이 당신 옆을 그냥 지나가도 바라보기만 하는 수동적인 관찰자가 되지 말고 적극적으로 행동하는 사람이 되십시오. 다른 사람 눈을 신경 쓰지 말고 당신 자신을 위해 행동하십시오. 당신이 자신을 위해 행동하지 않으면 그 누구도 당신을 위해 행동해주지 않습니다. 자신을 위해 행동하는 것이 때때로 너무 두렵고 위험도 커 보이지만, 그렇게 하는 편이 당신이 원했던 것을 얻지 못해 실망하게 되는 다른 대안들보다 훨씬 낫습니다. 쓸모없는 규칙은 타파하고, 실수한 것은 재빨리 잊고, 항상 웃고, 당신을 웃게 만든 일을 한 것에는 절대 후회하지 마십시오.

5. 걱정 그만하기

걱정은 건강을 악화시키는 것 말고는 아무짝에도 쓸모가 없습니다. 걱정은 현재 당신이 느끼고 있는 행복에 영향을 줍니다. 행복은 선택입니다. 행복은 외부 환경에 따라 변하는 종속변수가 아닙니다. 무슨 일이 일어나든 행복하려고 노력하고 힘든 시간일수록 더 웃으십시오. 이 교훈은 당신의 삶을 더 아름답게 만들어줄

웃음은 세상을 바꿉니다.

것입니다. 미소 짓고 웃으십시오. 미소와 웃음은 충격 흡수 장치이자 인생의 윤활유입니다.

6. 모든 것은 바꿀 수 있다는 사실 기억하기

2003년 〈뉴요커〉지는 세계적인 자살 성지인 샌프란시스코 금문교에 대해 보도했습니다. 기사의 내용은 대부분 자살 시도 이후 살아남은 극소수 사람의 이야기였습니다. 기사에 따르면, 대다수의 사람은 뛰어내리자마자 바로 후회했습니다. 자살 시도를 했다가 살아남은 한 청년은 "저는 제가 지금 뛰어내리는 이 상황 말고는 제 인생에서 바꿀 수 없다고 생각했던 것들을 전부 다 바꿀 수 있다는 사실을 뛰어내리는 순간 바로 깨달았습니다"라고 고백했습니다.[23]

인생이 비참하고, 되는 일은 하나도 없고, 걱정만 하고 아무것도 하지 않았다고 하더라도 앞으로 모든 것을 다 바꿀 수 있습니다. 기다리지 말고 용감하고 과감하게 행동하십시오. 당신 인생에서 마음에 들지 않는 것이 있다면 불평하는 대신 그것을 바꾸십시오. 매일매일 새해 첫날처럼 새로운 결심을 하십시오. 후회 없이

살고 절대 뒤를 돌아보지 마십시오. 과거 속에서 살아가는 것을 그만두십시오.

7. 자신에게 시간 투자하기

하루에 어느 정도의 시간을 당신 자신을 위해 사용하고 있습니까? 매일 하는 일이 당신의 비전이나 개인 미션 선언문과 일치합니까?

당신 자신을 위해 시간을 투자하기에 '지금 당장'보다 더 좋은 시간은 없습니다. 후회는 큰 실수에서 촉발되지 않습니다. 오히려 매일매일 당신을 스쳐 지나가는 작고 의미 없어 보이는 순간에서 커다란 후회가 찾아옵니다. 후회는 눈사태처럼 한 번에 찾아오지 않고 알아차리지 못할 만큼 조금씩 쌓입니다. 많은 사람은 돈 벌기 바빠서 진정한 삶에 대해 돌아볼 시간이 없습니다.

> "제가 가장 놀라는 대상 중 하나는 돈을 벌기 위해 자신의 건강을 희생하는 사람입니다. 그는 돈과 자신의 건강을 바꾸고 현재를 즐기지 않으면서 미래를 걱정합니다. 그 결과, 그는 현재에서도 미래에서도 살 수 없는 이도 저도 아닌 상태에 빠집니다. 그는 자신이 절대 죽지 않을 것처럼 살고, 한 번도 진심으로 살아본 적이 없는 것처럼 죽습니다." 　　　　　　　달라이 라마

곧 죽을 것처럼 살아라

팀 맥그로의 노래 〈죽어가는 것처럼 살아가기Live Like You Were Dying〉
는 심각한 불치병을 선고받은 뒤 얼마 남지 않은 시간에 어떻게
새로운 인생을 살아갈 것인지 고민하는 한 남자의 이야기를 담고
있습니다. 피할 수 없는 죽음과 마주치고서 그는 자신의 우선순위
를 재조정하고 더 자유롭고 훨씬 더 모험적인 인생을 살기 시작합
니다.

솔직히 이 노래는 매우 이상한 노래입니다. 꼭 불치병이 아니더
라도 우리는 모두 죽습니다. 우리가 살아갈 날은 매우 한정적입니
다. 어느 날 문득 그날이 다 소진되고 우리는 죽음에 직면합니다.
사망률은 100퍼센트이고, 어느 누구도 피해 갈 수 없습니다. 죽어
가는 것처럼 살아가십시오. 죽음은 피할 수 없는 운명이고 언제인
지는 모르지만 당신도 죽습니다.

> **❝ 앞을 보고 미래를 준비하는 것이 뒤를 돌아보면서
> 후회하는 것보다 백배 낫습니다. ❞**
> 재키 조이너 커시(육상 선수, 올림픽 금메달리스트)

32

이기심에서 벗어나
관대하게
살아가라

다음 두 상황 중 어느 쪽을 더 선호하는지, 그리고 어떤 상황이 당신을 더 행복하게 만드는지 생각해보십시오. 첫 번째 상황은 복권에 당첨되는 것입니다. 두 번째는 몸에 점점 마비가 와서 하지 마비 환자가 되어가는 상황입니다.

답은 매우 명백합니다. 그런데 놀랍게도 연구 결과는 정반대의 얘기를 하고 있습니다. 연구 결과에 따르면, 1년 뒤에 하지 마비 환자와 복권 당첨자를 비교 분석했더니 삶에 대한 행복감은 거의 똑같았습니다.

위와 같은 연구를 여러 번 거듭해본 다음, 심리학자들은 '영향력 편향Impact Bias'이라는 개념을 만들었습니다. 영향력 편향이란 미래에 어떤 사건에 대한 행복의 영향은 과대평가되는 경향이 있다는 것입니다. 달리 말하면 우리는 부자나 유명한 사람이 되면 경험할 수 있는 행복, 만족, 즐거움 등을 과대평가합니다. 돈이 우리를 행복하게 만들어준다는 것은 경험적으로 봤을 때 사실이 아닙니다.

그럼 우리를 더 행복하게 만들어준다고 과학적으로 입증된 것은 무엇일까요? 그것은 바로 봉사와 관대함입니다. 엄청나게 많은 연구가 다른 사람들을 돕고, 기부하고, 자원봉사자로 일하는 것 등이 아래와 같은 혜택을 준다고 얘기하고 있습니다.[24]

1. 당신을 기분 좋게 만듭니다. 심리학자들에 따르면, 당신을 기분 좋게 만들어주는 호르몬이 온몸으로 퍼져 '헬퍼스 하이Helper's High'라고 부르는 상태를 만들어줍니다.

2. 자기 존중감 및 전반적인 삶의 질이 향상됩니다.

3. 친구들 간의 우정과 사회적인 인간관계가 한층 더 강화되고, 외로움과 고독감이 줄어듭니다.

4. 기분이 전환되며, 당신을 긍정적이고 낙관적으로 만들어줍니다.

5. 성취감과 만족감을 느끼고, 당신의 목적의식을 더욱 강화합니다.

6. 스트레스를 감소시키고, 당신을 평화롭고 안정된 상태로 만듭니다.

7. 당신이 소유하고 있는 것에 대해 만족하고 행복감을 느끼게 만듭니다.

8. 심리적인 안정을 찾게 해주고, 힘들거나 기분이 안 좋을 때 금세 평소처럼 돌아오는 능력을 강화합니다.

행복의 비밀

심리학자 맨프레드 케츠 드 브리스는 '부자병'에 걸린 억만장자들을 치료하는 심리 치료사입니다. 그는 "억만장자들에게 집, 요트, 차, 비행기는 5분 정도 가지고 놀면 금세 싫증 나는 새로운 장난감과 같

> "돈을 버는 것은 행복입니다. 다른 사람을 행복하게 만드는 것은 엄청나게 큰 행복입니다."
>
> 무함마드 유누스(은행가, 경제학자, '그라민은행' 창시자)

습니다. 얼마 지나지 않아 전과 같은 만족을 얻으려고 점점 더 많은 돈을 써야 합니다. 모든 소비는 지루함과 우울함을 감추기 위한 미친 시도에 불과합니다"라고 말했습니다.[25]

우리 모두가 성취감을 맛보고 더 행복해지기 위해 필요한 것은 장난감이 아니라 봉사를 통해 찾을 수 있는 의미들입니다. 매일 다른 사람들을 도와주고 자신이 아닌 타인을 위해 기여하려고 최선을 다하십시오.

중국에 "한 시간 행복하길 원하면 낮잠을 자라. 하루 동안 행복하고 싶으면 낚시를 해라. 1년 동안 행복하고 싶으면 유산을 상속

받아라. 평생을 행복하길 원하면 다른 사람을 도와줘라"라는 속담이 있습니다. 위대한 현자들이 항상 말하는, 세대를 초월한 인생의 진리 중 하나는 바로 "행복은 다른 사람을 도와주는 것에 있다" 입니다.

관대함을 통해
의미를 창조하라

1. 힘든 사람 도와주기

우리는 종종 이기적인 행동을 합니다. 우리의 천성이 본래 이기적인 것은 아닌데도 일상과 일에 치이다 보니 자기도 모르게 이기적으로 행동하게 됩니다. 자신의 일과 상황에 집중하다 보면 다른 사람들이 얼마나 힘들게 살아가고 있는지 알려고 하지 않고 그렇기에 잘 알지도 못합니다.

> "자기 자신의 이익만을 생각하고 인생을 사는 사람은 그가 죽었을 때 비로소 세상에 기여합니다."
>
> 테르툴리아누스(신학자, '삼위일체' 교리의 창시자)

다른 사람들의 고통과 아픔에 조금만 더 관심을 가져주십시오. 단순히 관심을 가지고 그들의 상황을 제대로 보기만 해도 그들을 위해 무엇인가를 하고자 하는 의지가 생길 것입니다.

2. 더 많이 여행하기

당신의 영역을 벗어나는 가장 간단하고 효과적인 방법은 여행입니다. 다른 사람들은 어떻게 살고 있는지 느껴보십시오. TV만 보지 말고 직접 느껴보기 바랍니다. 주변 환경을 변화시키는 것은 관점이나 행동을 바꾸는 아주 좋은 방법입니다. 곳곳을 여행하고, 당신이 편안하게 느끼는 곳을 벗어나 이국적인 문화와 음식에 빠져보십시오. 여행을 자주 다니면 부자가 될 확률이 높아집니다. 저 또한 어렸을 때 여행이 제 인생의 일부분이었고, 여행을 통해 가치 있는 교훈을 많이 얻었습니다.

3. 도와주는 이유 정하기

무작위로 시간 날 때마다 하는 것보다 암 연구 홍보, 고아원을 위한 모금 활동, 아동 매춘 금지 운동, 개발도상국 식수 청결 운동 등과 같이 평생 해야 하는 이유를 찾으십시오. 어떤 것이 당신의 마음을 움직입니까? 당신이 진정 바꾸고 싶은 것은 무엇입니까? 당신이 직접 기부 재단을 설립해 운영할 수도 있습니다.

사업을 시작하고 돈을 벌고 모험을 하는 것 모두 다 중요하고 재미있고 보람찬 일입니다. 그러나 대부분의 연구 결과가 말해주듯이 궁극적으로는 삶의 가장 위대한 의미와 성취는 다른 사람들을 도와주고 그들을 위해 봉사하는 것에서 찾을 수 있습니다.

> **❝ 당신이 남긴 것은 돌 기념탑에 새겨지는 것이 아니라 다른 사람들의 삶 속에 스며듭니다. ❞**
>
> 페리클레스 (철학자, 웅변가)

자유로운 라이프 스타일 계획

목적 있는 삶

당신의 인생 목적은 무엇입니까? 다른 사람들이 당신을 어떻게 기억해주기를 바랍니까? 인류를 위해 당신이 기여하고 싶은 것은 무엇입니까?

더 많은 선택 만들기

어떤 일들이 당신을 지치게 하고 무기력하게 만듭니까? 무엇이 당신이 진정한 목적을 달성하는 것을 방해합니까? 이런 것들을 제거하기 위한 계획은 무엇입니까?

생산성 높이기

완벽주의 때문에 시작하지도 못한 프로젝트가 있습니까? 만약 그런 프로젝트가 있다면 언제 그 프로젝트를 착수할 예정입니까?

더 단순하게 살기

당신의 집을 정기적으로 정리하십시오. 6개월 동안 한 번도 사용하지 않은 것들은 팔거나 버리십시오.

모험하기

당신이 죽기 전에 달성하고 싶은 당신 자신의 버킷 리스트를 작성해보십시오.

마음의 평화 찾기

당신의 장례식에 참석했다고 상상해보십시오. 장례식 참석자들에게 당신에 대해 무슨 얘기를 들려주겠습니까? 죽기 전에 무엇을 달성하길 원합니까? 다른 사람들에게 어떻게 기억되기를 원합니까? 당신이 되고 싶은 것과 하고 싶은 것을 명확하게 정의해둔 성공을 위한 계획인 미션 선언문을 작성해보십시오.

봉사와 관대함을 통해 인생의 의미 찾기
당신의 열정과 목적에 부합하는 기부 활동을 찾아서 직접 참여해보십시오. 당신의 소득 일부분을 기부하십시오.

 '매일매일 주말인 삶' 홈페이지 5dayweekend.com에 접속해 관련 자료를 다운로드하기 바랍니다.
다운로드 비밀번호: P15

한계를
극복하라

5Day
Weekend

어렸을 때 당신은 꿈을 자주 꾸었을 것입니다. 동심은 논리, 잘못된 믿음, 사회적 한계 등에 영향을 받지 않으며 무엇이든 가능하고 이 세계는 대단하고 놀라운 것으로 가득 차 있다고 믿었습니다.

　나이를 먹어가면서 당신 자신과 당신 주변의 세계에 잘못된 믿음을 가지기 시작했습니다. 당신은 스스로 사회가 만들어놓은 프로그램 안으로 들어갔습니다. 사람들이 그것은 불가능하다고 말하면 당신은 믿었습니다. 당신 동료가 그들 자신의 내적 한계에 맞춰 직장과 경력을 선택하면 당신은 괜찮은 선택이라고 생각했습니다. 당신은 점점 책임감 있고 합리적으로 생각하기 시작했습니다. 그러는 사이 꿈의 불꽃은 점점 사그라져 작은 불씨만 남았

고, 어떤 경우에는 완전히 꺼져버렸습니다.

저는 당신이 잘못된 믿음과 사회가 원하는 것을 다 떨쳐버리고 자신의 꿈을 다시 꾸는 삶을 살았으면 좋겠습니다. 당신의 한계 대부분은 당신 마음속에서 나옵니다. 만약 돈이 더 이상 당신의 가장 중요한 목표가 아니게 되면 당신은 어떻게 하겠습니까? 어떤 모험을 즐기면서 살아가겠습니까? 어떤 숭고한 목적을 이루어 당신을 진정한 승리자로 만들겠습니까? 어떤 두려움을 스스로 떨쳐내길 원합니까?

'매일매일 주말인 삶'에서는 이 모든 것들이 가능합니다. 당신 자신만의 '매일매일 주말인 삶'을 달성해 당당히 당신의 꿈을 이루십시오.

33

평범함에서
탈출하다

저는 태어날 때부터 몸이 매우 약했습니다. 만성 알레르기, 천식, 근시로 고통받았고, 제 인생의 첫 10년 동안을 거의 침실에 갇혀 지냈습니다.

제가 여덟 살이 됐을 때, 백과사전 방문 판매원이 호주 멜버른 포트에 있는 저희 집 현관문을 두드렸고 영어를 잘하지 못하는 저의 부모님에게 브리태니커 백과사전 한 세트를 팔았습니다. 이 사건은 나중에 제 인생에 가장 큰 영향을 끼친 것 중 하나가 됐습니다.

브리태니커 백과사전은 저의 상상력이 활활 불타도록 불을 지펴준 불꽃이자 마법의 불쏘시개였습니다. 상상력은 제 마음을 넓혀 주었고, 제 상상력은 넓어진 제 마음속을 날개 달린 호랑이처럼 이리저리 마음대로 돌아다녔습니다.

저는 백과사전을 끊임없이 읽었고, 부모님 몰래 그것을 침대로 가지고 가곤 했습니다. 저는 침대 시트 밑에서 손전등을 비추면서 책을 읽었습니다. 저를 매료시킨 주제에 대해 잠들 때까지 읽었습니다. 저는 제가 인생에서 추구하려는 것을 꿈꾸고 저를 기다리고 있는 바깥세상을 상상하면서 자정이 넘도록 깨어 있곤 했습니다.

내 인생의 대본을 쓰다

백과사전은 제가 성취하고 싶은 모든 것을 꿈꾸게 해주었습니다.

저는 책상 앞에 앉아 제 인생의 가장 큰 포부를 종이에 쓰면서 이루고 싶은 목표에 대한 저 자신만의 각본을 써 내려가기 시작했습니다. 저는 배우이자 제작자이자 감독이었습니다. 여덟 살 소년이 쓴 '10가지 인생 목표'는 그렇게 탄생했습니다. 그때 쓴 10가지 인생 목표는 제 인생의 마르지 않는 열정의 원천이 됐습니다.

1. 달 위를 걷는다.

2. 로켓을 타고 우주정거장을 방문해 거기서 살아본다.

3. 우주 비행사가 된다.

4. 전 세계에 멋진 집을 소유한다.

5. 100개국 이상을 여행한다.

6. 심해로 잠수해서 타이태닉호에서 점심을 먹는다.

7. 등산가가 돼 각 대륙에서 가장 높은 산을 모두 정복한다.

8. 스페인에서 황소를 타본다.

9. 백만장자가 된다.

10. 로큰롤 스타가 된다.

여덟 살 때 종이에 적었던 목표에서 현재 우주 로켓을 타고 지상 400킬로미터 위에서 돌고 있는 우주정거장을 방문하는 것과 달 위를 걸어보는 것, 이 두 가지를 제외하고는 거의 대부분을 달성했습니다. 심지어 그 두 가지 목표도 이제 손을 뻗으면 잡을 수 있을 만큼 가까이에 와 있습니다. 저는 호주인 최초로 우주 비행 자격이 있는 민간 우주 비행사가 됐고, 국제 우주정거장으로 가는 우주 비행을 위해 임무를 받은 상태입니다.

몇 년 동안 저는 모스크바에서 살았습니다. 스타시티에 있는 유리 가가린 우주 비행사 훈련 센터를 졸업했습니다. 공산주의 시대의 러시아 우주 비행사들은 아무도 모르게 선발된 다음, 비밀의 장막 뒤에서 훈련을 받았습니다. 러시아는 1억 달러를 내면 우주 로켓을 타고 달에 가서 달 표면을 걸어볼 수 있는 독점적인 기회를 제공하겠다고 저에게 제의했습니다. 저는 사비를 들여 훈련을 받고 개인 비용으로 우주에 가는 민간 우주 비행사였기 때문에, 정부의 지원을 받는 NASA 우주 비행사들이 할 수 없는 우주여행 여행회사, 대학, 기업들을 위한 과학적인 조사, 전 세계 학생들과의 공동 교육 프로그램, 매스컴 홍보 등과 같은 상업적인 행위를 부담 없이 할 수 있었습니다.

위의 10가지 목표들과 더불어 제 인생은 극단적인 모험들로 가득 차 있습니다. 저는 149개국이 넘는 나라를 방문했고, 베두인족과 함께 사하라사막을 가로지르는 여행을 한 적도 있습니다. 저는 러시아의 개조된 미그 25 초음속 요격기에서 거의 마하 3.2(시속 3,470킬로미터, 2,170mph)로 비행하면서 음속의 장벽을 깨고 지구의 굴곡을 보았습니다. 저의 록 밴드는 본 조비나 딥 퍼플 같은 거물들과 공연을 했고, 자체로 전국 순회공연을 하기도 했습니다. 저는 북대서양에서 난파된 타이태닉호의 뱃머리에서 점심을 먹기 위해 엄청난 수압의 심해 8킬로미터까지 잠수했습니다.

> "마음만 먹으면 못할 일이 없습니다."
>
> 나폴레온 힐(작가, 성공학 전문가)

또한 저는 안데스산맥의 아콩카과산을 포함한 5대륙의 가장 높은 봉우리에 올랐고, 세계 7대륙에서 가장 높은 산을 모두 등반한 등산가 중 한 명이 되기 위해 두 개의 봉우리를 더 등반할 예정입니다. 저의 가장 최근 생일에는 에베레스트산 정상에서 산소통을 메고서 네이비실 HALO(고고도 군용 낙하산-옮긴이) 스카이다이빙을 했습니다.

저는 세계에서 가장 활동적인 활화산의 한가운데로 수직 강하

레펠을 하기도 했습니다. 미국 중서부에서는 토네이도를 추격하는 스톰 체이서가 됐고, 허리케인의 이동 경로를 따라 대서양을 횡단했습니다. 심지어 얼마 전 권좌에서 물러난 이집트 독재자와 5,000년도 더 넘은 기자 피라미드 안에서 하룻밤을 지내는 것에 대해 협상한 적도 있습니다. 저는 피라미드 안에 있는 왕의 방에서 혼자 시간을 보냈고, 완전한 어둠 속에서 석관에 들어가 잠을 잤습니다. 나폴레옹, 알렉산드로스 대왕, 헤로도토스, 뉴턴, 그리고 다른 많은 역사의 거인들이 잠들어 있는 석관과 완전히 똑같은 석관이었습니다. 미디어는 이런 저에게 '모험 부자'라는 별명을 지어주었습니다.

지난 20년 동안 제가 운영하는 회사는 57개국의 100만 명이 넘는 사람들에게 영향을 끼쳤습니다. 저는 기조연설을 하고 전 세계에 기업가 훈련 과정을 개설했습니다. 대부분 결코 방문하지 않을 외진 곳에서 강연할 기회도 얻었습니다. 얼마 전에는 공산주의 국가인 '은둔 왕국' 북한에서 연설을 했고, 졸업을 앞둔 10대들의 교실에서 지리를 가르쳤습니다. 또한 저는 이란 테헤란에서 750명 이상의 투자자와 사업가를 대상으로 기업가 마인드에 대한 세미나를 진행하기도 했습니다.

청소년 시절에 저에게 영감을 주었던 것은 《땡땡의 모험The Adventures of Tintin》이라는 만화책 속 모험가 땡땡이었습니다. 땡땡은 '절대

성장하지 않는' 꿈을 꾸며 살고 있었고, 저는 책장을 넘길 때마다 땡땡과 함께 이국적인 문물을 맛보면서 온 세계를 여행했습니다. 학교 도서관에서 책을 읽고 또 읽었

습니다. 땡땡은 다양한 모험을 즐겼고 모험 속에서 그는 항공기 조종사, 우주 탐험가, 등산가, 심해 잠수부였습니다. 또한 네팔의 산에 올라 아프리카 노예들을 구출하고 해적들과 싸웠으며 난파선을 탐험하려고 바다의 심연으로 잠수했습니다.

《땡땡의 모험》을 돌이켜보면 저의 어린 시절의 꿈이 대부분 이루어졌음을 깨닫습니다. 세계 곳곳을 탐험하고 모험을 즐기는 동안 저는 이곳에 와본 적이 있다는 데자뷔 느낌을 강하게 받은 적이 여러 번 있었는데, 아마도 어렸을 때 읽었던 《땡땡의 모험》이 자동으로 회상돼 그랬던 것 같습니다.

이제 자신의 꿈을 위해 살 시간

저의 모험적인 삶은 제가 부를 타고났거나 금수저여서 가능했던 것이 아닙니다. 《땡땡의 모험》에 나오는 캡틴 해독과 같은 돈 많은 친구가 없었던 저는 땡땡과 같은 모험가가 되려면 그러한 생활 방식을 감당할 수 있는 여러 소득원을 만들어내야 한다는 사실을 깨달았습니다. 저는 부자로 태어나지 않았지만 부자가 되기 위

한 잠재력은 충분히 가지고 태어났습니다. 계획대로 이루어진 제 삶은 결코 우연의 일치나 행운이 아니었습니다. 저는 단지 제가 어린아이였을 때 종이에 쓴 목표를 충실하게 이행했을 뿐이었습니다. 다시 말해, 지금 제 현실은 인생에서 제가 내린 모든 결정의 결과물입니다. 어렸을 때 저는 의학적으로 문제가 있었지만 굴복하지 않고 극복해냈습니다. 저는 제 자신을 찾아가는 길을 방해하는 모든 장애물을 제거해왔습니다. 저는 특별한 사람이 아니라 그냥 당신과 비슷한 보통 사람입니다. 단지 저는 큰 목표를 정하고 그 목표를 달성하기 위해 계속 전진하는 것을 멈추지 않았을 뿐입니다.

당신이 저와 똑같은 길을 가겠다고 해서 그것을 막을 사람은 아무도 없습니다. 또한 당신은 제가 한 여행이나 그동안 이룬 일을 별것 아니라고 생각하고 신경 쓰지 않을 수도 있습니다. 저는 당신이 제가 이제까지 이루어낸 일을 달성해야 한다는 강박관념에 시달릴까 봐 제 모든 인생 경험을 공유하지는 않았습니다. 그렇지만 당신이 제 이야기를 통해 앞으로 당신 자신만의 이상적인 삶을 살기 위한 영감을 받았으면 좋겠습니다.

인생 도처에는 실제로 경험해봐야 하는 너무나도 많은 모험과 전율이 있습니다. 바닷가에 살면서 매일 서핑을 할 수도 있고, 사륜구동 차를 타고 고대의 서사시를 찾아 여행을 떠날 수도 있습니다. 개발도상국으로 인도주의적 여행을 자주 갈 수도 있고, 가족과 더 많은 시간을 보낼 수도 있습니다. 아니면 그저 조용한 곳에서 책을 읽는 혼자만의 여가를 즐길 수도 있습니다.

그게 무엇이든지 당신을 위해서라면 주변을 신경 쓰지 말고 그냥 하십시오. 다른 사람들이 당신에게 그것은 불가능하다고 말하도록 두지 마십시오. 그 누구도, 그 무엇도 당신을 막지 못하게 하십시오. 우리의 삶과 인생은 지구상에서 가장 위대한 축제이자 연극입니다. 당신이 현재 당신 자신의 축제와 연극의 앞자리에 앉아 있는지 확인하십시오. 당신은 지금 과거의 사람들이 꿈도 꾸지 못했던 풍부한 기회를 눈앞에 두고 있습니다. 당신의 마음과 생각에서 모든 변명을 없애고 비관론자와 매사에 부정적인 사람들과의 관계를 단절하십시오. 당신에게 영감을 주는 사람들과 늘 함께 있고, 영감을 주는 것들에서 당신 자신을 더 발전시킬 계기를 찾으십시오. 평범함의 덫에서 빠져나오기 위해 할 수 있는 모든 것을 다 하십시오.

당신에게 약속하건대 평범함을 탈출하는 것은 해볼 만한 가치가 충분한 일입니다.

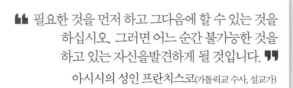

❝ 필요한 것을 먼저 하고 그다음에 할 수 있는 것을 하십시오. 그러면 어느 순간 불가능한 것을 하고 있는 자신을 발견하게 될 것입니다. **❞**
아시시의 성인 프란치스코(가톨릭교 수사, 설교가)

34

자신만의
매일매일 주말인 삶을
만들라

전쟁 용어에서 전략은 큰 범위와 장기간의 계획과 발전을 포함합니다. 전술은 실제 전투에서 부대의 배치나 기동을 뜻합니다. 요약하면 전략은 큰 그림을 그리는 것이고, 전술은 자세하고 꼼꼼한 것을 다룹니다.

제가 지금까지 거듭 설명한 것은 '매일매일 주말인 삶'을 달성하기 위한 전략입니다. 구체적인 전술의 종류와 실행 방법, 일일 계획의 설정 및 구체적인 내용 등은 설명하지 않았고 설명할 수도 없습니다. 사람들은 전부 다 다릅니다. 사람들은 저마다 서로 다른 관심, 강점, 약점, 기회 등을 가지고 있습니다. 저는 지도를 보여주었고, 목적지를 어떤 방식으로 찾아갈지 결정하는 것은 이제 당신의 몫입니다.

완전히 똑같은 '매일매일 주말인 삶'은 어디에도 없습니다. 그러나 큰 그림에서 봤을 때 다음과 같은 공통적인 부분은 존재합니다.

1. 끊임없이 자유를 갈망하라

'매일매일 주말인 삶'을 달성한 사람들은 일반적인 9시 출근, 6시 퇴근을 좋아하지 않습니다. 그들의 마음속에는 다른 사람을 위해 40년간 일한 뒤 연금을 받는 계획 자체가 아예 없습니다. '매일매일 주말인 삶'을 달성한 사람들은 자신들의 꿈을 신기루 같은 '안정감'과 '편안한' 직장을 위해 포기하지 않습니다.

그들은 자유를 쉬지 않고 끊임없이 추구하는 창업 전사들입니다. '매일매일 주말인 삶'을 달성한 사람들은 자유를 얻기 위해서라면 무엇이든 기간에 상관없이 실행합니다. 그들은 재무 자유를 확보할 때까지 절대 만족하지 않으며, 더 많은 자유를 얻기 위해 지속적으로 자신을 계발합니다.

'매일매일 주말인 삶'을 달성한 사람들은 넘어져도 금세 다시 일어납니다. 그들은 실패를 통해 배우고, 더 똑똑해지고 현명해지며, 실패를 발판 삼아 성공에 점점 가까이 다가갑니다. 그들은 절대 포기하지 않습니다.

2. 틀 밖에서 생각하라

'매일매일 주말인 삶'을 달성한 사람들은 정해진 틀에서 벗어나 생각하고 행동합니다. 그들은 거짓말, 기득권, 미디어를 꿰뚫어 봅니다. 그들은 무엇이 자신들에게 불리한지 잘 이해하고 있으며, 계약서의 행간을 파악합니다. '매일매일 주말인 삶'을 달성한 사람들은 기준 밖에서 생각하고 사회적 기준의 창살을 잘라버립니다.

'매일매일 주말인 삶'을 달성한 사람들은 절대로 "이것이 관행이야. 늘 이렇게 일을 해왔어"라는 방식으로 일을 하지 않습니다. 그들은 자신들의 기준에 따라 살아갑니다. 그들은 선구자이자 탐험가이며 자유로운 개척자이자 틀을 깨부수는 사람들입니다. 그들

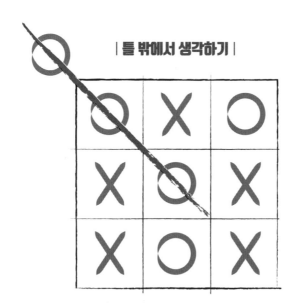

| 틀 밖에서 생각하기 |

은 항상 더 효과적이고 스마트하게 일할 방법을 찾습니다.

3. 자금 적립보다 현금 흐름에 투자하라

'매일매일 주말인 삶'을 달성한 사람들은 장기적으로 단순하게 돈을 적립해 금융기관의 배만 불리는 투자를 절대 하지 않습니다. 그들은 즉각적이고 지속적인 현금 흐름을 창출해주는 더 야무지고 더 현명한 상품에 돈을 투자합니다. 그들은 〈머니〉지 같은 금융 자산 잡지에 실린 내용을 그대로 따라 하지 않고 자칭 투자 전문가라는 사람들의 말을 곧이곧대로 믿지 않습니다.

'매일매일 주말인 삶'을 달성한 사람들은 자유를 얻으려면 현금 흐름을 창출해야 한다는 것을 아주 잘 알고 있습니다. 또한 지출하는 비용보다 더 많은 불로소득을 창출하면 자연스럽게 재무 독립을 이룩할 수 있다는 것도 이해하고 있습니다. 그들은 재무 독립을 위한 불로소득을 창출하는 데 30년이나 기다리지 않습니다.

4. 분산투자보다 집중투자 하라

'매일매일 주말인 삶'을 달성한 사람들은 분산투자가 아니라 집중투자로 위험을 관리합니다. 그들은 일반적인 분산투자가 매우 수동적인 방법이며, 시장에 무지한 사람들을 위한 '희망하고 기도하기' 전략에 불과하다고 생각합니다.

　비록 '매일매일 주말인 삶'의 궁극적인 목적이 불로소득의 창출이지만 그들은 자신들의 판단 아래 적극적으로 투자를 합니다. '매일매일 주말인 삶'을 달성한 사람들은 대중을 따르지 않으며, 모든 투자들을 세세하고 꼼꼼하게 조사합니다. 그들은 자신이 무엇에 투자하고 있는지 명확하게 이해하고 있습니다. 그들은 투자를 시작할 때 이미 출구 전략을 세워놓습니다. 그 결과, 그들은 자신의 투자에 더 큰 통제력을 발휘할 수 있습니다.

5. 강점 기반으로 투자하라

'매일매일 주말인 삶'을 달성한 사람들은 투자자로서 자신들의 열정, 관심, 강점, 약점 등을 잘 파악하고 있습니다. 그들은 자신들이 가지고 있는 지식, 기술, 열정을 효과적으로 이용할 수 있으며, 자신이 잘 알고 있는 분야에 집중합니다. 그들은 잘 모르는 분야에는 투자하지 않고 단지 돈을 벌어준다는 이유만으로 아무 열정도 없는 분야에 뛰어들지는 않습니다. 그들은 돈을 가장 안전하고 잘 벌 수 있는 최고의 방법으로 자신들이 잘할 수 있는 분야에 초점을 맞춰야 한다는 것을 잘 알고 있습니다.

　'매일매일 주말인 삶'을 살아가는 사람들은 가치를 창출하고 증대시키는 데 중점을 둡니다. 그들은 자기 자신에 대해 잘 파악하고 있어서 투자를 통해 독특한 가치를 증대시키는 방법 또한 잘 압니다. 그들은 다른 사람들에게 자신의 피 같은 돈을 아무 생각 없이 건네준 다음 큰 수익이 나는 행운이 오기만을 기도하지 않습니다. 그들은 자신만의 독창적인 강점과 기술을 활용해 투자의 가치를 끌어올립니다.

6. 목적 있는 삶을 살라

'매일매일 주말인 삶'을 달성한 사람들은 돈을 전부라고 생각하지 않습니다. 그들은 돈이 재무 자유를 달성하기 위한 하나의 수단에 불과하다는 것을 너무나도 잘 이해하고 있습니다. 매일매일 하루 종일 모래사장에 누워 있는 것은 자유가 아닙니다. 자유는 목적 있는 삶 속에서 찾을 수 있습니다.

'매일매일 주말인 삶'을 달성한 사람들은 더 나은 세상을 만들려고 노력합니다. 돈을 더 많이 벌수록 더 큰 공헌과 기여를 할 수 있습니다. 그들의 가치는 더 이상 지식이 아니라 세상과 공유하는 것으로 결정됩니다. 재무 독립은 '매일매일 주말인 삶'의 종착점이 아니라 시작점입니다.

도전을 받아들이자

당신은 지금까지 상당한 양의 정보를 습득했습니다. 이제는 그것을 소화할 시간입니다. 당신은 많은 결정을 해야 합니다. '매일매일 주말인 삶'을 위한 계획은 당신에게는 상당히 생소할 것입니다. '매일매일 주말인 삶'을 시작하기 위해 아래 내용을 확인해보십시오.

1. 헌신하고 전념하기

'매일매일 주말인 삶'을 달성하기 위해 지금부터 헌신하고 전념하십시오. '매일매일 주말인 삶'을 달성할 기한을 정하십시오. 당신의 목표를 종이에 적은 뒤 날마다 그 목표를 읽고 절대 포기하지 마십시오.

2. 자신에 대해 이해하기

당신 자신에 대해 계속 탐구하고 알아가십시오. 이 책에 있는 도구들을 이용해 당신의 강점, 약점, 관심, 열정, 목적을 찾아내십시오. 당신에 대해 더 많이 알게 되면 창업자와 투자자로서 적합한 사업과 투자 기회를 더 쉽게 선택할 수 있고, 좀 더 효과적으로 운영할 수 있습니다.

3. 재무 기초 튼튼히 다지기

빚을 줄이고, 돈이 새는 곳을 막고, 재무 효율성을 극대화하고, 부를 조금씩 창출하고, 건전한 재무 기초를 구축하고, 생산성을 극대화할 수 있는 기초를 다지기 위해 2장 기초 다지기의 단계별 행동과 조언들을 이행하십시오.

4. 사업소득을 증가시키기 위한 계획 짜기

이 책의 정보와 자원들을 이용해 당신의 소득을 증대시키면서 당신이 하고자 하는 창업 기회를 발견하십시오. 브레인스토밍과 조사를 통해 아이디어를 계속 창출하십시오.

5. 행동하기

하고자 할 계획을 선택하고 그것을 실행하십시오. 두려워하거나 의심하지 말고, 다른 사람들의 부정적인 목소리는 아예 듣지도 마십시오. 무언가를 시작하고 무언가를 만드십시오. 경험을 통해 배우는 것이 가장 좋습니다. 경험과 지식이 쌓이면 당신의 계획을 조금씩 수정하십시오. 실패를 통해 올바른 교훈을 배우십시오.

> 목표는 돌이고, 계획은 모래입니다.

제 사무실 벽에는 쥐덫과 쥐 그림이 걸려 있습니다. 대부분의 쥐는 머리부터 쥐덫에 들이밀고서 치즈 냄새를 맡다가 잡힙니다. 그러나 제 그림 속의 쥐는 조금 다릅니다. 그 쥐는 치즈를 얻기 위해 쥐덫에 들어가는 대신 쥐덫 안으로 철사를 살살 집어넣고 있습니다.

이 단순한 그림이 제 인생의 좌우명인 '틀 밖에서 생각하라'를 아주 잘 표현해주고 있습니다. 9시 출근, 6시 퇴근의 일반적인 삶은 덫입니다. 당신 스스로가 덫 안으로 들어갈 이유가 없습니다. 당신은 덫을 탈출할 수 있고 틀 밖에서도 원하는 만큼 치즈를 획득할 수 있습니다. 당신이 '스스로' 잡혀 있는 틀에서 벗어나는 방법은 틀 바깥에 아주 상세하고 자세하게 적혀 있습니다.

'매일매일 주말인 삶'을 달성하는 것이 불가능한 일로 보일지도 모릅니다. '매일매일 주말인 삶'은 선택된 몇몇 소수를 위한 방법처럼 보이기도 합니다. 그러나 1954년에 인간이 깨기란 불가능하다고 여겨졌던 1마일 4분 벽을 깼던 유명한 영국 육상 선수 로저 배니스터를 생각해보십시오. 그가 기록을 갱신한 것보다 더 흥미로운 것은 그 전에는 불가능하다고 느껴졌던 1마일 4분 벽을 그의 기록 갱신 9개월 만에 무려 30명의 다른 선수들이 돌파했다는 것입니다. 불가능은 사실이나 선언이 아니라 의견입니다. 불가능은 일시적인 마음의 상태입니다.

'매일매일 주말인 삶'은 충분히 달성 가능합니다. 저뿐만 아니라 지구상의 수천 명이 이미 '매일매일 주말인 삶'을 달성했습니다. 기록은 계속 갱신되고 있고, 수문은 이미 열렸습니다. 이제는 당신 차례입니다.

도전을 받아들이십시오. '매일매일 주말인 삶' 달성을 위해 당신 자신과의 계약을 마무리하십시오. '매일매일 주말인 삶'이라는 이제까지 겪어보지 못한 신세계가 당신을 기다리고 있습니다.

> 66 세상에는 단 하나의 성공이 있습니다. 그것은 바로 자신이 원하는 대로 인생을 살아가는 것입니다. 99
> 크리스토퍼 몰리(미국의 저널리스트, 소설가)

'매일매일 주말인 삶' 계약서

나는 도전을 받아들입니다!

나는 '매일매일 주말인 삶'을 달성하기 위해 항상 최선을 다하는 삶을 살겠습니다.

내가 달성할 목표는 다음과 같습니다.

나는 불로소득 비율 1 대 1을 _____금액의 불로소득을 통해 _____까지 달성합니다.

나는 불로소득 비율 2 대 1을 _____금액의 불로소득을 통해 _____까지 달성합니다.

나는 불로소득 비율 5 대 1을 달성하고 완전한 재무 자유를 _____금액의 불로소득을 통해 _____까지 달성합니다.

나는 불로소득 비율 10 대 1을 달성하고 지속적인 부의 창출을 _____금액의 불로소득을 통해 _____까지 달성합니다.

불로소득 비율에 대해 복습하고 싶다면 챕터 4를 다시 한번 읽어보기 바랍니다.

서명: _____   날짜: _____

'매일매일 주말인 삶' 홈페이지 5dayweekend.com에 접속해 위 계약서 양식을 다운로드하기 바랍니다.
다운로드 비밀번호: P16

| '매일매일 주말인 삶' 자료 목록 |

'매일매일 주말인 삶' 홈페이지 5dayweekend.com을 방문하기 바랍니다.

자료명	페이지	다운로드 비밀번호
1. 소득 기회 점수표	60~61쪽	P1
2. '매일매일 주말인 삶' 실행 계획	66쪽	P2
3. 록펠러 공식 워크북	120쪽	P3
4. 빚 청산하기 계획	130쪽	P4
5. 소득 기회 점수표	198~199쪽	P5
6. 아이디어 최적화하기	199쪽	P6
7. 창업 소득 계획	208쪽	P7
8. 부동산 물건 현금 흐름 및 ROI 계산기	245~246쪽	P8
9. 세금 선취 증권 투자	278쪽	P9
10. 주식 주인 대여 전략	282쪽	P10
11. 은행 전략	285쪽	P11
12. 비트코인 정보	303쪽	P12
13. 투자 계획	331쪽	P13
14. 끊임없이 도전하기 계획	363~364쪽	P14
15. 자유로운 라이프 스타일 계획	419~420쪽	P15
16. '매일매일 주말인 삶' 계약	442쪽	P16

미주

1. http://www.forbes.com/sites/susanadams/2014/06/20/most-americans-are-unhappy-at-work/

2. https://www.ftc.gov/news-events/press-releases/2013/02/ftc-study-five-percent-consumers-had-errors-their-credit-reports

3. 이것은 이론적인 예시에 불과합니다. 현금 흐름 보험에 투자해 레버리지를 활용하기 전에 모든 조건에 대해 확실히 알고 있어야 합니다. 당신이 죽기 전에 보험계약 대출을 상환하지 못하면 수령 사망 보험금은 줄어들 수 있습니다. 또한 보험계약 대출의 조건을 잘 준수하지 못하면 보험계약이 실효될 수도 있습니다. 보험을 계약하기 전에 반드시 전문가와 상의하십시오.

4. Dyke, Barry. The Pirates of Manhattan(Orlando, Fl. International Drive, 2007).

5. http://sethgodin.typepad.com/seths_blog/2014/12/where-to-start.html

6. https://en.wikipedia.org/wiki/Fiverr

7. http://www.go-globe.com/blog/mobile-apps-usage/

8. http://fortune.com/2015/07/29/video-game-coach-salary/

9. https://en.wikipedia.org/wiki/Sharing_economy

10. https://hbr.org/2015/01/the-sharing-economy-isnt-about-sharing-at-all

11. Cecilia Kang, "Podcasts Are Back — and Making Money." Washington Post. September 25, 2014. https://www.washingtonpost.com/business/technology/podcasts-are-back--and-making-money/2014/09/25/54abc628-39c9-11e4-9c9f-ebb47272e40e_story.html?utm_term=.3bc42ee6f691

12. http://www.edisonresearch.com/wp-content/uploads/2016/05/The-Podcast-Consumer-2016.pdf

13. http://www.globalwellnessinstitute.org/global-wellness-institute-study-34-trillion-global-wellness-market-is-now-three-times-larger-than-worldwide-pharmaceutical-industry/

14. http://www.statista.com/topics/962/global-tourism/

15. Maggie Fox, "Feeling Tired? Exercise a Little." Reuters, February 29, 2008. http://www.reuters.com/article/us-exercise-fatigue-idUSN2922162420080229

16. Lloyd Steven Sieden, Buckminster Fuller's Universe: His Life and Work. (New York: Basic Books, 1989) pp. 87-88.

17. Phil Patton, "A 3-Wheel Dream That Died at Takeoff," New York Times, June 15, 2008.

18. Source: www.grameen.com

19. https://www.jstor.org/stable/2489522?seq=1#page_scan_tab_contents

20. https://www.sciencedaily.com/releases/2010/03/100322092057.htm

21. http://dare.uva.nl/cgi/arno/show.cgi?fid=609413

22. http://www.apa.org/research/action/rich.aspx

23. https://www.psychologytoday.com/blog/significant-results/201302/how-avoid-regret

24. https://www.huffingtonpost.com/2016/12/12/international-day-of-happiness-helping-_n_6905446.html

25. http://www.telegraph.co.uk/news/features/3634620/Miserable-Bored-You-must-be-rich.html

나는 매일 매일 부자로 산다

파이어족을 위한 경제적 자유 프로젝트
나는 매일매일 부자로 산다

초판 1쇄 발행 | 2020년 7월 17일
초판 4쇄 발행 | 2023년 3월 9일

지은이　　　| 닉 할릭 · 개릿 군더슨
옮긴이　　　| 박성웅
펴낸이　　　| 전준석
펴낸곳　　　| 시크릿하우스
주소　　　　| 서울특별시 마포구 독막로3길 51, 402호
대표전화　　| 02-6339-0117
팩스　　　　| 02-304-9122
이메일　　　| secret@jstone.biz
블로그　　　| blog.naver.com/jstone2018
페이스북　　| @secrethouse2018
인스타그램　| @secrethouse_book
출판등록　　| 2018년 10월 1일 제2019-000001호

ISBN 979-11-90259-27-9 03320